本研究为2022年度国家社科基金教育学一般课题"中国技能型社会建构的逻辑起点、制度体系及优化路径"（BJA220258）的中期研究成果，主持人：张学英。

九州文库

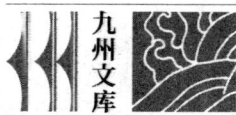

走向共同富裕

国际组织教育反贫困的实践轨迹

张学英 等 著

九州出版社
JIUZHOUPRESS

图书在版编目（CIP）数据

走向共同富裕：国际组织教育反贫困的实践轨迹／
张学英等著 . -- 北京：九州出版社，2022.10

ISBN 978-7-5225-1228-0

Ⅰ.①走… Ⅱ.①张… Ⅲ.①国际组织—教育—扶贫
—研究—世界 Ⅳ.①G51

中国版本图书馆 CIP 数据核字（2022）第 190340 号

走向共同富裕：国际组织教育反贫困的实践轨迹

作　　者	张学英　等　著	
责任编辑	蒋运华	
出版发行	九州出版社	
地　　址	北京市西城区阜外大街甲 35 号（100037）	
发行电话	（010）68992190/3/5/6	
网　　址	www.jiuzhoupress.com	
印　　刷	唐山才智印刷有限公司	
开　　本	710 毫米×1000 毫米　16 开	
印　　张	17	
字　　数	260 千字	
版　　次	2023 年 1 月第 1 版	
印　　次	2023 年 1 月第 1 次印刷	
书　　号	ISBN 978-7-5225-1228-0	
定　　价	95.00 元	

著者名单

张学英　陈语时　刘欣娜　耿　旭　李雪星

序　言

1992 年，邓小平在南方谈话中指出："社会主义的本质，是解放生产力，发展生产力，消灭剥削，消除两极分化，最终达到共同富裕。""消灭剥削，消除两极分化，最终达到共同富裕"是社会主义的价值目标，共同富裕不是"同时富裕、同步富裕、同等富裕"，实现共同富裕是一个动态的、非同时富裕的过程。改革开放以来，中国遵循"允许一部分人一部分地区先富起来，先富的帮助后富的，从而逐步实现共同富裕"的政策理念，成功激活了经济发展活力，经济总量跃居世界前列，人民生活水平不断提高。党的十九大报告提出，到 2035 年全体人民共同富裕迈出坚实步伐，到 21 世纪中叶全体人民共同富裕基本实现。实现共同富裕，首先要缩小贫富差距，一方面，通过制度保障贫困群体获得基本生产和生活资料，消除绝对贫困；另一方面，赋予贫困群体可持续发展能力以提升应对变迁的韧性，实现体面就业以建构可持续生计，从而彻底摆脱贫困/消除贫困风险，治理相对贫困。

中国一直非常重视促进落后生产率部门、弱势群体分享经济社会发展成果，实施精准扶贫，于 2020 年打赢脱贫攻坚战，消除了绝对贫困，更为接近实现共同富裕的目标。消除绝对贫困之后的首要任务是巩固扶贫成果，防止返贫。中国由此进入后脱贫时代，相对贫困成为贫困治理的主要形式。治理相对贫困的关键问题是促进劳动者掌握以职业技能为核心的综合技能，能够胜任当前岗位的技能需求，能够在终身学习理念下在全生命周期内实现技能更新、技能深化以应对未来的就业变迁，即提升应对变迁的韧性以保有一份体面就业，维持一定的生活水准并不断提升生活水平。建立终身学习框架并将职业教育与培训纳入其中，为劳动者特别是弱势群体提供平等的教育与培训机会是基于起点公平治理相对贫困，是基于能力提升建构劳动力的可持续发展能力。

21世纪，联合国教科文组织（UNESCO）与国际劳工组织（ILO）发表联合声明："教育与职业培训在个人发展、社会劳动生产力提升中扮演着至关重要的角色，它通过为个体提供知识与技能增加个人财富和社会总财富，服务于人类反贫困事业。"联合国教科文组织致力于世界反贫困的战略制定与实施，将教育视为一项基本人权，协助世界贫困国家和地区的贫困人群习得职业技能、提升素质和职业素养以摆脱贫困。国际劳工组织是全球劳工领域的专业化组织，旨在促进社会公平正义和维护劳工权利。世界银行（WB）的宗旨是促进发展中国家消除贫困、推动共同繁荣、促进可持续发展，政策关注点是消除极端贫困、提升最贫困人口的收入水平。欧盟（EU）自成立以来将缩小成员国之间的差距视为共同发展的基础，1988—2027年已制定了六个阶段的凝聚政策，旨在促进成员国教育与培训的发展以提升劳动力素质和能力，进而促进就业和社会融入以摆脱贫困，最终促进经济发展。本书重点梳理了联合国教科文组织、国际劳工组织的职业教育与培训反贫困政策，世界银行、欧盟的教育反贫困政策，期待为中国治理相对贫困、实现共同富裕提供参考。

轨迹追溯类的研究要查阅资料、整理、提炼，再加上要阅读大量非本国语言的文献，是非常耗时费力的。很幸运的是，研究团队成员均具备过硬的外语能力和严密的逻辑思维能力，在历时半年紧锣密鼓的工作安排下本书终得以定稿。张学英负责整体写作框架设计、各部分内容修订、最终统稿；陈语时负责联合国教科文组织职业教育反贫困部分的初稿撰写与修改；刘欣娜负责国际劳工组织职业教育反贫困部分的初稿撰写与修改；耿旭负责世界银行教育反贫困部分的初稿撰写与修改；李雪星负责欧盟教育反贫困部分的初稿撰写与修改。在此，对各位成员付出的辛勤劳动和积极配合表示衷心感谢

2022 年 4 月 18 日

目　录

上 篇

01

| 职业教育与培训反贫困 |

第一章　联合国教科文组织职业教育反贫困

联合国教科文组织（United Nations Educational, Scientific and Cultural Organization, UNESCO）于 1945 年 11 月成立，是各国进行教育、科学、文化事务合作的最大公共渠道与平台。UNESCO 自成立以来即致力于世界反贫困战略的制定与实施，它认为教育是基本人权，是促进个体和社会发展的重要活动，也是改变贫困状态的基础，故长期专注于通过普及教育、提升教育水平推动全球反贫困进程，协助世界贫困国家和地区的贫困人群学习职业技能、提升素质和职业素养以摆脱贫困。UNESCO 在 21 世纪初与国际劳工组织（International Labour Organization, ILO）发表联合声明："教育与职业培训在个人发展、社会劳动生产力提升中扮演着至关重要的角色，它通过为个体提供知识与技能增加个人财富和社会总财富，服务于人类反贫困事业。"① 相应地，UNESCO 将推动各国和地区制定实施职业教育政策以促进职业教育公平、推动可持续发展作为反贫困的重要路径，并逐步成为指导世界各国和地区职业教育发展的最重要的国际组织。②

---

① 联合国教科文组织和国际劳工组织.联合声明［Z］.汉城会议，1999.
② 和震.联合国教科文组织的职业教育政策研究［J］.中国职业技术教育，2012（06）：23-29.

第一节 联合国教科文组织职业教育
反贫困政策的历史演进

一、职业教育反贫困的初步探索阶段（20世纪40年代）

UNESCO 成立于 1945 年 11 月，时值第二次世界大战结束，全球经济百废待兴，各国存在大量文盲，恢复经济面临着严重的人才短缺。1946 年，UNESCO 发布"基本教育方案"（Fundamental Education）①，这是其成立以来发布的首个方案，旨在推动世界各国开展全民扫盲运动，为全人类提供最基础的教育，从而促进民生恢复，改善贫困状况。"基本教育方案"聚焦于帮助个人实现社会需求的三种不同角色：（1）生产者角色，有控制物质环境的能力，了解保存和开发自然资源的知识以提升生活标准；（2）公民角色，能与家庭、团体、部落、国家、世界和谐相处；（3）个人角色，能充分激发潜能、保障健康安全并实现精神、道德和心理的健康发展。为帮助个体实现上述角色，"基本教育方案"涵盖如下技能内容：（1）思考和沟通的技能，包括听、说、读、写和计算能力；（2）职业技能，指具体到某一行业、职业的技能，比如农业、建筑、纺织和其他技艺；（3）家庭技能，比如烹饪、儿童看护等；（4）自我表达技能，比如通过艺术和手工艺进行表达；（5）通过个人和社区开展健康教育；（6）对物理环境和自然进化过程的认识和理解，比如基础实用的科学知识等；（7）对经济和社会组织的认识和理解，比如农业经济和工业经济、社会机构、法律、政府、世界组织等；（8）作为现代人需具备的素质，比如判断力和进取心、社会责任感、对自然美和艺术美的欣赏能力；（9）精神

---

① UNESCO. Fundamental Education：A Pioneer Concept-Jens Boel Explains Why ［EB/OL］. （2015-11-16）［2022-01-18］. https：//en. unesco. org/news/fundamental-education-pioneer-concept-jens-boel-explains-why.

和道德发展，比如契约承诺和行为习惯等。① "基本教育方案"保障了人们通过基本技能和知识以获得相关活动参与机会的权利，将职业教育作为主要政策内容之一，提出采用职业技能教育协同公民素质教育的方法服务于全球战后重建、经济恢复以及反贫困事业。"基本教育方案"面向全球，特别关注贫困落后地区，例如，中国、印度、海地和东非等国家和地区。

1947 年，UNESCO 在第二届大会上宣布与国际劳工组织（ILO）开展职业教育端合作，共同研究制定职业发展的政策指导。② 1949 年，UNESCO 在丹麦召开第一次国际成人教育会议（International Conference on Adult Education），就成人教育在振兴经济、维护世界和平以及提高公民素养中的作用发表重要宣言，指出普通学校教育所培养的学生是经济社会的"未来一代"，不能快速应对当代的贫困问题，而成人教育应对贫困的针对性和时效性更强。从 1950 年开始，UNESCO 定期向泰国、缅甸、伊拉克、巴西、菲律宾等欠发达国家和地区长期输送职业教育专家，旨在结合当地需求协助并指导当地政府制定职业教育政策，从此开启了在贫困国家和地区探索以职业教育反贫困的进程。

二、职业教育反贫困的规范发展阶段（20 世纪 50 年代至 20 世纪 70 年代中期）

（一）形成对职业教育的全面认识

随着世界民族运动和解放运动的推进，发展中国家的地位日渐稳固，发展经济成为其首要的任务，因而提出了对职业教育的需求。与此同时，发达国家在"冷战"中因开展大规模军备竞赛而忽略了经济发展，要启动经济也必须大力发展职业教育。在此期间，UNESCO 聚焦于通过促进职业教育发展在世界范围内振兴经济、应对贫困。1952—1959 年，UNESCO 增加了职业教育的资金投入，"技术援助项目"对职业教育的资金投入从 25 万美元增至

① 滕珺. 理想的种子：联合国教科文组织"基本教育"的话语实践分析 [J]. 比较教育研究，2012，34（07）：66-70.
② UNESCO. Records of the General Conference of UNESCO (Third Session) [R]. Paris：UNESCO，1947.

53.5 万美元;[①] 1951—1958 年，向全球 37 个国家相继派出约 160 名职业教育专家以应对职业教育发展面临的困难和挑战。

1952 年，UNESCO 发布报告《关于职业教育的一些基本想法》（"Some Fundamental Ideas on Vocational Education"），指出职业教育的作用是帮助个人基于工作领域所需的知识、技能、理解、能力、态度和信息获得针对性的教育与培训，通过提升职业能力和职业素养实现就业，进而获得生存所需的基础条件以脱离贫困。[②] 职业教育依据教育对象分为两类：职前教育和在职教育，要提高职业教育的效率必须充分考虑受训者的特性，且选择实践经验丰富、教学能力合格的培训教师。

1957 年，UNESCO 联合国际劳工组织（ILO）和联合国粮食及农业组织（简称 FAO）协助埃及政府在开罗召开"阿拉伯国家职业教育会议"，针对职业教育管理、课程、教材等议题制定了 38 条相关建议，涵盖了规划、管理和经费、学生选择和指导、课程和教师培训等内容。1959 年，UNESCO 在东京召开"职业教育区域研讨会"，聚焦于探讨教师培训方式，并对建立区域性培训大学提出初步设想。[③]

（二）发布职业教育国际规范

1959 年，UNESCO 于比利时首都布鲁塞尔召开首次职业教育专门会议——"职业教育专家会议"，这是 UNESCO 职业教育反贫困的初次精准探索，该会议指出职业教育在技能社会中正扮演着越来越重要的角色。1960 年，UNESCO 在第十一届大会上发布第一份职业教育专题报告《关于建立职业教育国际规范的报告》（"Report on the Advisability of Establishing an International Instrument Concerning Technical and Vocational Education"）[④]，公布了职业教育

① UNESCO. A Survey of UNESCO's Activities Concerning Technical and Vocational Education [R]. Paris UNESCO，1959.

② UNESCO. Some Fundamental Ideas on Vocational Education [R]. Paris UNESCO，1952.

③ UNESCO. Report on the Advisability of Establishing an International Instrument Concerning Technical and Vocational Education [R]. Paris：UNESCO，1960.

④ UNESCO. Report on the Advisability of Establishing an International Instrument Concerning Technical and Vocational Education [EB/OL]. [2022-01-18]. https：//unesdoc. unesco. org/ark：/48223/pf0000160564.

标准，为世界各国和地区的职业教育发展提供了指导规范和参考标准。会议强调全社会需要对职业教育的贡献和地位达成共识，职业教育适用于所有阶层、不同性别的所有人。

同时，UNESCO 聚焦于欠发达国家和地区的职业教育与培训政策的精准设计。1959 年，UNESCO 邀请英国伦敦经济学家智库研讨全球欠发达国家和地区的职业教育管理与组织，旨在帮助其提高职业教育投入产出比，促进贫困群体获得职业教育机会，满足当地经济发展对人才的需求，为反贫困提供指导。1960 年 8—9 月，第二届国际成人教育大会（International Conference on Adult Education）在加拿大蒙特利尔举行，会议结合 UNESCO 成立 15 年来的成人教育探索，再次强调了职业教育对成人职业素质提升、职业生涯发展和社会融入的重要性。同年 10 月，UNESCO 依据《世界人权宣言》（Universal Declaration of Human Rights），颁布《取缔教育歧视公约》（Convention against Discrimination in Education），强调支持教育平权，认为每个人都有平等接受不同等级和类型教育的权利，[①] 严厉谴责教育领域的歧视和排斥。此后，UNESCO 的职业教育政策开始聚焦于弱势贫困群体和处境不利群体，女性和残疾人也都涵盖在内。非洲作为贫困人口最多的区域是 UNESCO 职业教育援助的重点区域。从 1960 年开始，UNESCO 先后召开了"热带非洲技术和职业教育管理者区域研讨会""非洲教育发展大会""促进非洲发展的科学与技术培训大会"等专题会议，调研非洲各国职业教育发展现状并制定科学、有针对性的职业教育发展政策，促进非洲发展职业教育与培训从而缓解贫困。

1962 年，UNESCO 发布《技术和职业教育建议书》（Recommendation Concerning Technical and Vocational Education），这是其发布的首个职业教育独立文件，标志着职业教育成为 UNESCO 关注的重点领域。《技术和职业教育建议书》的主要内容如下：（1）将职业教育分为三个层次：熟练工人教育、技师教育和工程师教育，每个层次的职业教育均关注技能提升；（2）对各国和地区的职业教育发展提供建议和指导；（3）明确提出女性与男性享有平等接受职业教育的权利，应保障女性获取职业教育的权利，通过促进就业摆脱贫困；

---

① UNESCO. Convention against Discrimination in Education [EB/OL]. (1960-12-14) [2022-01-18]. https://unesdoc.unesco.org/ark:/48223/pf0000132598.

（4）提出为身体或智力残疾者提供特殊形式的职业教育与培训，协助其融入社会、进入劳动力市场，从而缓解贫困。①

（三）倡议将职业教育作为继续教育的组成部分

1972 年，UNESCO 在日本东京召开第三次国际成人教育会议，有多达 85 个国家与会，会议着重讨论了正规学历教育和非学历职业教育间的关系，倡导世界各国通过发展包含职业教育在内的成人教育应对辍学、促进就业并消除贫困。② 会议强调两点：（1）教育是人类的基本需求，不应该将任何个体排除在外，故成人教育应尽可能涵盖社会各类群体，赋予大众平等的受教育权；（2）成人教育应回归生活和工作环境中，旨在提供学习便利、培养学习动力。

20 世纪 60 年代末至 70 年代初，第三世界国家迅速发展，西欧各国和日本经济崛起，随着科学技术的迅猛发展，各国新旧工业体系交织，全球劳动力市场亟须调整。1973 年，西方国家遭遇石油危机，伴随失业率的上升贫困人口迅速涌现。UNESCO 认识到职业教育作为终身教育和全民教育的重要组成部分，是应对这场危机的最关键环节之一。③ 基于此，1972 年，UNESCO 在第十七届大会上提出修订《技术和职业教育建议书》，并于 1974 年发布《技术和职业教育建议书（修订版）》（Revised Recommendation concerning Technical and Vocational Education）。《技术和职业教育建议书（修订版）》主要涵盖如下内容：（1）文件适用于多种形式的职业教育；（2）从社会和个人等多角度阐释职业教育目标；（3）制订职业教育政策、规划以及管理原则；（4）强调在普通教育中融入职业教育，提出课程设计建议；（5）职业教育是就业的前序教育，涉及教育结构改革的诸多方面，应避免过早过窄专业化；（6）将职业教育作为继续教育的重要组成部分，并提出发展建议；（7）强调

---

① UNESCO. Records of the General Conference of UNESCO（Thirteenth Session）［R］. Paris：UNESCO，1962.

② UNESCO. Third International Conference on Adult Education，Tokyo，25 July-7 August 1972：Final Report［EB/OL］.（1972-10-26）［2022-01-18］. https：//unesdoc. unesco. org/ark：/48223/pf0000001761.

③ UNESCO. Records of the General Conference of UNESCO（Eighteenth Session）［C］. Paris：UNESCO，1974.

学业和职业指导的作用，提出实施建议；（8）提出职业教育教学形式与方法、教材编写的具体建议；（9）制定职业教育教师、管理人员的定位、条件及其培训；（10）提出加强国际合作的建议。① 与 1962 年版本相比较，《技术和职业教育建议书（修订版）》的主要作用如下：其一，深入透彻地阐释了职业教育的内涵，认为职业教育是教育体系的重要组成部分，是劳动力职业准备阶段的有效教育手段，也是实施劳动力开发的有效继续教育手段；② 其二，对职业教育重新定位，将其从技能教育层面延伸至实践技术、态度、理解和知识四个维度，指出职业教育仅局限在通过提升技能促进就业是不够的，要充分发挥其对社会和个人全方位发展的促进作用，这是职业教育促进可持续发展以实现反贫困的开端。

三、职业教育反贫困的包容性发展阶段（20 世纪 70 年代末至 20 世纪 90 年代末）

（一）初步提出保障弱势群体受教育权

在《技术和职业教育建议书（修订版）》的基础上，UNESCO 于 1979 年颁布《消除女性歧视国际公约》（Convention on the Elimination of All Forms of Discrimination against Women）③，明确了弱势群体的受教育权，督促各成员国关注文盲、失业工人、流动工人、难民、妇女、儿童等缺乏平等受教育权利的贫困群体，倡导各国将贫困群体纳入培训和社区教育计划中，通过提供技能培训和职业教育应对贫困。④

20 世纪 80 年代前期，西方经济体经历了严重的滞涨，通货膨胀和失业率

---

① 顾明远. 教育大辞典 ［M］. 上海：上海教育出版社，1999.

② UNESCO. Revised Recommendation concerning Technical and Vocational Education ［M］. Paris：ERIC Clearinghouse，1974.

③ UNESCO. International Convention on the Elimination of All Forms of Discrimination Against Women ［EB/OL］. ［2022 - 01 - 18］. https：//www. un. org/womenwatch/daw/cedaw/text/econvention. htm#article14.

④ UNESCO. Recommendation on the Development of Adult Education ［EB/OL］. ［2022 - 01 - 18］. https：//unesdoc. unesco. org/ark：/48223/pf0000201879.

高企，严重的经济危机迅速波及发展中国家，① UNESCO 将职业教育反贫困的重点聚焦于促进贫困群体和弱势群体获得新的就业能力。1985 年，UNESCO 在法国召开第四次国际成人教育会议，强调弱势群体及贫困群体有平等接受教育的权利，包括成人教育和职业教育的受教育权利，② 将失业青年、流动工人、贫困女性、儿童作为职业教育与培训的重点关注人群。1987 年，UNESCO 在德国召开第一届国际职业技术教育大会，强调了职业教育与培训在促进就业方面的积极作用，尤其强调了促进女性和失业青年就业与脱贫，且在不同国家和地区制定针对性强的职业教育与培训政策。③

1989 年，UNESCO 在第二十五届大会上发布《技术和职业教育公约》（Convention on Technical and Vocational Education），从概念范围、政策规划、体系结构、教学、教师、国际合作六方面对技术和职业教育发展做出了具体规定，首次在正式文件中提出各缔约国的职业教育政策要覆盖残疾人，发展具有覆盖面广、包容性强、灵活性高等特征的职业教育，通过职业教育赋予弱势贫困群体基本的工作能力以摆脱贫困。④ 该公约提出：（1）各成员国应据自身需求设计职业教育发展政策，面向青年和成人制定职业教育计划和教学大纲，协助其习得经济社会发展所需的知识和专业技能；（2）各国需定期检查职业教育结构、教学计划、远景规划和培训方法，使之动态适应科技进步和文化进步下的就业变迁；（3）职业教育与各类型教育之间要实现横向和纵向连接。

1989 年，UNESCO 发布的《儿童权利公约》（Convention on the Rights of

---

① 沈贵进．八十年代世界经济的发展趋势［J］．暨南学报（哲学社会科学版），1984（04）：8．

② UNESCO. Report of the Director-General on the Proceedings of the Fourth International Conference on Adult Education, Paris, 19-29 March 1985［EB/OL］.（1985-09-19）［2022-01-18］. https：//unesdoc. unesco. org/ark：/48223/pf0000066800.

③ UNESCO. International Congress on the Development and Improvement of Technical and Vocational Education［EB/OL］.（1987-10-24）［2022-01-18］. https：//unesdoc. unesco. org/ark：/48223/pf0000075959.

④ UNESCO. Convention on Technical and Vocational Education［Z］. Paris：UNESCO，1989.

the Child）专门阐释了保障残疾儿童的受教育权利，以及培训和就业机会。①
此后，UNESCO 通过职业教育帮助弱势群体和贫困群体通过自我技能的提升
实现就业与再就业以摆脱贫困的理念得到了国际认可。

（二）推进全民教育和终身学习

1990 年 3 月 5 日，UNESCO 与联合国儿童基金会（United Nations Interna-
tional Children's Emergency Fund，UNICEF）、联合国开发计划署（The United
Nations Development Programme，UNDP）、世界银行（The World Bank）在泰
国合作举办了世界全民教育大会（World Conference for Education for All），与
会国家和地区多达 150 个，参会官员达 1500 人。会议指出，在过去 10 年中，
全球文盲数量达到 9.6 亿人，世界基础教育发展不进反退，为此会议呼吁发
展全民教育，并专题讨论了儿童、青年的学习需求。会议发布《世界全民教
育宣言》（World Declaration on Education for All）和《满足基本学习需要的行
动纲领》（Framework for Action to Meet Basic Learning Needs），② 阐释了全民教
育的内涵，并提出全民教育目标：到 2000 年将成人文盲人数减少至 1990 年
人数的一半，实现满足全体儿童、青年和成人的基本学习需求目标。此处的
全民教育指全民基础教育，满足包括儿童、青年及成人的基本学习需求，保
障所有人的平等受教育权利和机会，会议倡议为实现全民教育目标采取协调
一致的行动。此次会议成果成为世界各国扫盲教育行动的指南。

1995 年，第四次世界妇女大会（World Women Conference）在中国北京举
行，UNESCO 有针对性地阐释了保障妇女和女童学习权利的重要性，要保障
妇女和女童接受职业教育与培训的权利和机会，赋予该群体平等、可持续的
发展机会。③

---

① UNESCO. Convention on the Rights of the Child［EB/OL］. (1989-11-20)［2022-01-18］.
https：//www. unhcr. org/protection/children/50f941fe9/united - nations - convention - rights -
child-erc. html.

② UNESCO. World Conference on Education for All［EB/OL］.［2022-01-18］. https：//unes-
doc. unesco. org/ark：/48223/pf0000 085625.

③ UNESCO. Beijing Declaration and Platform for Action：Fourth World Conference on Women
［EB/OL］.（1995 - 09 - 15）［2022 - 01 - 18］. https：//www. unesco. org/education/pdf/
BEIJIN_ E.

1996 年，UNESCO 出版专著《教育：财富蕴藏其中》（Learning：the Treasure Within），指出职业教育是保障受教育权、促进教育公平的重要途径，若能为弱势群体和贫困人群提供可持续的非正规学历教育，即职业教育与培训，就可以极大地消除不平等现象，实现终身学习目标。① 该著作为 UNESCO 在 21 世纪的教育发展提供了重要思路。

1997 年，UNESCO 在德国召开第五届国际成人教育大会并发布《汉堡成人教育宣言》（Hamburg Declaration of Adult Education），强调了如下三项内容：（1）成人教育不仅仅是一种权利，更是走向 21 世纪的关键；（2）成人教育包括一切正规和非正规的学习形式，成人可借助成人教育提升能力、丰富知识和技能；（3）国家要重点保障包括少数族裔、土著和女性等在内的脆弱性群体的终身受教育权利以对抗贫困。

UNESCO 的职业教育反贫困实践更为关注欠发达地区（如非洲）和战乱国家，在促进贫困区域职业教育发展的框架下聚焦于包括儿童、妇女、失业青年、残疾人等弱势和处境不利群体的职业教育平权，在 UNESCO 的倡议下，全球大多数国家开始通过发展全纳教育关注残疾人。UNESCO 在越南持续开展针对残疾人的全纳教育，20 世纪 90 年代在城市和农村开展试点，项目内容涉及课程改革和教师培训等措施，为后续的全纳教育发展储备师资、提供技术支持。

四、职业教育反贫困的可持续发展阶段（20 世纪 90 年代末至今）

（一）将职业教育与培训融入终身教育系统

随着世界贸易组织（World Trade Organization，WTO）的成立，全球经济一体化趋势加剧，再加上新兴信息技术迅速发展，各国迎来发展机遇的同时不同程度地遭遇结构性失业。② 基于此，1999 年，UNESCO 在韩国召开第二届国际职业技术教育大会，主题为"终身学习与培训——通向未来的桥梁"，

---

① UNESCO. Learning：the Treasure Within［EB/OL］.［2022 - 01 - 18］. https：//unesdoc. unesco. org/ark：/48223/pf0000109590.

② 黄尧，刘京辉. 国际职业教育发展趋势：第二届国际技术与职业教育大会综述［J］. 中国职业技术教育，1999（07）：4.

130 多个国家近 1000 名代表与会。会议审议通过了《职业教育与培训：21 世纪展望——致联合国秘书长建议书》，该建议书关涉六个议题：（1）21 世纪的需求变化给职业教育带来的挑战；（2）完善终身教育系统；（3）改革职业教育与培训系统；（4）全民普及职业教育与培训；（5）明确政府和其他职能部门在职业教育与培训中的职能；（6）加强职业教育与培训的国际合作。此次会议重新界定了职业教育的内涵，将培训纳入其中，提出了职业教育与培训（Technical and Vocational Education and Training，TVET），通过职业教育与培训发展终身学习，呼吁各国为缺乏教育机会的贫困人群提供职业教育与培训，以此促进就业和生产力提升，加快反贫困进程。①

2001 年，UNESCO 对 1974 年的《技术和职业教育建议书（修订版）》进行再次修订（后简称《建议书二次修订版》），该建议书共由 10 个部分组成，合计 100 条建议，其中关涉职业教育反贫困的内容有 7 个部分、12 条建议，主要涵盖如下内容：概念范畴，政策、规划和行政管理，在普通教育中融入职业教育，通过职业教育做好职前准备，职业教育的组织、项目内容、指导与学习过程，职业教育作为继续教育的主要形式等。《建议书二次修订版》强调职业教育与培训是终身学习的有机组成部分，其中的建议内容适用于所有职业教育范畴内的教育方式或教育类型，包含专业教育机构内提供的职业教育与培训，也包括教育机构以外的公立及私立部门提供的职业教育与培训，即涵盖旨在为全民提供终身学习机会的所有正规与非正规的有组织的教育形式②。《建议书二次修订版》明确阐释了如下内容：（1）职业教育是反贫困的一种有效方式；（2）发展职业教育的目标是帮助包括残疾人、妇女、儿童在内的弱势贫困群体获得平等接受职业教育的机会，通过促进教育平权帮助其融入劳动力市场和社会，从而摆脱贫困；（3）消除一切显性和隐性的偏见与歧视，为女性提供适合其群体特点的学习环境和工作场所，制定策略激发其对职业教育的兴趣；（4）提升职业教育与培训的针对性，满足特殊教育需求，为处境不利的弱势群体提供特殊形式的教育，使残疾人、移民、难

---

① UNESCO. Lifelong Learning and Training：A Bridge to the Future ［EB/OL］. ［2022-01-18］. https：//unesdoc. unesco. org/ark：/48223/pf0000116954.

② UNESCO. Normative Instruments Concerning Technical and Vocational Education ［R］. Paris：UNESCO，2004.

民、少数族裔、土著、复原士兵、被边缘化的青年能够进入劳动力市场、融入社会。①

（二）通过职业教育与培训培养工作和生活技能

2002 年，UNESCO 在德国波恩挂牌成立国际职业教育与培训中心（UNESCO International Center for Technical and Vocational Education and Training, UNESCO-UNEVOC），这是联合国官方的职业教育与培训执行机构，旨在为欠发达国家中的贫困群体和弱势群体提供职业教育与培训。2004 年，UNESCO 与德国联邦教育和研究部（BMBF）在波恩联合召开首次国际职业教育专家磋商会议，主题为"学习促进工作，公民身份形成与可持续发展"，重申了职业教育与培训在积累资本促进各国经济发展中的作用和成效。② 会议指出，工作不仅仅是一种生存手段，诸如工作类型等特征还会影响个体的身份、社会地位和生活水平，无论是在发达国家还是在发展中国家，21 世纪的大多数工作机会可能集中在新的工作流程和服务内容上，这些专业知识和技能是普通教育无法尽快提供的，但职业教育与培训可以满足这类学习需求。为了促进人们适应工作的变化，职业教育与培训必须对不断变化的工作需求做出积极回应，尤其是对基于知识经济的工作内容和实践的变化以及全球化中的生产和贸易网络等变化做出及时回应。

2009 年 12 月，UNESCO 在巴西举行第六届国际成人教育大会——"走向美好未来的生活与学习——成人学习的力量"，发布《贝伦行动框架》促进各国在成人教育领域的合作与交流，为国际成人教育提供发展指南。《贝伦行动框架》的主要内容如下：（1）坚持推进成人扫盲，扫盲是帮助成人参加各阶段学习的基础和促进教育平权的基础，是帮助人们应对变迁的核心手段，也是个人、社会、经济和政治发展的前提；（2）推动制定成人教育政策和立法，体现成人教育的全面、包容、综合等特征，建立终身教育和全民学习的基础；

① UNESCO. Revised Recommendation concerning Technical and Vocational Education ［EB/OL］. （2001-02-14）［2022-01-18］. https：//unesdoc. unesco. org/ark：/48223/pf0000153950.

② UNESCO. Learning for Work, Citizenship and Sustainability：UNESCO International Experts Meeting, Final Report ［EB/OL］. ［2022-01-18］. https：//unevoc. unesco. org/fileadmin/user_ upload/pubs/SD_ FinalReport_ e. pdf.

（3）完善治理机制，促进形成高效、公开、公平和负责的成人学习机制，激发利益相关者参与成人教育的积极性，关注学习者尤其是最弱势学习者；（4）增加资金支持；（5）实施全纳教育，促进所有公民都能开发潜能并过上有尊严的生活；（6）提升成人教育质量，建立多维的以学习者为中心的评价体系，动态监测质量变化。①

进入 21 世纪，随着信息技术和人工智能技术迅猛发展，"机器换人"导致失业率上升，数字鸿沟催生了"新文盲"，再加上 2008 年席卷全球的金融危机，世界经济和就业形势非常严峻。2012 年，UNESCO 在中国上海召开第三次国际职业技术教育大会，发布专题报告《职业教育与培训转型：培养工作与生活技能》（Transforming Technical and Vocational Education and Training：Building Skills for Work and Life：Shanghai Consensus，简称"上海共识"），着重讨论了世界职业教育的改革发展对促进世界经济增长、维护社会公平和推动可持续发展的意义和作用，针对提高职业教育与培训质量、提高职业教育体系的投入产出比、消除社会不公平和社会排斥、构建终身职业教育体系等提出实施方案，建议增加职业教育与培训投资以大力发展职业教育。会议提出如下具体建议：（1）增强职业教育与培训的针对性和相关性；（2）增加职业教育与培训机会，提高质量，促进公平；（3）调整职业教育与培训主体的资质标准，开发多种实施途径；（4）促进职业教育与培训经验交流，建立数据基础；（5）加强管理，吸引利益相关者参与职业教育与培训，扩大建立伙伴关系；（6）增加职业教育与培训投资，实现融资多元；（7）加大力度宣传职业教育与培训。② 2012 年，UNESCO-UNEVOC 在成立十周年之际发布专题报告《职业教育与培训转型：从理论上升到实践》，该报告是将职业教育理论转向实践的指导性文件，意味着 UNESCO 将着眼于向社会和贫困人群提供更多更实际的职业教育与就业机会。

---

① 欧阳忠明，尹桐桐，李书涵，等. 成人学习与教育：离《贝伦行动框架》目标有多远？——基于 2000—2019 年的全球实践与发展 ［J］. 远程教育杂志，2020，38（05）：61-69.

② UNESCO. Transforming Technical and Vocational Education and Training：Building Skills for Work and Life：Shanghai Consensus ［EB/OL］. ［2022-01-18］. https：//unesdoc. unesco. org/ark：/48223/pf0000217683＿ chi.

（三）通过职业教育与培训促进可持续发展

1. 建立终身学习框架

2015 年，第 70 届联合国大会在纽约联合国总部开幕，联合国在《改变我们的世界：2030 可持续发展议程》（Transforming our World：The 2030 Agenda for Sustainable Development）中通过了 17 项可持续发展目标（SDGs），其中目标 4（SDG4）明确提出到 2030 年"通过包容和公平的优质教育提供全民终身学习的平等机会"。① 在此基础之上，UNESCO 提出并充分讨论《教育 2030 行动框架》。其中，针对 SDG4 细化了职业教育目标，具体内容如下。（1）确保男女平等获得负担得起的优质职业教育和高等教育。（2）大幅增加就业、体面工作和创业所需技能的供给，提高接受职业教育与培训的青年和成人数量。（3）消除教育中的性别歧视，确保残疾人、土著和处境脆弱儿童等弱势群体平等获得各级教育与培训的机会。（4）确保所有青年和大部分成人具有识字和计算能力。（5）确保所有学习者掌握可持续发展所需的知识和技能，具体做法包括开展可持续发展、可持续生活方式、人权和性别平等方面的教育，弘扬和平和非暴力文化，提升全球公民意识，肯定文化多样性及对可持续发展的贡献。该目标具体涵盖如下：①建立和改善兼顾儿童、残疾和性别平等的教育设施，为所有人提供安全、非暴力、包容和有效的学习环境；②到 2020 年，在全球范围内大幅增加向发达国家和部分发展中国家（特别是最不发达国家、小岛屿发展中国家和非洲国家）提供的高等教育奖学金数量，特别是职业培训、信息和通信技术、工程、科学技术等内容的奖学金。② 联合国和 UNESCO 共同方针的制定标志着职业教育进入了一个全新的理论结合实践的高速发展时期。

2015 年 11 月，UNESCO 在法国举行第三十八届会议并通过了《职业教育

---

① 联合国教科文组织. 变革我们的世界：2030 可持续发展议程［Z］. 联合国可持续发展峰会，2015.

② UNESCO. Education 2030：Incheon Declaration and Framework for Action for the Implementation of Sustainable Development Goal 4：Ensure Inclusive and Equitable Quality Education and Promote Lifelong Learning［EB/OL］.［2022 - 01 - 18］. https：//unesdoc. unesco. org/ark：/48223/pf0000245656.

与培训建议书》以及《成人学习与教育建议书》，这是两部职业教育的划时代性文件。《职业教育与培训建议书》的内容涵盖如下五个方面：（1）关于政策制定。成员国应根据自身国情、民情设计和制定有针对性的职业教育与培训政策，建立全面的终生学习框架；提升职业教育与培训的公众吸引力；在教育体系内发展中等、中等后和高等职业教育与培训；促进中等、中等后和高等教育之间的衔接；提高成人学习参与度。（2）关于治理和监管框架。成员国须制定职业教育与培训监管框架，明确公共组织和私营机构的权利，鼓励利益相关者积极参与。（3）关于社会对话。利益相关者参与职业教育与培训应遵循符合公共政策、支持社会对话、责任、问责和效率等关键原则。（4）关于融资。鼓励资金来源多元化，建立激励措施和问责机制。（5）关于公平和机会。强调职业教育与培训是对抗贫困的重要手段之一，确保所有青年和成人享有平等的学习机会，反对一切形式的歧视，特别强调保障包括农村和偏远地区人口、残疾人、土著、牧民、少数民族、移民、难民、无国籍人员和受战乱冲突和灾害影响者在内的无业或弱势群体的受教育权利。①

《成人学习与教育建议书》将成人学习与教育视为消除贫困、改善健康水平和增加福祉、促进可持续的学习型社会的重要工具。该建议书阐释了成人学习与教育的内涵与外延：（1）它是终身学习的核心内容，涵盖了关涉社会及劳动力市场所需的各种形式的教育和学习（正规、非正规、非正式）；（2）它是学习型社会的基石；（3）它的学习途径和机会灵活多样，可为包括辍学者、未接受教育者提供补偿性学习机会；（4）它为终身学习建构连续性学习的基础；（5）通过后续培训和学习提高成人掌握应对社会和工作变迁所需的知识、技能和能力；（6）培养公民意识；（7）借助信息和通信技术提供创新性成人学习与教育形式和途径②。《成人学习与教育建议书》阐释了成人学习与教育的作用：（1）提升人们的能力和素质促进其掌握自身命运、挖掘自身潜能；（2）促进个人发展和职业发展，协助成人积极地融入社会、社区

---

① UNESCO. Recommendation Concerning Technical and Vocational Education and Training（TVET），2015（chi）［EB/OL］.［2022-01-18］. https：//unesdoc. unesco. org/ark：/48223/pf0000245178_ chi.

② 李玉静. UNESCO 政策框架下我国职业教育发展研究［J］. 职业技术教育，2016（21）：11-17.

和环境；（3）促进可持续和包容的经济增长，改善个人体面就业的前景。《成人学习与教育建议书》提出了成人学习与教育的目标：（1）培养批判性思维能力和自主性、责任感；（2）提升应对经济生活和劳动力市场变迁的能力；（3）创建学习型社会，让人人有机会学习并充分参与可持续发展进程，增进团结；（4）促进和平共处，发展人权；（5）增强青年和成人的适应能力；（6）提高环保意识。① 2015 年发布的《成人学习与教育建议书》取代了 1976 年的建议书。

2. 培养应对变化的技能

2016 年，UNESCO 发布《职业教育与培训战略（2016—2021）》（Strategy for TVET 2016—2021），以落实和进一步推动可持续发展目标中的教育目标 SDG4。该战略提出"促进青年就业与创业""促进公平与性别平等"和"促进向绿色可持续社会转型"三大目标，旨在为那些将弱势群体纳入职业教育与培训系统尚存在困难的国家提供帮助，通过归纳有效政策措施指导发展不利地区，保障所有处境不利群体和弱势群体更容易获得有效的职业教育与培训机会。② 具体目标阐释如下：（1）促进青年就业和创业，解决全球青年技能与工作需求不匹配以及 14.4 亿劳动者的就业脆弱性问题；（2）发展包容的优质教育以实现教育公平、促进教育现代化，特别是确保不同区域、不同性别以及不同弱势群体都有平等接受教育的机会，实现教育公平、平等就业；（3）促进向绿色经济和可持续社会转变，应对全球气候变暖、雾霾天气的挑战，比如，促进绿色技能的教育与培训，为发展绿色经济、走可持续发展道路供给匹配的人才。该战略基于促进可持续发展和应对变迁提出了四方面内容：（1）促进职业教育与培训为个体提供获得技能和资格的机会以实现体面就业，拓展职业教育与培训的学习内容，为个体工作之外更好的生活做准备；（2）促进职业教育与培训的利益相关方合作，尤其是促进与雇主合作，提高就业率和职业教育与培训的参与率；（3）将职业教育与培训纳入终身教育体系，既服务于青年也服务于已就业者和失业成人，同时促进职前教育与培训

---

① 联合国教科文组织. 关于成人学习与教育的建议书 [J]. 职业技术教育，2016（15）：76-80.

② UNESCO. Strategy for Technical and Vocational Education and Training（TVET）（2016—2021）[EB/OL].［2022-01-18］. https：//unesdoc. unesco. org/ark：/48223/pf0000245239.

和职后的继续教育，面向工作动态提供适切的教育与培训；（4）职业教育与培训内容除了特定工作技能还应关注其他技能，特别是创业技能，在就业岗位缺乏时帮助人们实现自雇佣。

2017 年，UNESCO 在中国唐山召开第四届国际职业技术教育大会——"不断变化的技能：全球趋势与本土实践"，进一步解读《教育 2030 行动框架》，鼓励各成员国通力合作以完成既定教育发展目标。本次会议分析了全球职业教育面临的风险和挑战，分享了各国在职业教育领域的政策和实践经验，阐明了弱势群体和处境不利人群是职业教育与培训关注的重点对象，要保障受教育弱势群体和边缘人群平等接受职业教育的权利。会议着重探讨了如下议题：（1）技能在促进公平和性别平等中的作用；（2）数字化的绿色经济产生的技术和技能需求；（3）预测技能需求以应对技能供需不匹配；（4）促进技能、资格认证以满足学习者和劳动力的流动需求；（5）监测及评估职业教育与培训战略、计划的实施效果。

2017 年，UNESCO 召开"职业教育与培训南非区域论坛"，详细阐释了促进非洲职业教育发展的工作计划，提出要提高非洲职业教育质量、提高非洲在地青年的工作技能水平和素质，指出非洲职业教育发展的目标是提高非洲青就业能力。

3. 发展全纳职业教育

UNESCO 在芬兰实施了跨部门的政策项目 VAMPO（2010—2015），为满足残疾人需求改善整体教育环境、建构残疾人终身学习框架、支持残疾人参与职业教育。UNESCO 在《2020 全球教育监测报告：全纳教育概念说明》中将 Inclusive Education 定义为"全纳教育"，并召开"全纳职业教育与培训"（Inclusive TVET）网络专题国际会议，详细阐释了全纳职业教育的概念。2020 年，UNESCO 发布全球教育监测报告《全纳教育：覆盖全民，缺一不可》，将"全纳教育"作为 2020 年的教育关键词，指出全纳教育的内涵包括：教育要接受每一个不同的个体；接受多样性的学习者和培养学生归属感，无论个体差异、能力差异、身份差异多大，每个个体都有各自的价值和潜力，都应受到尊重，都应获得受教育的权利。① UNESCO 通过全纳教育倡导世界各

---

① UNESCO. Inclusion and Education：All Means all ［M］. Paris：UNESCO，2020.

国实现职业教育平权，关注弱势群体和贫困群体通过职业教育反贫困。①

第二节 联合国教科文组织职业教育反贫困的重点领域

一、扫盲和全民教育：为职业教育奠基

UNESCO 的工作宗旨之一即带领全人类对抗贫困，其基本的反贫困理念是：教育是改变人类社会贫困状态的基础事业，"教育改变生活"意味着教育是人类的终身事业，终身学习是每个人的权利，促进教育公平发展是推动世界和平、消除人类贫困、推动全球可持续发展的目标和途径。UNESCO 认为，职业教育是非基础教育形式的教育，其受教育人群需具备一定的认知能力和知识基础，因此，通过职业教育提升劳动力就业能力，进而通过就业获得工作收入以对抗贫困的发展路径要有效发挥作用，必须要以良好的基础教育为先决条件，故 UNESCO 早期的反贫困政策是从扫盲教育和全民教育开始的，旨在普及受教育权利、促进教育机会公平，尤其是在贫困地区普及受教育权、消除教育歧视为保障平等受教育机会奠定了基础，同时也为 UNESCO 的职业教育与培训政策的落实奠定了坚实的基础。

（一）扫盲教育

UNESCO 定义的文盲是指不能阅读和书写的人，功能性文盲指不能胜任连续识字、读写和计算工作的人。② 二战以后，全球文盲率畸高，1950 年，世界 15 岁以上人口文盲比率为 44.3%，几乎达到总人口的一半。③ 1985 年，全世界文盲的分布如下：98%的文盲分布在发展中国家，大多数分布在亚洲、

---

① 联合国教科文组织. 2020 年全球教育监测报告：包容与教育概念说明 [Z]. 巴黎：联合国教科文组织，2020.
② 董建红. 联合国教科文组织和扫盲 [J]. 外国教育资料，1999（03）：79-80.
③ 联合国教科文组织国际教育发展委员会. 学会生存——教育世界的今天和明天 [M]. 北京：教育科学出版社，1996.

非洲和拉丁美洲，非洲文盲比率为 54%，亚洲为 36.3%，拉丁美洲和加勒比地区为 17.3%；女性为 34.9%，男性为 29.5%；文盲大多分布在农村；37 个最不发达国家贫困文盲比率为 67.6%，男性为 56.9%，女性为 78.4%。① 基于此，UNESCO 长期致力于发展扫盲教育。UNESCO 指导下的全球扫盲教育经历了激情澎湃的扫盲主义、经济实用的功能主义扫盲、理性务实的现实主义扫盲三个发展阶段。②

1. 激情澎湃的扫盲主义阶段（20 世纪 50 年代至 20 世纪 60 年代）

UNESCO 认为，人类一切灾难源于文盲，扫除文盲可以帮助个人摆脱无知、饥饿和疾病，接近现代化的知识和技能，实现个人成功；可以帮助国家改善经济、实现现代化。为此，从二战开始，UNESCO 推动了全世界的扫盲教育，20 世纪 50 年代主导实施了面向亚洲、非洲和拉丁美洲国家扫盲的"卡拉奇计划""亚的斯亚贝巴计划"和"圣地亚哥计划"；20 世纪 60 年代初制定了 20 年内消除文盲的目标；1966 年设立了"国际文盲日"。

2. 经济实用的功能主义扫盲阶段（20 世纪 70 年代至 20 世纪 90 年代）

扫盲教育取得了不错的成绩，但到 20 世纪 70 年代时，全世界绝对文盲人数继续激增，复盲率也不断提升，UNESCO 对扫盲教育行动进行反思，于 1972 年发布《学会生存》，指出扫盲不是单纯学会认字，而是要促进人们与环境协调，能够理解生活的意义、提高个人尊严、习得走向美好生活所需的知识和技能，功能主义扫盲应运而生，即扫盲教育既要促进人们能够读写，还要促进其习得专门性、技术性知识，能够通过职业训练提升生产力进而更好地参与社会活动。③ 1975 年，UNESCO 在"波斯波利斯宣言"（Persepolis Declaration）中进一步指出，扫盲不仅是学习阅读、写作和计算方法，更是对人的解放和促进全国发展，扫盲是人类的基本权利。④ 此后，功能主义成为扫

---

① 贾学谦. 联合国教科文组织关于扫盲问题的思考与行动［J］. 成人教育，1988（12）：28−29.

② 姚远峰. 国际扫盲教育的演进与问题诉求——以联合国教科文组织的参与为例［J］. 2007（06）：93−94.

③ 联合国教科文组织国际教育发展委员会. 学会生存——教育世界的今天和明天［M］. 北京：教育科学出版社，1996

④ UNESCO. Declaration of Persepolis ［EB/OL］.［2022−01−18］. https：//en. unesco. org/sites/default/files/persepolis-declaration-literacy-1975-en. pdf.

盲教育的指导方针。20世纪70年代初，UNESCO首先支持泰国尝试功能主义扫盲，为参与者提供农耕、营养、家庭卫生及儿童养育等主题的扫盲教育，复盲率明显降低。1985年，UNESC将1990年设置为"国际扫盲年"。

3. 理性务实的现实主义扫盲阶段（21世纪初至今）

功能主义扫盲单纯强调生产力提升而忽视了个人长期发展，故仍然未能遏制住全世界文盲增长态势。2001年12月，联合国大会通过了《联合国扫盲计划二十年》，提出了全民识字、全民学习、全民声音三个发展目标，其中，全民识字目标将最贫困、最边缘化弱势群体的识字列为优先事项；全民学习目标拓展了扫盲教育的范围，不论身份、年龄、部门或机构，均被扫盲教育所覆盖，扫盲教育成为一种普及教育，旨在建构终身学习的社会基础；全民声音目标指通过扫盲教育促进弱势群体参与社会生活、行使公民权利、履行公民责任。该计划标志着世界扫盲教育走向现实主义阶段①。《联合国扫盲计划二十年》提出了九项务实的工作指导原则：（1）以人权为基础，提出学习与受教育权利是一项基本人权，理应得到政府和社会的保障；（2）以学习者为中心，促进学习者参与社会活动；（3）以确保学习机会均等实现起点公平，消除地域、文化、性别、语言、经济、民族等多方面障碍；（4）聚焦于反贫困，特别是有关卫生、营养和小企业发展等方面的知识和技能；（5）建设促进可持续发展的扫盲学习的非文盲环境，促进知识在生活中应用；（6）面向社区，覆盖儿童和成人，构建社区与学校一体化的学习文化，促进正规和非正规教育互补；（7）多主体参与，建立政府、社会、私营部门和社区的合作网络；（8）提升扫盲教育质量，比如，师资培训、学习方法创新、对本土文化的认知等；（9）注重扫盲教育效果，目标是建构可持续扫盲教育模式，提升人们应对生活和就业变迁的能力、提升素质和工作技能，改善生活质量，应对贫困。② 可见，UNESCO促进扫盲教育的根本目标是为通过职业教育反贫困建立知识和技能基础，故其扫盲教育并非仅仅局限于普及阅读、写作、计算等基础能力，更要为促进劳动力获得迅速适应劳动力市场变迁、建构体面

---

① 姚远峰. 国际扫盲教育的演进与问题诉求——以联合国教科文组织的参与为例［J］. 2007（06）：93-94.

② 姚远峰. 国际扫盲教育的演进与问题诉求——以联合国教科文组织的参与为例［J］. 2007（06）：93-94.

生计方式所需的知识和技能奠定基础，其内核从基本技能延伸至继续教育和职业教育与技能培训，服务于人的体面生计、健康生活和可持续发展，因此扫盲的最终目标是对人的全面解放和发展人的全面能力。

2007 年，UNESCO 在海地共和国落地实施"青年扫盲和职业培训计划"（Basic Literacy and Vocational Training for Young Adults），旨在将扫盲运动与职业培训结合在一起，为海地青年同时提供基本识字教育和职业教育与培训，在提升海地劳动力素质的基础上进一步开发劳动力资源，满足海地经济发展对劳动力的需求，并加速反贫困进程。2008 年，UNESCO 在印度尼西亚实施"生活技能和创业扫盲计划"（Literacy for Life Skills and Entrepreneurship Pro-gramme，LLSE），旨在保障劳动者获得培训的权利，提供其所需的技能以应对贫困。该计划设置三个子计划：自我创业扫盲（Self-Entrepreneurship Liter-acy，SEL）、生活技能教育（Life Skills Education，LSE）和试点创业孵化器（Piloting Entrepreneurship Incubator，PEI），分别对应提高识字技能、掌握生活技能及培养创业技能，用母语进行识字教学，改善社区识字环境。[①] 经过多年努力，全世界文盲比率呈现下降趋势：1950 年为 44.3%，1960 年为 39.3%，1970 年为 34.2%，1985 年为 27.7%[②]，1995 年为 23%[③]，1998 年为 16%，2000 年为 18.5%，2008 年为 13.7%[④]。但是，低收入国家的文盲率仍然偏高，2000 年为 49.3%，2008 年为 36.8%。

（二）全民教育

UNESCO 认为，全民教育是全人类的基本权利和共同事业，故国际全民教育战略一直是其高度关注和大力投入的战略性计划。

———————————

① UNESCO. Indonesia，Literacy for Life Skills and Entrepreneurship：Promising EFA Practices in the Asia-Pacific Region［EB/OL］.［2022-01-18］. https：//unesdoc. unesco. org/ark：/48223/pf0000233007.

② 贾学谦. 联合国教科文组织关于扫盲问题的思考与行动［J］. 成人教育，1988（12）：28-29.

③ 董建红. 联合国教科文组织和扫盲［J］. 外国教育资料，1999（03）：79-80.

④ 社会发展世界各国统计数据：13-14 15 岁及以上成人识字率（2000—2018）［EB/OL］.（2020-07-20）［2022-02-06］. https：//wenku. baidu. com/view/207375a8e55c3b3567ec102de2bd960590c6d9ae. html.

1990 年，UNESCO 在泰国举办世界全民教育大会（World Conference for Education for All），针对全球文盲数量激增、基础教育发展倒退呼吁发展全民教育，发布了《世界全民教育宣言》和《满足基本学习需要的行动纲领》①，阐释了全民教育的内涵，并提出全民教育的目标：至 2000 年成人文盲比 1990 年减少 50%，满足全体儿童、青年和成人的基本学习需求。

UNESCO-UNEVOC 指出，国际上关注的职业教育与培训领域面临的挑战与全民教育目标非常类似：提升学校学习质量、获得终身职业教育与培训权利、提高职业教育与培训地位和相关性、促进课程和工作需求匹配。1999 年，第二届国际职业技术教育大会进一步讨论了职业教育与培训面临的挑战，并聚焦如下论题：将职业教育与培训纳入早期教育阶段，作为全民教育之一部分，引寻人们进入职业教育领域，从而提高职业教育与培训的地位，吸引更多投资。

2000 年，UNESCO 在塞内加尔达喀尔举办"世界教育论坛"，颁布了《达喀尔行动纲领》（The Dakar Framework for Action Education For All：Meeting our Collective Commitments），提出全民教育行动框架，声明要帮助全世界最贫困、最脆弱和处境最为劣势的人群，保障其受教育权利，带领其脱离贫困，将职业技术教育与培训作为脱贫的重要途径之一。《达喀尔行动纲领》提出了到 2015 年全球全民教育的发展框架：（1）扩大和改善幼儿早期发展状况（尤其是最脆弱和条件最差的幼儿），包括幼儿早期教育与养育；（2）确保包括女童、处于恶劣条件的儿童、少数民族儿童在内的所有儿童均能接受和完成免费、高质量的义务初等教育；（3）确保教育机会公平，满足青年和成人学习各种生活技能的学习需求；（4）成人（尤其是妇女）脱盲人数增加 50%，所有成人均能获得接受基础教育和继续教育的平等机会；（5）2005 年以前消除初等教育和中等教育中男女生人数不平衡现象，2015 年以前实现男女教育平等，特别要确保女性青少年有充分、平等的机会接受、完成高质量的基础教育；（6）全面提高教育质量，确保人人都能习得一定标准的读、写、算和基本生活技能。2005—2015 年，UNESCO 为促进国际全民教育提出了三个国际性核心倡议：（1）赋能扫盲倡议（Literacy Initiative for Empowerment，LIFE），

---

① UNESCO. World Conference on Education for All［EB/OL］.［2022-01-18］. https://unesdoc. unesco. org/ark：/48223/pf0000 085625.

旨在提升全民文化素质、促进扫盲工程实施;(2)撒哈拉以南非洲教师培训倡议,促进教师培训,特别是撒哈拉以南非洲教师培训;(3)全球艾滋病与教育倡议(Global Initiative on HIV/AIDS and Education),促进艾滋病预防教育及相关教育倡议。[①]

《达喀尔行动纲领》在框架第三条明确提出在全民基础教育基础上通过技术教育与培训满足就业和市场的技能需求,为此,UNESCO 的职业教育执行机构 UNESCO-UNEVOC 一直致力于促进全民教育和职业教育与培训相辅相成、互相促进,其在 2003 年刊登专家论文《全民教育与职业技术教育:一个硬币的两面》,探讨了 UNESCO 在印度洋地区开展终身学习的行动中,实施正规学校教育和职业教育与培训的融合实践,即在促进向知识经济转型中完善教育与培训框架,实施资格证书认证制度改革,该框架涵盖了正规教育、非正规教育、非正式学习形式(formal,non-formal,and informal systems),同时塑造学习者的学习能力和职业能力。泛印度洋国家普遍将提高教育体系的效率、成绩和相关性作为重要改革目标以满足社会对高质量中等教育和高等教育的需求,在终身学习理念下,通过资格证书认证系统建构正规学校教育和职业教育与培训之间的联系与衔接,最终实现全民教育的目标。由此可见,全民教育和终身教育是 UNESCO 的基本教育方针,也是其职业教育与培训反贫困的基础,而职业技术教育与培训则是全民教育和终身教育的实现路径。

2006 年,UNSECO 在《国家职业资格制度的发展:讨论稿》(The Development of a National System of Vocational Qualifications:A Discussion Paper)中明确表示,发生在工作场所、社区、家里的许多学习方式无法使学习者获得正规的资格证书,但是大多数资格可以通过正式或非正式的学习来获得。UNSECO 将资格证书分为一般资格证书、从业资格证书和职业资格证书三类。(1)一般资格证书(General Qualifications),提供学校学习准备,承认学习者已经达到了一般基础知识和技能要求的相关标准,比如,个人、人际关系、公民技能以及对国家文化遗产和重要的科学、社会和美学发展的基础知识。(2)从业资格证书(Vocational Qualifications),提供工作准入准备,承认学习

---

① 武学超. 联合国教科文组织 2005—2015 年全民教育战略目标与实施计划 [J]. 世界教育信,2005(08):5-6.

者已经达到立即或以后进入工作场所的标准，证明学习者已经准备好继续学习或进入工作岗位，以就业为主要目标。从业资格证书是对一般资格证书的知识、理解和技能的深化与拓展，比如，计算和数学技能的标准达到可以应用于特定就业领域，如工程。只要有学习机会，从业资格证书可以在工作之外取得。从业资格证书面向准备进入劳动力市场者、计划改变就业现状者或失业者。（3）职业资格证书（Occupational Qualifications），提供工作能力水平认可，承认学习者已经达到了能够完全胜任工作的标准。职业资格证书需要在工作场所中或在真实的模拟工作场所中获得，可为个人就业做准备，但更重要的是面向在职者或准备改善和提升技能的在职者。UNESCO 认为，合理的资格认证框架由一套连贯的标准构成一个单元，不同单元组合成资格，学习者通过职业相关性获取不同的资格证书。①

《达喀尔行动纲领中》授权 UNESCO 继续"在协调全民教育伙伴和保持其合作势头方面发挥作用"，承担"秘书处职责"，要求教科文组织总干事"每年召集一次能够加强政治决心和动员技术与财政资源的高级别、小规模、灵活的工作组会议"。基于此，UNESCO 在 2000—2011 年期间每年召集高层小组（HLG）、工作小组（WG）和国际全民教育咨询小组（IAP）会议，发布《全民教育全球监测报告》（Education for All，EFA），并以此为依据审议全民教育进展情况。②

2008 年，UNESCO 发布《全民教育全球监测报告：2015 年能实现全民教育吗?》（Education for All by 2015：Will We Make It? EFA Global Monitoring Report），描述了 2000 年以来 UNESCO 全民教育发展状况：1999—2005 年，全球小学入学人数从 6.47 亿升至 6.88 亿，撒哈拉以南非洲以及南亚和西亚分别增长 36% 和 22%，失学儿童人数自 2002 年以来大幅减少；布基纳法索、埃塞俄比亚、印度、莫桑比克、坦桑尼亚联合共和国、也门和赞比亚等国家在普及初等教育和性别平等方面进展迅速；2000 年以来有 14 个国家免除初等教育学费。但是，该报告同时指出，推动全民教育仍然任重道远：学校教育

---

① UNESCO. The Development of a National System of Vocational Qualifications：A Discussion Paper [EB/OL]. [2022-02-20]. https：//unesdoc. unesco. org/ark：/48223/pf0000148013.

② UNESCO. Education for All（EFA）[EB/OL]. [2022-02-17]. https：//unesdoc. unesco. org/ark：/48223/pf0000217542.

成本依然是数百万儿童和青年接受教育的主要障碍；性别平等目标尚未实现，仅 1/3 左右的国家在 2005 年报告初等和中等教育实现了性别平等；学生学习效果欠佳，低水平的教育质量降低了全民教育的效果；普遍重视正规初等教育，幼儿教育以及针对青年和成人的扫盲和技能培训被忽视，但这些领域恰恰是普及初等教育和实现性别平等效果最直接的领域；扫盲教育效果欠佳，仍有 1/5 的成人（其中 1/4 是女性）因受教育水平低而被社会边缘化；基础教育援助不足，2000—2004 年，低收入国家基础教育援助增长一倍多，但 2005 年却大幅下降。全民教育发展指数表明，在 129 个国家中，51 个国家已经实现或接近实现全民教育目标，53 个国家正处于中间阶段，25 个国家远远未达到全民教育整体目标。①

2009 年发布的《贝伦行动框架》提出推动制定成人教育政策和立法，体现成人教育的全面、包容、综合等特征，建立终身教育和全民学习的基础，推动全民学习上升到各国的立法高度。2015 年发布的《成人学习与教育建议书》将创建学习型社会、让人人有机会学习并充分参与可持续发展进程作为成人学习与教育的发展目标之一，将全民学习纳入终身教育和可持续发展进程中。2015 年，UNESCO 提出从人权和发展的角度强调对教育的投入，将实现全民教育作为政治愿景，放在优先发展的战略地位，促进政府高层领导在实施全民教育中发挥至关重要的作用。UNESCO 依靠《全民教育全球监测报告》（GMR）和教科文组织统计研究所（UIS）为各国提供强大的实证数据库，依据高质量的数据和对全球趋势的预测与分析，为各国选择合适的全民教育发展战略计划。此外，UNESCO 利用强大的网络和合作伙伴关系，影响并促进非政府组织、议员、教师、学术界和私营部门参与推动全民教育进程，为全民教育提供强大的基层支持。② 2020 年，UNESCO 发布全球教育监测报告《全纳教育：覆盖全民，缺一不可》，从全纳教育视角再次诠释了全民学习的理念，通过基于全纳的教育系统改革促进全民学习。

---

① 　UNESCO. Education for All by 2015：Will We Make It? EFA Global Monitoring Report, 2008 [EB/OL].［2022-02-17］. https：//unesdoc. unesco. org/ark：/48223/pf0000154820.

② 　UNESCO. Education for All（EFA）[EB/OL].［2022-02-17］. https：//unesdoc. unesco. org/ark：/48223/pf0000217542.

二、贫困青年职业教育：就业与创业技能开发

青年是社会劳动力构成的最主要年龄层之一，贫困青年是世界贫困群体的重要组成部分，故而青年贫困问题是阻碍各国经济发展的重要论题，一直以来为各国政府和 UNESCO 所重视。UNESCO 认为，贫困青年就业或通过创业实现自雇佣是应对失业和贫困、维持生计的重要途径，它应对贫困青年问题的主要路径是面向该群体推广和普及职业教育与培训，通过提升其职业技能和素养实现体面就业和稳定就业。UNESCO 强调要关注并分析青年群体的能力特征与发展需求，并以此制定有针对性的职业技术教育与培训课程和体系，帮助失业无业的贫困青年迅速就业并融入社会生活。同时，UNESCO 关注贫困青年获得适应未来工作和就业结构变化的能力，借助职业教育发展终身教育，促进青年不断更新工作技能以适应劳动力市场需求的动态变化，防止在整个生命周期内陷入贫困。

UNESCO 的落地实践项目多为实用性培训，旨在促进青年掌握就业或自雇佣所需的职业技能。2003 年，UNESCO 在拉丁美洲实施以"自给自足学校"（Self-Sufficient Schools）为依托的创业教育项目，为拉丁美洲农村地区和低收入青年提供"边做边学，边挣边存"的机会，旨在帮助青年获得职业技能培训与创业教育机会，习得创新创业所需的知识、态度和职业技能等。这些落地实践项目均与就业脱贫相关，为拉丁美洲青年通过创业摆脱贫困提供了具体途径和方法。在"自给自足学校"模式下，学校提供经官方认可的中学课程和实用技能培训，比如，蔬菜种植、牲畜饲养和家具制作等。需要指出的是，"自给自足学校"模式不仅提供传统职业培训课程涵盖的培训，还提供真实的市场环境，使学生能够接触到真正的客户，例如，酒店管理培训项目会让学生管理学校附近的真实酒店。在真实的工作场景下，学生能将课堂学习付诸实践、习得商业知识、了解客户需求、识别消费者愿意支付的商品和服务类型。"自给自足学校"二、三年级的学生可参加"创业教育"课程，学习如何建立和经营自己的微型企业和合作社，准备商业计划，申请小额贷款、学习财务管理等技能。①

2007 年，UNESCO - UNEVOC 在非洲实施"青年非洲计划"（Young Africa，YA），这是一项面向非洲贫困弱势青年的职业教育扶贫计划，旨在提高贫困青年就业能力，促进其提升生产力和公民素养，先后在莫桑比克（Republic of Mozambique）的贝拉市（Beira）和唐多市（Dondo）设立了 YA 培训中心。YA 培训中心主要提供如下学习内容：（1）职业技能与公民素养。"青年非洲计划"创立了特许经营模式，YA 中心财务独立，本地企业家向 YA 培训中心租借场地或土地、教室、工具、设备以及服务人员，培训其所需求的专业人员。（2）创业培训。YA 培训中心向学生和社区成员提供创业支持。截至 2017 年，YA 培训中心先后开设了 43 门课程，比如，农业和太阳能相关专业课程，每门课程配套一个针对性的创业模块。（3）生活技能培训。YA 培训中心提供的生活技能课程涵盖艾滋病、性别、领导力和人权等主题；一般培训周期为 2—12 个月；学员每周参加 35 小时培训，约 30% 用于理论学习，70% 用于实践技能训练。调查显示，83% 的毕业生获得了培训相关的工作机会，其中超过 1/3 为自雇佣。② YA 培训中心针对自雇佣就业的毕业生提供毕业后为期 6 个月的创业辅导以促进其创业成功。

UNESCO 同期在巴西实施"青年和成人教育方案"（Education of Youth and Adults，EJA），其中技能项目面向未完成正规教育的 15 岁及以上人群，该项目最大的特征是灵活性，在私立和公立学校中提供面授的日班和夜班以及远程教育，聚焦于边远贫困地区劳动力的教育水平提升和技能提升，促进职业教育融入整体教育体系。截至 2012 年，包括移民、农民工、贫困者和工薪阶层在内超过 300 万学生注册了该项目。③

在阿拉伯国家，伴随着高速经济增长，青年技能与劳动力市场需求不匹

① UNESCO - UNEVOC. UNEVOC Promising Practice：Fundación Paraguaya's Self Sustainable Schools Turning Learning into Earning and Saving ［EB/OL］. ［2022 - 02 - 14］. https：// unevoc. unesco. org/up/PP_ FP. pdf.

② UNESCO-UNEVOC. Young Africa：Fostering Entrepreneurs ［EB/OL］. ［2022-02-16］. https：//unevoc. unesco. org/up/PP_ YA. pdf.

③ UNESCO. Education for All 2000—2015：Achievements and Challenges：EFA Global Monitoring Report，2015 ［EB/OL］. ［2022 - 02 - 17］. https：//unesdoc. unesco. org/ ark：/48223/pf0000232205.

配日益加剧，2008 年金融危机中，青年实现体面就业变得更加困难，为此，UNESCO-UNEVOC 着力促进该地区发展职业教育与培训、实施创业教育战略，促进学生与雇主技能供需匹配。2009 年，UNESCO-UNEVOC 在阿拉伯地区实施为期 4 年的国家创业教育计划，为其提供技术和资金支持以促进各国把创业教育纳入教育系统中，旨在帮助失业青年重返劳动力市场、脱离贫困。①

三、经济转型职业教育：绿色可持续发展

　　UNESCO 长期着眼于通过教育实现全球可持续发展目标。进入 21 世纪，世界各国开始向绿色可持续发展经济转型，新兴行业和职业的涌现不断对劳动力提出新的技能需求，旧的职位不断衰减甚至消亡，增量和存量劳动力如何在经济转型中适应动态的技能需求变迁成为制约经济转型发展的关键要素之一。UNESCO 认为，绿色可持续发展经济和职业教育与培训互相促进，绿色可持续发展经济改变行业企业的岗位工作内容创造新的就业机会，引发对劳动力的需求；职业教育与培训促进劳动者习得绿色可持续发展经济需求的职业技能、养成绿色可持续发展的职业素养，通过促进就业、适应变迁以消除贫困。UNESCO 为推动各国实现经济转型，倡议各国依据经济社会需求变迁实施职业教育与培训领域的改革，帮助劳动力特别是弱势贫困势群体获得有针对性且行之有效的职业教育与培训机会，为其提供可持续发展的技术、知识、态度和价值观教育，为其提供能够养成可持续发展能力的学习机会，以实现可持续发展。2017 年，UNESCO 发布《教育促进可持续发展目标：学习目标》（Education for Sustainable Development Goals：Learning Objectives，ESD），指出"教育促进可持续发展必须涵盖所有正规教育课程体系，包括幼儿早期教育与保育、初等和中等教育、职业技术教育与培训以及高等教育"②。

　　2012 年，UNESCO 发布《职业教育与培训转型：培养工作与生活技能》

---

① UNESCO-UNEVOC. TVET 转型——从理论上升到实践［EB/OL］.［2022-01-18］. https：//unevoc. unesco. org/fileadmin/user_ upload/docs/Transforming_ TVET. _ From_ idea _ to_ action_ Chinese. pdf.

② RIECKMANN M，MINDT L，GARDINER S. Education for Sustainable Development Goals：Learning Objectives［M］. Paris：UNESCO，2017.

（"上海共识"），提出提升职业教育与培训的针对性和相关性，要不断更新机制和工具以准确及时地识别快速更新的技能需求，特别指出要将基于"绿色经济"和"绿色社会"的教育与培训纳入职业教育与培训的资格框架和各类项目中，加速发展"绿色 TVET"的进程以促进低碳经济发展。①

UNESCO - UNEVOC 倡议发展"绿色 TVET"。2012 年，UNESCO - UNEVOC 召开"可持续发展导向的绿色 TVET"网络会议，提出通过职业教育与培训机构向绿色转型促进劳动者求得能够应对生态挑战的知识和资格，养成绿色生态理念以及解决绿色可持续发展领域相关问题的能力。2013 年 11 月，UNESCO-UNEVOC 召开"实现 TVET 绿色转型：资格需求和实施策略"的网络会议，再次强调将绿色技能融入 TVET 培训课程，在资格框架中规划绿色职业资格，并制定具体实施策略。② UNESCO 认为，未来 20 年，绿色经济可在全球创造 1500 万—6000 万就业机会，帮助数千万工人摆脱贫困。③

2015 年，UNESCO 发布《职业教育与培训战略（2016—2021）》，将绿色可持续发展理念融入职业教育与培训中，旨在培养公民习得绿色技能，帮助各国向绿色经济平稳过渡。在目标上，该战略提出"促进青年就业与创业""促进公平与性别平等"和"促进向绿色经济和可持续社会转型"三大目标，旨在为那些将弱势群体纳入职业教育与培训系统尚存在困难的国家提供帮助，通过归纳有效政策措施指导发展不利地区，保障所有处境不利群体和弱势群体更容易获得有效的职业教育与培训机会④。在具体战略上，该战略提出在终身教育视角理解职业教育与培训，关注职前和职后的职业教育与培训，关注就业技能培养和创业技能提升，促进劳动力应对生命周期内的工作变迁；促进发展绿色技能培训为向绿色经济转型做准备。

---

① UNESCO. Shanghai Consensus：Recommendations of the Third International Congress on Technical and Vocational Education and Training［EB/OL］.（2012-05-06）［2022-02-16］. https：//www. doc88. com/p-9965173349571. html.

② 李玉静，刘海. 绿色技能开发：国际组织的理念、政策和行动［J］. 职业技术教育，2017（09）：14.

③ UNESCO. Strategy for TVET（2016—2021）［EB/OL］.［2022-01-20］. https：//unesdoc. unesco. org/images/0024/002452/245239e. pdf.

④ UNESCO. Strategy for Technical and Vocational Education and Training（TVET）（2016—2021）［EB/OL］.［2022-01-18］. https：//unesdoc. unesco. org/ark：/48223/pf0000245239.

2017 年，为促进职业教育与培训机构实现绿色转型，UNESCO 发布《绿色职业教育与培训——机构实践指南》，为成员国职业教育与培训机构实施绿色转型提供详细而具体的指导，主要涉及如下几方面内容：规划绿色发展进程、落实绿色计划、监测和评估结果。UNESCO 倡导职业教育与培训系统建设绿色校园、绿色课程、绿色社区、绿色研究和绿色文化五个板块，开发绿色授课内容，开展绿色技能培训，促进学习者获得未来绿色可持续发展经济所需的技能，消除绿色经济转型中多种形式和维度的贫困问题。①

四、职业教育精准扶贫：特殊地区和特殊群体

UNESCO 认为，促进劳动者获得平等接受职业教育与培训机会的权利从而赋予个体取得和分享职业教育成果的机会是帮助贫困者脱贫的关键。职业教育与培训可以促进就业、提升创新创业能力、改善生活品质，实现可持续性脱贫。不同国家和地区的贫困问题均各具特点，故 UNESCO 提倡职业教育反贫困需要针对不同地区、不同族群，开展针对性强、特点鲜明的职业教育精准扶贫，并实施了多个职业教育扶贫计划。

2005 年，UNESCO 发布《学习、培训和工作世界：迅速变化的阿拉伯世界面临的挑战》，针对阿拉伯地区的特殊国情和地区特征，分析其职业教育与培训工作的现状与面临问题，提出了促进参与、改善职业教育与培训质量的路径。2006 年，UNESCO-UNESVOC 开发了"学习和工作：激励技能"的专项行动工具包，旨在为全世界最不发达和最贫穷国家和地区的职业教育扶贫提供明确的行动方案和操作指导。UNESCO 的职业教育精准扶贫政策尤其关注落后地区、欠发达地区和战乱地区，2006 年，UNESCO-UNEVOC 举办论坛讨论为饱受长期战乱困扰的伊拉克共和国重建职业教育与培训系统。2009 年，UNESCO 发布《振兴肯尼亚技术培训机构》（Revitalizing a Technical Training Institute in Kenya）和《把可持续发展纳入 TVET——南部和东部非洲六国的案例研究》（UNESCO-UNEVOC Case Studies of TVET in Selected Countries），明确制定了这些地区针对处境不利人群、贫困人群和落后地区的可持续职业教

---

① UNESCO. Greening Technical and Vocational Education and Training-A Practical Guide for Institutions [R]. Paris：UNESCO Institute for Lifelong Learning，2017.

育发展方案。2010 年，UNESCO 发布《技术和职业技能发展规划》（Planning for Technical and Vocational Skills Development），制定了 2015 年之前的反贫困计划，旨在指导各国依据国情、民情实施职业教育改革，实施职业教育精准扶贫。该计划的精准扶贫建议主要聚焦如下工作：（1）关注国际技术和职业技能发展趋势、驱动力、意义和重点区域；（2）关注技术和职业技能发展的经济和社会意义与影响，特别是其与反贫困，提升社会凝聚力、生产力、就业率、经济增长和竞争力的关系；（3）关注技术和职业技能发展的有效改革措施。《技术和职业技能发展规划》明确提出，职业教育可以帮助劳动者实现从学校教育到劳动力市场的良好过渡，实现从无业、失业到就业的转变，在全球反贫困中具有不可替代的作用。各国不但要关注增加职业教育与培训的机会，更要关注质量提升，且匹配于区域经济社会发展的技能需求。UNESCO 强调要充分了解学校、培训中心和企业对技术和职业发展的需求，通过公共和私营部门的正规、非正规和非正式体系供给职业教育与培训，确保教学质量和相关性，关注技能使用的社会经济环境。①

此外，UNESCO 长期关注贫困弱势女性群体，引导各国政府为女性提供有效的职业教育与培训、就业机会。1981 年，UNESCO 在《消除对女性一切形式的歧视公约》中将女性群体定义为贫困和弱势人群，指出女性在教育、培训、就业等方面处于劣势地位，要通过扫盲教育和职业教育与培训缩小男女差异，消除男女不平等现象，帮助其摆脱贫困。② 2000 年，UNESCO 在《达喀尔行动纲领》中明确提出女性群体是实施全民教育和扫盲教育的重点群体，学校、其他学习场所和教育系统是实现社会性别平权的重要实践场所，要实现全民教育各国政府必须优先支持性别平等，消除社会观念、经济地位和文化等一切形式的歧视；教育系统必须致力于培养重视性别意识和性别分析的态度与行为，消除性别偏见，促进女童拥有和男童同等的学习权利和机会；教学和监督机构必须做到公正和透明，包括奖惩措施在内的规章制度必须对女童和男童以及成年男女一视同仁；在学习环境中，教育内容、过程和

---

① UNESCO. Planning for Technical and Vocational Skills Development ［EB/OL］.［2022−01−20］. https：//unesdoc. unesco. org/ark：/48223/pf0000189530. pdf.

② UNESCO. Convention on the Elimination of All Forms of Discrimination against Women ［EB/OL］.［2022−01−18］. https：//www. unesco. org/education/pdf/WOMEN_ E. PDF.

背景不得带有性别偏见，要鼓励和提倡平等与尊重，这包括教师的行为与态度、课程与教科书以及学生关系；确保人身安全，保障女童在上下学的路上以及在校内避免遭受侵害和骚扰。2003 年，UNESCO 在印度尼西亚启动"面向被边缘化女性的性别平等方案"（Gender Justice for Marginalised Women Programme），针对印度尼西亚农村地区、贫民窟地区处境不利女性和迁移女性开展扫盲教育、生活技能教育、职业技能教育。① 2011 年，UNESCO 在印度右拉罕成立"开放教育学校"（Pratham Open School of Education，POSE），面向印度 7 个邦中被正规教育边缘化的年轻女孩和妇女提供平等接受教育的机会，该项目为期 3 个月，内容是基础课程，旨在帮助女性获得个人发展，重视提升包括口齿清晰、自信和自我表达等在内的软技能，赋予其生存和工作的能力。② UNESCO 在《性别问题与 2000—2015 年全民教育：成就与挑战》（Gender and EFA 2000—2015：Achievements and Challenges）和《全民教育全球监测报告》（EFA Global Monitoring Report 2015）中表示，2000—2015 年，初等教育阶段的男女生比率从 100：92 提高到 100：97；中等教育阶段的男女生比率从 100：91 提高到 100：97。UNESCO 促进性别平等的措施是卓有成效的：2000 年以来，失学儿童和青少年数量减少 8400 万人，其中 5200 万是女童；2000—2015 年，在初等教育和中等教育领域双双实现性别平等的国家从 36 个增至 62 个。③

五、职业教育师资保障：多维度教师技能培训

高效精准的职业教育与培训需要专业的师资队伍支撑，故而 UNESCO 的职业教育反贫困计划也对职业教育教师的资质、职前培训、在职继续教育提

---

① UNESCO. Institute for Lifelong Learning. Narrowing the Gender Gap Empowering Women through Literacy Programmes ［EB/OL］. ［2022 - 01 - 18］. https：//unesdoc. unesco. org/ark：/48223/pf0000243299.

② UNESCO. 2015 Global Monitoring Report - Education for All 2000—2015：Achievements and Challenges ［EB/OL］. ［2022 - 02 - 19］. https：//unesdoc. unesco. org/ark：/48223/pf0000232205.

③ UNESCO. 2015 Global Monitoring Report - Education for All 2000—2015：Achievements and Challenges ［EB/OL］. ［2022 - 02 - 19］. https：//unesdoc. unesco. org/ark：/48223/pf0000232205.

出了明确的要求。① UNESCO 的职业教育师资队伍培训涵盖多个维度的内容，即职业教育师资的职能不仅仅是传授知识和技能，还要促进贫困群体养成自力更生摆脱贫困的理念，故而职业教育师资培训一要聚焦专业的教学能力培养与提升，二要培养职业教育反贫困的理念，三要能够向学生特别是贫困群体提供正确的引导。UNESCO 确认的职业教育师资培训的主要内容包括如下几方面：一般教育理论以及职业教育相关理论；与课程开设方向和专业课程教学相关的教育心理学和社会学课程；与课程开设方向和专业课程教学相关的课堂管理、教学方法及学生学业评价方法；使用现代教育技术开展职业训练；在教学资源不足时编制模块教材等教学素材；岗前教学指导和实习；职业教育和职业指导方法；教育行政管理；实践课程指导，实验室维护，设备安全维护及操作；安全工作规范流程；等等。UNESCO 提出，基于职业教育与培训的实践性特征，职业教育师资培训要注重将学习场所与工作实践相结合，提供教学研场所，帮助教师开发教学方法和课堂管理策略。此外，考虑到劳动力市场变迁，师资培训应该是动态的、可持续的，促进学习者习得的知识和技能可以满足当前及未来需求。

1997 年，UNESCO 在《职业教育教师培训》（Training of Teachers/Trainers in Technical and Vocational Education）中明确提出了职业教育教师培训的指导方向：（1）促进教师与当代工作世界保持联系；（2）防止不合适的人成为职业教育教师和培训师；（3）提高职业教育教师的地位；（4）增加职业教育教师的工资；（5）为职业教育教师提供世界性的工作经验；（6）改进职业教育教师选拔标准和程序；（7）确保职业教育教师的知识和技能具有现代意义；（8）建立职业教育教师的职业路径。② UNESCO《职业教育教师培训》提出了制定职业教育教师和培训师的教育培训计划应涵盖的具体内容。（1）教学人员遴选：①制定职业教育教师遴选标准；②设计有效的评价体系；③衡量从业经验的相关性和价值；④判定是否具有关键资质；⑤使用多维评价标准判断申请人的价值。（2）上岗培训：①协助新教师适应职业教育；②协助新教

---

① 和震. 联合国教科文组织的职业教育政策研究 [J]. 中国职业技术教育，2012（06）：23-29.

② UNESCO. Training of Teachers/Trainers in Technical and Vocational Education [EB/OL]. [2022-02-17]. https://unesdoc. unesco. org/ark:/48223/pf0000110749.

师融入当地教学环境；③确保新教师充分了解所需的教学要求以及如何实施这些要求；④充分告知就业条件；⑤协助新教师与同事建立关系。（3）入职培训：①向新教师介绍课堂教学的基本流程；②向新教师介绍如何开展研讨会和实验课；③协助新教师提高信息搜索技能，比如，使用图书馆、参考资料、期刊、教学手册等；④指导新教师开发、准备和使用教学过程所需的全部教学材料；⑤协助新教师开展师范教育课程所需的技能，比如，完成作业、发展写作技能、有逻辑和有针对性地陈述观点等。①

2019 年 9 月，UNESCO 与中国河南省教育厅合作实施了首个"包容意识提升与残疾教育"培训项目，为来自 18 个区县的 44 名职业教育管理者提供培训，通过沉浸式情境教学和案例分析，将职业教育平权、可持续发展、职业教育反贫困等核心价值观融入培训，为保障贫困人群获得平等优质的职业教育与培训提供了完善的思路。UNESCO 致力于保障职业教育教师团队所需的资源，比如，提供培训途径、教学资源和资料、培训视频、专业顾问等，协助教师应对背景不同、能力参差不齐的学生，给予教师研发、编制教材的机会。UNESCO 通过官方网站为教学团队和学员提供免费教育资讯和先进案例，旨在提升职业教育与培训教学团队的教学水平和教学能力。②

第三节　联合国教科文组织职业教育反贫困的特征

一、强调政府的主导作用与顶层设计

UNESCO 倡导为所有人提供科学、系统、高质量的职业教育与培训，始终将最弱势贫困群体和处于不利条件的人群作为职业教育反贫困的重点对象，帮助贫困人群通过职业教育与培训获得职业核心竞争力。这无疑涉及一国或

---

① UNESCO. Training of Teachers/Trainers in Technical and Vocational Education [EB/OL]. [2022-02-17]. https://unesdoc.unesco.org/ark:/48223/pf0000110749.

② 张桂春，张丽莉. 联合国教科文组织"包容性"职业教育的理念诉求与实践路径 [J]. 职业技术教育，2021 (13)：8.

地区整个教育系统的变革，需要以政府为顶层设计者，联合职业教育与培训机构、行业与企业部门、社会组织等多个利益攸关者，携手保障各类项目的落地实施。如果说 UNESCO 是推进职业教育反贫困的世界领导者，那么在各个国家和地区，政府则是职业教育与培训反贫困的区域领导者。政府主导实施职业教育反贫困主要基于三个原因：其一，治理贫困是任何一个国家的政府职能；其二，教育带有公共产品的属性，在国家面临经济转型等重大历史节点时，职业教育与培训作为公共产品的属性会更加强烈，因而需要政府干预以最大限度地获得正外部性；其三，各个国家和地区的经济发展水平不同，贫困人群不同、贫困地域有差异，贫困的多样性叠加社会因素、经济因素、环境因素、文化因素和个人因素，UNESCO 的职业教育反贫困活动必须结合当地特点实施精准扶贫。因此，UNESCO 提倡"将发展职业教育作为国家发展议程和教育改革计划的优先考虑对象"，凸显政府在职业教育反贫困中对资源分配的主导地位。①

UNESCO 将政府在职业教育反贫困中肩负的主要责任界定在如下六方面：（1）为职业教育制定法律框架；（2）政府不但肩负供给职业教育的职能，还要肩负领导、监管、促进、协调以及建立职业教育与培训体系的职能；（3）协调职业教育所有利益相关者，调动社会各方资源参与发展职业教育；（4）促进职业教育机会平等，为全民提供职业教育与培训机会，促进终身学习；（5）引导制定职业教育发展的相关标准体系，促进技能供需匹配；（6）基于反贫困的视角，政府是职业教育与培训的财政支持者，尤其在弱势群体、贫困群体的职业教育方面肩负主要职责。

在具体的职业教育反贫困实践中，UNESCO 注重联合各国政府，激发其落地实施有效的职业教育反贫困项目。20 世纪 90 年代，在 UNESCO 的倡议下，挪威开始实施成人教育体系改革以提升成人教育水平，政府着力推动成人教育体系多样化，除了完善正规教育体系，还鼓励发展"民间"高中、教育协会、移民语言培训中心及远程教育等。政府在制定成人教育战略时，成人教育内容既包括工作技能，也包括促进文化、家庭和个人发展的技能，比

---

① 和震. 联合国教科文组织的职业教育政策研究 [J]. 中国职业技术教育，2012（06）：23-29.

如，认知技能和沟通技能等。① 为响应 1999 年第二届国际职业技术教育大会的会议精神，澳大利亚政府制定了《通向未来的桥梁：澳大利亚国家职业教育与培训战略（1998—2003）》，旨在促进教育界和企业界建立合作伙伴关系，建构为学生与就业者提供终身技能培训的职业教育与培训体制。2002 年，泰国政府响应《达喀尔行动纲领》精神，制定了《国家全民教育行动计划》（National EFA Action Plan）与《国家教育规划（2002—2016）》（National Education Plan），关注所有成人的读写、基础教育和继续教育，将所有无法接受正规学校教育的人，比如，监狱犯人、街头流浪儿童和居住在海外的泰国侨民等纳入其中，关注其职业训练，通过远程学习、工作场所和社区学习中心促进其获得生活技能，并与正规学校体系共享资源。此外，泰国政府还与其他行业部门合作制定并实施了多项技能开发项目。2005 年，越南对国家教育法律进行修订，将非正规成人教育和成人读写培训纳入教育体系，比如，在工作场所拓展技能、接受正规教育的第二次机会、促进公民发展与参与社区活动等教育与培训措施，力求满足个人和社会的不同需求。越南政府通过上述项目应对艾滋病防疫、和平与人权、性别平等、母亲和儿童的卫生保健、防止滥用药物、营养学和环境等。越南政府重视建设社区学习中心，旨在将其打造成为获得成人教育机会的最重要平台。② 2006 年，挪威政府面向雇主提供资金补贴，鼓励其为较低教育水平员工提供读写、计算、信息和通信技术、口头沟通技能方面的课程，此间政府的经费投入从 1400 万挪威克朗增至1.05 亿挪威克朗，政策惠及近 700 家公司的雇员。同期，巴西政府配合UNESCO 开展"青年和成人教育方案"（EJA），支持缺乏普通教育的青年人群获得灵活性的教育，包括私立和公立学校的面授日班、夜班或远程教育，以提高贫困地区劳动力的教育水平和技能，促进职业教育融入整体教育体系。2007 年，韩国实施成人教育体系改革，推动国家终身教育研究所、区域终身

---

① UNESCO. Education for All 2000—2015：Achievements and Challenges：EFA Global Monitoring Report，2015［EB/OL］.［2022 - 02 - 17］. https：//unesdoc. unesco. org/ark：/48223/pf0000232205.

② UNESCO. Education for All 2000—2015：Achievements and Challenges：EFA Global Monitoring Report，2015［EB/OL］.［2022 - 02 - 17］. https：//unesdoc. unesco. org/ark：/48223/pf0000232205.

教育研究所和地方终身学习中心的协调发展。政府主导推出多项活动吸引利益相关者参与。2006 年以来，韩国政府开始资助中小型企业内部开展有组织的学习，资助期限最长可达 3 年，比如，"技能升级与成熟项目"（Job Upgrading and Maturing Programme）为中小型企业中开展自我指导型学习的雇员和非常规劳动者提供资助。2013 年，韩国教育和科技部（Republic of Korea Ministry of Education，Science and Technology，MEST）举办"终身学习城市"评选。韩国政府提供资金支持企业雇员的技能更新与升级，符合条件的雇员可以免费参加职业培训机构的培训，使用最先进的仪器和设备，政府在培训期间向雇主支付部分劳务补偿。2008 年，欧盟在意大利都灵成立欧洲培训基金会（European Training Foundation，ETF），联络欧洲各国政府于 2010 年启动"都灵进程"（Torino Process），回顾并审视各国的职业教育与培训政策及体系。①

二、促进职普融合建构终身学习路径

（一）促进职业教育与普通教育融合

各国职业教育与普通教育的发展大概有两个路径：一是以美国为代表的同时设置两类教育课程的综合教育体系；二是普通教育和职业教育单轨发展。UNESCO 对职业教育与普通教育关系的理解是动态变化的。1974 年，《技术和职业教育建议书（修订版）》提出职业教育是普通教育的有机组成部分，要为职业做前期准备，也是继续教育的重要方式和来源。21 世纪初，UNESCO 在《技术和职业教育建议书（修订版）》的二次修订中进一步阐释了职业教育与普通教育的关系，提出职业教育是普通教育必要且重要的组成部分，是为了促进学习者顺利进入职业领域而进行职业准备的一种手段，也是终身学习的重要组成部分，不仅为职场培养高素质劳动力，也为培养有责任心的社会公民做准备；职业教育是保障社会可持续发展的教育类型；职业教育是消

---

① UNESCO. Education for All 2000—2015：Achievements and Challenges：EFA Global Monitoring Report，2015［EB/OL］.［2022-02-17］. https：//unesdoc. unesco. org/ark：/48223/pf0000232205.

除贫困的有效路径之一；普通教育为职业教育奠定基础、提升了职业教育的效率。因此，UNESCO 在促进职业教育与培训的发展中逐步形成了如下理念：其一，倡导职业教育与普通教育融合发展，在职业教育反贫困的政策推进中，强调职业教育是普通教育的有机组成部分，职业教育应渗透在普通教育的每一个阶段中，二者互相融通，面向不同群体，提供效益最大化的反贫困支持；其二，倡导教育的灵活性和开放性，面对不同族群和层次提供满足其需求的教育与培训内容，并兼顾经济社会在不同发展阶段对知识、技能、能力等的动态需求以促进可持续发展；其三，倡导工作经验作为教育的一部分，通过经验学习为个人提供职业所需技能及素养。

1. 扫盲教育与职业教育相结合

如前所述，UNESCO 的扫盲教育经历了激情澎湃的扫盲主义、经济实用的功能主义扫盲、理性务实的现实主义扫盲三个发展阶段，1972 年发布的《学会生存》和 1975 年发布的"波斯波利斯宣言"均指出扫盲不仅是学习阅读、写作和计算方法，它是人类的基本权利，通过扫盲教育要促进人们与环境协调，能够理解生活的意义、提高个人尊严、习得走向美好生活所需的知识和技能，故扫盲教育既要促进人们能够读写，还要促进其习得专门性、技术性知识，能够通过职业训练提升生产力进而更好地参与社会活动。因此，UNESCO 促进扫盲教育的根本目标是为通过职业教育反贫困建立知识和技能基础，故其扫盲教育并非仅仅局限于普及阅读、写作、计算等基础能力，更要为促进劳动力获得适应迅速劳动力市场变迁、建构体面生计方式所需的知识和技能奠定基础，其内核从基本技能延伸至继续教育和职业教育与技能培训，服务于人的体面生计、健康生活和可持续发展，因此扫盲的最终目标是人的全面解放和发展人的全面能力。

UNESCO 在各国推动实施的扫盲教育均是结合职业教育与培训进行的。比如，2007 年，UNESCO 在海地共和国落地实施"青年扫盲和职业培训计划"，旨在为海地青年同时提供基本识字教育和职业教育与培训；2008 年，UNESCO 在印度尼西亚实施"生活技能和创业扫盲计划"，旨在保障劳动者获得职业教育与培训的权利，提供其所需的技能以应对贫困；2013 年，UNESCO 联合国际农业发展基金（IFAD）实施扫盲教育的定性研究项目，旨在通过分析学习对农业和农村生计相关知识和技能的促进作用来改善青年特别是青年女性的就业前景。该项目强调学习而不是教学，将扫盲、学习和技能发展联系起来，目标是提出促进农村就业的新方法，加强教育与农村发展的政策对话，促进农村可持续发展。2013 年，UNESCO 在尼日利亚实施"振兴尼日利亚成人和青年扫盲计划"（Revitalizing Adult and Youth Literacy in Nigeria），旨在为四五百万青年和成人提供扫盲学习机会以实现就业脱贫。[①]

2. 职业教育和普通教育相结合

UNESCO 强调通过扫盲教育和普通教育为职业教育与培训奠定知识基础，虽然职业教育与培训是服务于职前和继续教育的，但却不是与普通教育平行发展的，二者应该不断融合。1974 年，UNESCO 发布《技术和职业教育建议书（修订版）》（Revised Recommendation concerning Technical and Vocational Education），强调在普通教育中融入职业教育，并提出课程设计建议，但同时指出职业教育作为就业的前序教育时要避免过早过窄专业化。1989 年，UNESCO 发布《技术和职业教育公约》，提出职业教育与各类型教育之间要实现横向和纵向连接。2017 年，UNESCO 在第四届国际职业技术教育大会中提出促进技能、资格认证以满足学习者和劳动力的流动需求。可见，UNESCO 通过促进职业教育与培训和普通教育的融合发展，一是为了提升受教育者接受职业教育的可能性，二是为受教育者提供继续深造学习和就业等多个路径，从而获得更好的生活和工作。

（二）通过职业教育建构终身学习路径

UNESCO 认为职业教育与培训是就业的前序教育也是继续教育的重要形式和手段，通过职业教育反贫困并非强调单纯地促进学习者习得职业技能，而是要保障公民拥有获得终身受教育的权利，包括从政府主管教育机构、私立教育机构及其他组织获取职业教育与培训的权利，努力促进各国和地区建构终身学习路径，在终身学习以应对动态劳动力市场变迁、获得可持续就业能力进而反贫困的理念下发展职业教育与培训，认为建构终身学习路径离不

① UNESCO. UNESCO 2013［EB/OL］.［2022-02-17］. https：//unesdoc. unesco. org/ark：/48223/pf0000227146.

开职业教育与培训。① 在建构终身学习的路径下促进职业教育发展，职业教育应以更加开放和包容的态度与普通教育体系融合，以更多元、涵盖更多群体的形式提供课程和教学，保障公民终身学习的机会，让职业教育融入个人一生的发展中，满足其在不同时期、不同情境下获得不同工作技能、提升职业素养的需求，促进就业与再就业以应对贫困。UNESCO 自 1945 年成立以来，基于教育平权促进职业教育平权践行全民教育理念，将职业培训纳入职业教育范畴，将正规院校教育与校外非正式、非正规教育融合起来，推动终身教育发展，通过职业教育与普通教育融合建构终身学习路径。

1960 年，UNESCO 在第二届国际成人教育大会上强调了职业教育对成人职业素质提升、职业生涯发展和社会融入的重要性。1996 年，UNESCO 发布的《教育：财富蕴藏其中》为其在 21 世纪的教育发展提供了重要思路，其中之一即通过职业教育平权消除不平等现象，实现终身学习目标。1999 年，UNESCO 在韩国召开第二届国际职业技术教育大会，主题为"终身学习与培训——通向未来的桥梁"，提出完善终身教育系统，全民普及职业教育与培训。特别需要指出的是，本次会议将培训纳入职业教育，丰富了职业教育内涵，提出通过职业教育与培训发展终身学习，加快反贫困进程。2009 年发布的《贝伦行动框架》旨在促进各国发展成人教育，提出推动各国制定成人教育政策和立法，体现成人教育的全面、包容、综合等特征，建立终身教育和全面学习的基础，促进形成高效、公开、公平和负责的成人学习机制，提升成人教育质量。2015 年，UNESCO 在《职业教育与培训建议书》中提出各国制定职业教育与培训政策时要注重提升职业教育吸引力，根据自身国情、民情设计和制定有针对性的职业教育与培训政策，建立全面的终身学习框架，在教育体系内发展中等、中等后和高等职业教育与培训，并促进中等、中等后和高等教育之间的衔接。2015 年发布的《成人学习与教育建议书》将成人学习与教育视为消除贫困、改善健康水平和增加福祉、促进可持续的学习型社会的重要工具，将成人学习与教育视为终身学习的核心内容，涵盖了社会及劳动力市场所需的各种形式的教育和学习（正规、非正规、非正式）。2016

---

① UNESCO. Revised Recommendation concerning Technical and Vocational Education ［EB/OL］. (2001-02-14) ［2022-01-18］. https：//unesdoc. unesco. org/ark：/48223/pf0000153950.

年发布的《职业教育与培训战略（2016—2021）》提出将职业教育与培训纳入终身教育体系，既服务于青年，也服务于已就业者和失业成人，同时促进职前教育与培训和职后的继续教育。

2000 年发布的《达喀尔行动纲领》第三条明确提出在全民教育基础上通过技术教育与培训满足就业和市场的技能需求，促进全民教育和职业教育与培训相辅相成、互相促进，并在印度洋地区实施正规学校教育和职业教育与培训的融合实践，即在促进向知识经济转型中完善教育与培训框架，实施资格证书认证制度改革，该框架涵盖了正规教育、非正规教育、非正式学习形式（formal，non-formal，and informal systems），同时塑造学习者的学习能力和职业能力，旨在推动发展终身学习。2006 年，UNSECO 在《国家职业资格制度的发展：讨论稿》中明确提出要承认发生在非正式场所的学习，并提出对这类学习实施资格认证。UNSECO 将资格证书分为一般资格证书、从业资格证书和职业资格证书三类，其中一般资格证书提供学校学习准备，从业资格证书提供工作准入准备，职业资格证书提供工作能力水平认定，旨在通过各国建构资格框架建立终身学习路径。①

三、促进职业教育平权实现机会公平

UNESCO 始终强调教育平权，认为受教育权是人类的基本人权之一，其所推动的全民教育、扫盲运动、《取缔教育歧视公约》《教育 2030 行动框架》，无一不在贯彻落实教育平权，强调教育的包容性、公平性，保障人人拥有终身学习的基本权利，获得生存的技能与发展的机会，从而摆脱贫困。职业教育平权理念是 UNESCO 教育平权方针之一部分，UNESCO 职业教育反贫困的大量举措都聚焦于为弱势群体提供有针对性的职业教育机会以提升其职业素养和职业技能从而改善贫困状况，故 UNESCO 一直在深入推进落实面向所有人提供终身学习机会以满足终身学习需求，特别强调职业教育与培训要面向包含残疾人、妇女、儿童等在内的所有弱势和贫困群体提供平等接受职业教育的机会以帮助其摆脱贫困、实现个人价值。

---

① UNESCO. The Development of a National System of Vocational Qualifications：A Discussion Paper [EB/OL]. [2022-02-20]. https：//unesdoc. unesco. org/ark：/48223/pf0000148013.

在 UNESCO 的政策轨迹中，其对职业教育平权的努力与追求清晰可见：1946 年发布的"基本教育方案"聚焦于帮助个人实现三种角色：生产者角色、公民角色、个人角色，通过在全球开展扫盲运动保障全人类接受最基础教育的权利、参与社会活动的权利，职业教育与公民素质教育协同促进战后重建、民生恢复和改善贫困；1960 年，UNESCO 颁布《取缔教育歧视公约》，强调支持教育平权，认为每个人都有平等接受不同层级和类型教育的权利，严厉谴责教育领域的歧视和排斥，此后其职业教育政策开始聚焦于弱势贫困群体和处境不利群体，女性和残疾人也都涵盖在内；1962 年发布的《技术和职业教育建议书》明确提出男女两性有平等接受职业教育的权利，要保障女性的职业教育权利以促进反贫困，要保障残疾人接受职业教育的权利促进其融入社会和劳动力市场从而缓解贫困；1979 年颁布的《消除女性歧视国际公约》明确了包括女性在内的弱势群体的受教育权，倡导将文盲、失业工人、流动工人、难民、女性、儿童等纳入社区教育计划和职业教育与培训中；1989 年发布的《技术和职业教育公约》首次在正式文件中提出职业教育政策要涵盖残疾人，通过保障职业教育权利赋予弱势群体基本工作能力以摆脱贫困；1989 年发布的《儿童权利公约》和 1995 年第四次世界妇女大会分别专门阐释了保障残疾儿童和女性的受教育权利，为其提供培训和就业机会，赋予其平等、可持续发展的机会；1997 年发布的《汉堡成人教育宣言》提出国家要重点保障脆弱性群体接受终身教育的权利以应对贫困，将受教育平权从职业教育拓展至终身教育层面；2000 年颁布的《达喀尔行动纲领》提出了全民教育行动框架，声明要帮助全世界最贫困、最脆弱和处境最为劣势的人群，保障其受教育权利，带领其脱离贫困，将职业技术教育与培训作为脱贫的重要途径之一；2001 年对《技术和职业教育建议书（修订版）》进行再次修订（《建议书二次修订版》），明确指出职业教育各项政策的目标是帮助包括残疾人、妇女、儿童等在内的弱势贫困群体获得平等接受职业教育与培训的权利和机会，消除一切显性和隐性歧视，提供满足弱势群体针对性需求的职业教育与培训形式，促进其融入社会、摆脱贫困；2009 年发布的《贝伦行动框架》提出实施全纳教育，促进所有公民开发潜能、过上有尊严的体面生活；2015 年针对《2030 可持续发展议程》细化的职业教育可持续发展目标明确提出要确保男女平等获得负担得起的优质职业教育和高等教育，在保障职业教育平等权利的基础上对职业教育的质量提出了要求，并再次强调了保障弱势群体受教育的权利和机会；2015 年发布的《职业教育与培训建议书》强调职业教育与培训是对抗贫困的重要手段之一，要保障青年和成人的平等学习机会，反对歧视，特别强调要保障农村和偏远地区、战乱地区弱势群体的受教育权利。

从以上政策演变可以看到，UNESCO 对职业教育平权的推进过程也是其对职业教育平权的概念、内涵和外延逐步明晰、完善的过程：从扫盲运动开始推动全民基础教育平权，逐步认识到职业教育平权是应对贫困的有效途径，尤其是弱势群体的职业教育平权在反贫困中非常关键；从提升工作技能、促进就业以应对贫困，逐步认识到要在工作技能之外同步提升公民素养，保障贫困和弱势群体在劳动力市场和社会活动参与中的机会和成功，过上体面有尊严的生活；从职业教育平权保障受教育机会平等发展到保障平等接受优质教育的机会；从关注劳动力市场需求的工作技能发展为关注劳动力全生命周期的技能与素养提升，提倡终身职业教育平权进而实现教育平权；从职业教育平权到终身教育平权再到促进发展全纳教育，从关注弱势群体到关注贫困和战乱地区，职业教育平权的外延不断拓展。

四、以可持续发展能力应对贫困风险

UNESCO 教育反贫困的理念在早期旨在推动教育平权，赋予贫困群体接受教育的平等权利，消除贫困群体被歧视的教育壁垒，激活贫困群体接受教育的意识，通过全民教育和扫盲教育为职业教育发展奠定基础。UNESCO 职业教育与培训反贫困的理念最初也是推动职业教育平权，后期则聚焦于职业技能、职业素质提升以促进体面就业，[①] 赋予贫困群体全面发展的核心竞争力，通过职业教育与培训，贫困群体不但能够成为合格的工作者，更要成长为合格公民。因此，UNESCO 职业教育反贫困的政策设计从最初简单的课程输出逐渐上升到综合的、全面的能力赋予，通过职业教育与培训促进贫困群体发展认知能力，提升其应对长期中动态出现的各种变化的能力以改善经济

---

① 唐智彬，谭素美. 联合国教科文组织推动职业教育扶贫的理念演进与实践逻辑 [J]. 教育与经济，2020（02）：19-28.

状况和生活条件，培养的是可持续发展能力。

　　UNESCO 职业教育与培训对可持续脱贫能力的培养主要体现在关注经济发展对劳动力技能和素质的动态需求变化，并提供匹配的政策和项目。1974年发布《技术和职业教育建议书（修订版）》重新阐释了职业教育的内涵，认为职业教育是教育体系的重要组成部分，是劳动力职业准备阶段的有效教育手段，也是实施劳动力开发的有效继续教育手段，实际上将职业教育视为终身教育的重要手段，通过职业教育应对生命周期内的技能变迁需求；该建议书同时对职业教育重新定位，将其从技能教育层面延伸至实践技术、态度、理解和知识四个维度，指出职业教育仅局限在通过提升技能促进就业是不够的，要充分发挥其对社会和个人全方位发展的促进作用，这是职业教育促进可持续发展以实现反贫困的开端。2004 年，UNESCO 召开主题为"学习促进工作，公民身份形成与可持续发展"的会议，指出 21 世纪的大多数工作机会带有创新性质，普通教育无法及时回应，必须依靠职业教育与培训满足专业知识和技能更新的需求，尤其是对基于知识经济的工作内容和实践的变化以及全球化带来的变化做出及时回应。2012 年，针对信息技术和人工智能技术迅猛发展下"机器换人"带来的大量失业和"新文盲"，UNESCO 发布专题报告《职业教育与培训转型：培养工作与生活技能》（"上海共识"），着重讨论了世界职业教育的改革发展对促进世界经济增长、维护社会公平和推动可持续发展的意义和作用，提出构建终身职业教育体系以应对频繁的技术进步带来的技能变迁。2016 年发布的《职业教育与培训战略（2016—2021）》专门讨论了通过职业教育与培训促进各国向绿色可持续社会转变，特别是帮助弱势群体适应这种转变以促进个人和社会的可持续发展。2017 年，UNESCO在《教育 2030 行动框架》中将可转移性能力、绿色技能视为满足社会可持续发展需求的重要能力，将职业教育与培训的关注点从专业技能转向关键技能，旨在赋予贫困群体不断适应社会变化的可持续发展能力，包括知识、技能和素养，从而消除贫困的根源。

五、因时因地因人制宜以提升效率

　　UNESCO 面向国情、民情、市场需求及多种因素的差异产生的不同贫困现象，推动各国设计有针对性的职业教育与培训政策和项目，因时、因地、因人制宜，服务于市场需求，促进知识和技能供需匹配以提升职业教育与培训的效率，最终落脚在促进当地经济社会发展上。

（一）因时制宜

从 20 世纪 80 年代开始，UNESCO 一直致力于在满足当地经济社会发展切实需求的原则下推动各国职业教育与培训发展。1989 年发布的《技术和职业教育公约》提出各成员国应根据自身特点和需求制定职业教育与培训战略和政策，在教育体系内针对青年和成人的需求制定职业教育学习计划和教学大纲，促进其习得经济社会发展所需的知识和专业技能。更重要的是，各国要定期检查职业教育与培训系统的结构设置、教学计划、远景规划和培训方法与技术进步和文化进步需求之间的差距，并不断改进以适应就业需求。1999 年，UNESC 在国际职业教育大会上阐释了职业教育与培训（TVET）的概念，将培训纳入职业教育范畴，充分反映市场需求与就业者需求，这是其对职业教育与培训要因时制宜的理论思考。2000 年颁布的《达喀尔行动纲领》明确提出在全民教育基础上通过职业教育与培训满足就业和市场的动态技能需求。2012 年，UNESCO 发布《职业教育与培训转型：培养工作与生活技能》（"上海共识"），提出提升职业教育与培训的针对性和相关性，指出要不断更新机制和工具以准确及时地识别快速更新的技能需求，特别指出要将基于"绿色经济"和"绿色社会"的教育与培训纳入职业教育与培训的资格框架和各类项目中，加速发展"绿色 TVET"的进程以促进低碳经济发展。2016 年发布的《职业教育与培训战略（2016—2021）》提出，为促进向绿色经济和可持续社会转变供给绿色技能教育与培训，面向工作动态提供适合的教育与培训。2017 年，UNESCO 在第四次国际职业技术教育大会中提出各国要及时预测技能需求以应对技能供需不匹配问题，比如，要特别关注数字化的绿色经济产生的技术和技能需求，并将职业教育与培训内容向这些领域倾斜。

（二）因地制宜

2002 年，联合国成立 UNESCO-UNEVOC 作为官方的职业教育与培训执行机构，旨在为欠发达国家中的贫困群体和弱势群体提供符合当地需求的针对性职业教育与培训。2010 年，UNESCO 发布《技术和职业技能发展规划》，旨在指导各国针对国情、民情实施职业教育改革，进行职业教育精准扶贫。

UNESCO 一直将非洲，尤其是撒哈拉以南的非洲地区作为职业教育反贫困实践的先行地。撒哈拉以南的非洲地区地理环境恶劣、物质条件极其匮乏，世界上大部分贫困和处境不利人群都集中居住在非洲，故非洲是 UNESCO 反贫困的重点区域，而帮助非洲地区人民获得受教育权利、建构受教育途径、获得更好的生存技能则是其教育反贫困的重点内容。UNESCO-UNEVOC 先后与博茨瓦纳教育与技能发展部职业教育与培训司、毛里求斯工业和职业培训局以及肯尼亚莫伊大学合作，根据当地需求开展职业教育与培训。UNESCO-UNEVOC 与南部非洲发展共同体（SADC）成员国推动实施"为了生活、工作和未来而学习"（LLWF）的职业教育与培训项目，其中于 2005 年 12 月在南非约翰内斯堡实施软件培训项目以解决非洲工作场所的相关技能短缺。2011年，UNESCO 在非洲分两个阶段发起实施"为非洲崛起提供更好的教育"（Better Education for Africa's Rise，BEAR），聚焦非洲的教师培训、劳动力市场分析和课程开发以及开发管理信息系统三个核心领域，结合各国具体部门的实际需求，挖掘其创造就业、包容性和可持续发展的潜力。第一阶段为2011—2016 年，旨在帮助非洲南部发展共同体的 5 个国家发展职业教育与培训，满足该地区特殊的劳动市场需求。在博茨瓦纳，BEAR 聚焦烹饪艺术、酒店管理和旅游管理等的课程设计；在刚果民主共和国，BEAR 聚焦于建筑、金属制造和电气等的课程设计；在马拉维，BEAR 聚焦于农业加工、室内设计和木材加工等的课程设计；在纳米比亚，BEAR 聚焦于木工等的课程设计；在赞比亚，BEAR 聚焦于木工和细木工、电力和建筑、焊接和金属制造、家政服务、泥瓦和管道工程等的课程设计。同时，BEAR 针对教学、行政管理和特定科目实施教师培训，协助各国构建符合当地需求的职业教育与培训管理信息系统。项目的第二阶段为 2017—2021 年，旨在提高东非五国职业教育与培训质量，逐渐帮助整个非洲通过职业教育与培训摆脱贫困。东非五国受自然条件和历史传统的局限，是非洲极度贫困地区。① 在项目实施期间，共有 744 名教师接受培训，开发了 12 门新课程，建立了职业教育与培训信息管理系统以收集数据。为确保职业教育与培训的针对性，各国成立专门的工作委员会负责促进私营部门、政府和职业教育与培训机构实现长期、有组织的对话；BEAR 利益相关者均对选定的行业部门进行了翔实的劳动力市场分析，据此开发职业教育与培训课程。综上，结合当地特点和实际需求，促进政府和利益攸关者共同开发职业教育与培训项目，有效保障了职业教育与培训因地制宜的效果。

（三）因人制宜

UNESCO 推动的职业教育与培训政策注重因人制宜，在推动职业教育平权发展过程中，面向不同群体的需求推出适合的职业教育与培训政策、计划和项目等。

1. 女性职业教育与培训

UNESCO 将职业教育性别平权视为各项目、各计划开展的前提，考虑到女性特殊的家庭定位和社会角色，通过教育平权促进其素质提升对全人类的发展至关重要，故而特别关注推动女性教育平权，其所提供的职业教育与培训涵盖了女性整个职业生涯，包含职前教育、在职教育和职后培训。其一，促进女性经济独立。UNESCO 着眼于通过职业教育与培训促进女性就业，提供符合女性群体需求的职业教育与培训，针对女性就业去向提供缝纫、园艺、手工艺等职业技能，通过增加收入帮助女性摆脱贫困以及其在家庭中的弱势和依附地位，帮助女性实现经济独立。其二，促进女性社会发展。UNESCO 关注女性发展与社会角色塑造，为女性提供生殖健康、儿童保育、心理支持及其他护理服务的培训，帮助女性成长为符合时代发展要求的独立女性。2002—2006 年，UNESCO 针对柬埔寨、印度尼西亚和尼泊尔三国制定"科技与职业培训计划"，面向贫困女性群体提供专业的职业培训，使其通过就业脱贫。

---

① UNESCO. Better Education for Africa's Rise：The BEAR Project Progress and Achievements [EB/OL].［2022-02-17］. https：//unesdoc. unesco. org/ark：/48223/pf0000245980.

2. 青年职业教育与培训

UNESCO 通过职业教育与培训促进青年实现就业和创业以应对贫困，聚焦于实现体面就业和稳定就业。UNESCO 强调要关注并分析青年群体的能力特征与发展需求，以此制定有针对性的职业教育与培训课程和体系，重点关注如下三方面内容。（1）识字和计算能力。根据《2030 可持续发展议程》细化的职业教育发展目标，大幅增加就业、体面工作和创业所需技能的供给，提高接受职业教育与培训的青年和成人数量；确保所有青年和大部分成人具有识字和计算能力，为就业和后续的职业教育与培训奠定基础。（2）适应环境动态变化的能力。2015 年发布的《成人学习与教育建议书》将增强青年和成人的适应能力列为成人学习与教育的主要目标之一；2016 年发布的《职业教育与培训战略（2016—2021）》提出促进青年就业和创业，解决全球青年技能与工作需求不匹配问题。（3）职业知识与技能。UNESCO 落地的实践项目多为实用性培训，促进青年掌握就业或自雇佣所需的职业技能，先后实施了多个项目有针对性地提升青年职业技能：2007 年在非洲实施职业教育扶贫计划——"青年非洲计划"（YA），旨在提升非洲贫困弱势青年就业能力、提升生产力和公民素养，培训内容涵盖职业技能、公民素养、生活技能等；在巴西实施"青年和成人教育方案"（EJA），其中技能项目面向未完成正规教育的 15 岁及以上人群，促进边远贫困地区青年提升技能；2009 年在阿拉伯地区实施为期 4 年的国家创业教育计划，旨在帮助失业青年重返劳动力市场、脱离贫困；2013 年在拉丁美洲建立"自给自足学校"，开展创业教育，帮助青年学习创新创业所需的知识、态度和职业技能等。

第二章　国际劳工组织职业教育反贫困

第一节　国际劳工组织职业教育反贫困概况

国际劳工组织（International Labour Organization，ILO）是 1919 年一战结束后根据《凡尔赛条约》成立的国际组织，它是全球劳工领域的专业化组织，旨在通过促进国际劳工立法、提出建议书、制定国际公约、开展技术合作和提供援助等方式促进社会公平正义和维护劳工权利。

一、组织机构概况

ILO 遵循三方治理结构，机构多由政府、雇主和工人代表组成，其组织机构包括国际劳工大会、国际劳工局和理事会。国际劳工大会（International labour Conference）是国际劳工组织的最高权力机构，负责制定国际劳工标准和政策。国际劳工大会每年在日内瓦召开一次国际劳工会议，讨论关键的社会和劳工问题，制定国际劳工立法、建议书、公约以及讨论技术援助和合作。通常是每个成员国派出四位代表参加会议，其中政府代表两位，雇主代表和工人代表各一位。每位代表均可配顾问，但每次会议配备的顾问不得超过两位。当会议涉及有关妇女的重大问题时，至少需配备一位女性顾问。国际劳工大会闭会期间的日常工作由理事会主持。

国际劳工局（International Labour Office）是 ILO 的常设秘书处，也是国际劳工组织活动的协调中心，它受理事会监督，主要职能是收集和发布国际上与劳动有关的主题信息。国际劳工局的主要工作内容包括：准备国际劳工大会各议程相关文件；应会员国政府要求协助其制定劳工法律法规；履行 ILO 宪法和公约所规定的职责；编辑和发布国际劳工问题出版物。理事会〔Governing Body）是国际劳工组织的执行机构，由国际劳工大会选出，负责制定国际劳工大会的会议议程，任命国际劳工局总干事。

ILO 的大会文件分为公约、建议书和大会报告三类。公约具有较强约束力，若成员国决定履行公约，则需要向国际劳工局汇报其在法律和实践上做出的实际行动，若有违反将启动投诉程序。建议书具有指导意义，成员国经过考量可通过立法或其他形式使其在本国生效。大会报告是一般性质的文件，主要作用是交代大会背景、研究现状、基本观点和做法等。

二、ILO 职业教育反贫困的内在逻辑

国际劳工组织自成立以来就关注贫困、教育和就业问题，其在 1944 年的《费城宣言》（Declaration of Philadelphia）中提出，任何地方的贫困都会对当地的繁荣构成威胁，故组织的目标是：保证教育和职业机会均等，实现充分就业和提高生活水平，① 因此 ILO 的反贫困理论和实践与教育和就业紧密挂钩。

（一）教育和职业机会均等

社会公平正义是 ILO 一直以来的使命和目标。《国际劳工组织章程》（ILO Constitution）明确指出"只有以社会正义为基础才能建立普遍而持久的和平"。ILO 一直以来都致力于发展教育以促进就业，且非常关注陷于贫困或贫困风险中的地区、经济部门和人群。

教育与培训是促进人们实现体面就业并摆脱贫困的关键要素，ILO 是全球

---

① ILO. Declaration Concerning the Aims and Purposes of the International Labour Organisation [EB/OL]. (1944-05-10) [2022-01-12]. https：//www.ilo.org/dyn/normlex/en/f? p = 1000：62：0：：NO：62：P62_ LIST_ ENTRIE_ ID：2453907：NO#declaration.

劳工领域的专业化组织，通过发展职业教育与培训来践行反贫困理论和思想，比如，将职业教育融入基础教育，从幼儿开始实施职业教育启蒙。ILO 的职业教育反贫困主要从观念、知识和技能三个层面展开：观念反贫困指向人们普及和推广职业及发展前景，促进贫困人群根据自身需求选择适合的教育路线；知识和技能反贫困指通过传授知识和技能赋予贫困人群谋生和就业的能力，能够获取维持自己和家庭生存的薪资，实现物质减贫。

（二）职业教育、体面就业与反贫困的可持续循环

1. 体面就业与反贫困

《国际劳工组织章程》的序言中将防止失业列为改善人民遭受不公正和贫困的必要条件，将就业问题与平等和反贫困相联系。1999 年，ILO 率先提出"体面就业"（Decent Work）的概念，工作理念从促进就业转变为促进体面就业。体面就业指劳动者不仅能获得足够的收入，还能获得各种就业权利和社会保障，并得到足够的尊重。因此，体面就业与职业教育反贫困战略的融合表现为通过职业教育的方式促进贫困人群掌握知识和技能，同时赋予其就业的相关权利和社会保障，让反贫困更具人道主义精神，更能促进社会公平正义。

2. 可持续循环

以社会公平正义为使命和目标，职业教育、体面就业和反贫困三者间能够实现可持续循环发展。职业教育为体面就业打下基础，体面就业推动反贫困发展，反贫困进程的推进带动社会经济发展，会提供更多体面就业机会、促进职业教育与培训的发展。2008 年，ILO 的《社会正义宣言》（the Social Justice Declaration）提出通过创造可持续发展的体制和经济环境来促进就业，个人能够发展和更新必需的能力和技能以从事生产性工作；企业（公共或私营）能够可持续增长以创造更多就业和收入机会；社会能实现经济增长、良好生活水平和社会进步的目标。职业教育与培训是一个培训人、发展人和完善人的体系，本身就具有可持续发展的潜力，与实现可持续发展和体面就业的目标高度契合：企业为个人提供培训促进技能和能力的发展与更新，实现生产性就业和体面劳动以摆脱贫困，同时提升企业的经济效益，促进企业可

持续发展，衰退的企业也可能重新焕发生机；个人和企业的可持续发展支持了社会经济的可持续发展和社会公平正义。综上，ILO 的职业教育反贫困战略遵循的是可持续发展的良性循环路线。①

三、ILO 职业教育与培训的工作内容

综观 ILO 促进职业教育发展以应对贫困的历史进程，其关注点主要体现在职业教育与培训、职业指导、带薪休假制度和学徒制等方面，相关的政策文件如表 2-1 所示。

表 2-1　ILO 职业教育反贫困的相关建议书及公约

时间	会议届期	文件名称	类型
1921	第 3 届	《职业教育（农业）建议书》（第 15 号）	建议
1935	第 19 届	《失业（青年）建议书》（第 40 号）	建议
1937	第 23 届	《职业教育（建筑）建议书》（第 56 号）	建议
1939	第 25 届	《职业培训建议书》（第 57 号）	建议
1939	第 25 届	《学徒制建议书》（第 60 号）	建议
1949	第 32 届	《职业指导建议书》（第 87 号）	建议
1950	第 33 届	《职业培训（成人）建议书》（第 88 号）	建议
1955	第 38 届	《职业康复（残疾人）建议书》（第 99 号）	建议
1956	第 39 届	《职业培训（农业）建议书》（第 101 号）	建议
1957	第 40 届	《土著和部落居民建议书》（第 104 号）	建议
1957	第 40 届	《土著和部落居民公约》（第 107 号）	公约
1962	第 46 届	《职业培训建议书》（第 117 号）	建议
1970	第 54 届	《关于以发展为目的的青年就业与培训专项计划建议书》（第 136 号）	建议
1974	第 59 届	《带薪教育休假公约》（第 140 号）	公约
1974	第 59 届	《带薪教育休假建议书》（第 148 号）	建议
1975	第 60 届	《人力资源开发公约》（第 142 号）	公约
1975	第 60 届	《人力资源开发建议书》（第 150 号）	建议

---

① ILO. ILO Declaration on Social Justice for a Fair Globalization [M]. Geneva：ILO，2008.

续表

时间	会议届期	文件名称	类型
2004	第 92 届	《关于人力资源开发的建议：教育、培训与终身学习》（第 195 号）	建议
2017	第 106 届	《就业和体面工作促进和平与复原力建议书》（第 205 号）	建议

资料来源：ILO. Information System on International Labour Standards ［EB/OL］. ［2021－12－01］. https：//www. ilo. org/dyn/normlex/en/f? p＝NORMLEXPUB：1：。

（一）职业教育与培训

职业教育与培训在 ILO 的教育系统中处于核心位置，旨在提高工人技能、促进体面就业、推动社会公平。1939 年，ILO 在《职业培训建议书》（Vocational Training Recommendation，No. 57）中明确提出了职业培训的概念，指发生在学校和工作场所的任何形式的培训，受训者通过培训可获得技术或行业知识。[1] 1975 年，ILO 在《人力资源开发建议书》（Human Resources Development Recommendation，No. 150）中引入人力资源开发理念，重新界定了职业指导和培训的概念，认为职业指导和职业培训旨在识别和发展人的能力以完成富有成效和令人满意的工作，通过结合不同教育形式来提高个人理解能力，以及个人或集体影响工作条件和社会环境的能力。[2] 这两部建议书和1950 年的《职业培训（成人）建议书》（Vocational Training（Adults）Recommendation，No. 88)[3] 共同建构了 ILO 职业教育与培训的框架。

---

[1] ILO. R057－Vocational Training Recommendation，1939（No. 57）［EB/OL］.（1939－06－27）［2021－12－01］. https：//www. ilo. org/dyn/normlex/en/f? p＝1000：12100：34086979814070：：NO：：P12100_ SHOW_ TEXT：Y：.

[2] ILO. R150－Human Resources Development Recommendation，1975（No. 150）［EB/OL］.（1975－06－04）［2021－12－12］. https：//www. ilo. org/dyn/normlex/en/f? p＝1000：12100：563219904585：：NO：：P12100_ SHOW_ TEXT：Y：.

[3] ILO. R088－Vocational Training（Adults）Recommendation，1950（No. 88）［EB/OL］.（1950－06－07）［2021－12－12］. https：//www. ilo. org/dyn/normlex/en/f? p＝1000：12100：15517474220045：：NO：：P12100_ SHOW_ TEXT：Y：.

1. 职业教育与培训的设计原则

ILO 认为，职业教育与培训旨在发展个性和提高职业能力、促进就业，需要在个人的整个职业生涯中持续进行，且不应存在基于种族、肤色、性别、宗教、政治见解、民族血统和社会出身等任何形式的歧视，从而在职业培训的性质上明确了其通过职业能力提升促进体面就业进而反贫困的功能、通过全生命周期的存续特征强调了其培养可持续发展能力的可行性、通过人人平等的职业培训权利赋予弱势群体平等的培训机会。

综上，ILO 提出了职业教育与培训的设计原则。（1）覆盖对象范围尽量广，涵盖弱势企业和弱势人群。一是要覆盖弱势企业，促进弱势企业、个体经营者和小型企业、严重缺乏职业培训的部门、使用过时技术和工作方法的企业实施职业培训。二是覆盖弱势人群，为存在经济困难者提供经济援助和支持促使其完成职业教育与培训，比如，免收培训费用，提供培训期间的工作津贴，在膳食、住宿、工作服、工具、设备、教科书、交通、生活费上提供经济援助，设置奖学金、贷款和助学金等。（2）课程设置尽量宽泛，避免过早专业化。职业教育与培训课程的主要目标是为学员打下良好的理论和实践知识基础，并初步培养其对基本技能的运用能力，故应在系统分析该职业所涉及的工作任务、技能、知识、健康和安全因素以及相关背景知识的基础上设计职业培训课程，同时适当考虑职业发展和可预见的变化，即充分考虑受训者个人未来职业的长期发展，使受训者在长期的培训课程中广泛掌握其职业实践所依据的理论原则的同时，避免在培训初期过早专业化。受训者可以接受更广泛的技能和更丰富的基础知识，而非局限于某个技能和知识的运用，此后根据自身需求只需接受最小限度的额外培训和再培训就可以开展专业化学习。广泛的学习能够使受训者在具有同一或类似性质的职业中流动，为其提供了更多就业选择，获得可持续发展能力。相应地，职业培训的类型包括长期培训和短期培训，通常将具有一般教育价值的科目纳入长期培训课程，在时间允许的情况下进行短期培训。（3）因人制宜。培训方法适应课程性质、受训者的教育水平、年龄和地位及以往工作经验；教学方式遵循从易到难的原则；教学节奏根据学员能力调整和修改；培训过程中对学员进行记录和监督；面向缺乏培训设施的偏远地区建立适应当地情况的函授课程

（Correspondence Course），派遣和培养巡回教师（Itinerant Teacher）①、建立流动示范单位（Mobile Demonstration Unit），通过广播、电视和其他大众传播方式指导当地学员；鼓励当地企业为学员每年提供一次到本企业外参加培训的机会，并通过助学金、奖学金和住宿援助等方式对学员提供必要的帮助。（4）促进利益相关者协商合作。所有与培训有关的人和组织，特别是公共当局、教育机构、雇主组织和工人组织，在规划、制定和实施培训计划以及处理一般培训问题时，应通过相互配合和协商合作解决问题。（5）动态监测职业教育与培训需求变化。密切监测经济社会发展条件和要求的不断变化、特定人口群体需求变化及知识和技术的不断更新，动态调整职业教育与培训的设施、课程、方法、政策和计划。

2. 职业教育与培训的供给

（1）职前培训

ILO 认为，在从接受教育到就业前的时段，即义务教育结束前、义务教育结束后、初次就业前的三个时段，应设置职前培训为个人做好就业准备。①义务教育结束前的职前培训最迟从 13 岁开始，时间至少 1 年，可一直持续至义务教育阶段结束，培训内容为通过实践训练孩子的动手能力，培养孩子对劳动的理解和尊重。②义务教育结束后的职前培训旨在帮助青年识别适合的职业培训，培训内容仍以实践为主，注重实践教学与理论教学相辅相成。该阶段的职业培训以学生智力和体力发展为目标，需避免过度专业化，通过探索和尝试逐步确定适合的职业培训类型和内容。此阶段的职业培训持续时间根据职业及青年的年龄和受教育情况而定。③初次就业前的职前培训主要是促进尚未就业的青年探索职业兴趣，常规内容有普及工作形式②、工作类型等知识，提供适合其年龄的一般性和实用性指导，目标是继续和补充学校教育知识、促进对实际工作的了解、培养培训兴趣、探索职业兴趣和能力、了

---

① 巡回教师是指以巡回的方式为某地区的特殊儿童及其家长和普通教师进行辅导的特殊教育工作者。

② 工作形式指工作时间和工作期限。根据劳动法规定分为全日制、非全日制和劳务派遣三种工作形式；根据劳动合同期限分为固定期限用工、无固定期限用工和以完成一定工作任务为期限的用工三种方式；根据聘用的劳动者的身份分为有固定期限用工和临时用工两种方式；根据工作制度分为标准工时工作制用工、不定时工作制用工、综合计算工时工作制用工三种方式。

解可行的职业调整等。ILO 虽然重视职前培训，但基本原则是职前培训不能损害普通教育，且不应取代实际培训第一阶段的作用。

（2）学校职业教育

技术和职业学校（Technical and Vocational School）是人们系统地学习理论知识和实践知识必不可少的场所。ILO 为发挥职业教育反贫困功能，倡导技术和职业学校应为有困难的学生提供免费入学机会，并视情况需要提供经济援助，比如，提供免费膳食、工作服和工具等，并适当提供学习便利；女性有平等进入所有技术和职业学校学习的权利，相关部门和机构应为女性密集的职业（包括家务劳动）提供技术和职业培训设施。ILO 倡导技术和职业学校的早期课程为学生提供良好的理论和实践知识基础，促进学生广泛掌握其职业实践所依据的理论原则，避免过度或过早专业化。故全日制课程通常设置三类科目：具有一般教育价值的科目、与社会问题相关的科目和家政科目（Domestic Subject）。ILO 倡导不同技术和职业学校之间教学内容的协调一致性以便于学生转学，不同年级的课程内容应保持连贯性以使有能力的学生能升入高年级并获得大学和同等机构的高等教育入学资格。

（3）企业（机构）职业培训

企业（机构）培训政策和计划的制定应充分考虑培训的性质和持续时间、受训者的个人情况、工作场所的环境、企业的发展战略需求和所具备的教学设施等因素。为了更充分地考虑职工的培训需求和提高企业职业培训效率，在准备和实施培训计划时，雇主应与受雇于其企业的工人代表协商合作。

（二）职业指导

职业指导是 ILO 职业教育与培训体系中一个尤为重要的组成部分。1949年，ILO 发布《职业指导建议书》（Vocational Guidance Recommendation，No. 87），这是其第一份以职业指导为主题的建议书，后来在其他建议书中 ILO 多次重申了职业指导的主张。《人力资源开发建议书》（1975 年）将人力资源开发理念与职业指导相结合，对职业指导内容进行规范和改进，职业指导逐渐进入体系化建设阶段。

《职业指导建议书》（1949 年）指出，职业指导是指围绕职业发展过程提供的指导、辅导、咨询等服务，包括就业指导、职业诊断、职业规划、职业咨询、职业辅导和职业心理咨询等与职业发展相关的服务，是在考虑个人特征及其职业机会的前提下为个人提供解决职业选择和职业提升有关问题的咨询服务，旨在促进人力资源供需匹配，促进个人自我发展和提高工作满意度。① ILO 认为，利益相关者应携手合作为所有需要职业指导帮助的人提供服务，特别强调要面向弱势群体提供适合的职业指导服务，包括首次进入就业市场者、长期失业者、有身体或精神障碍者、因工业衰退或技术和结构变迁而失业或存在失业风险者、农村就业困难者、正在寻求职业培训者。通常职业指导可分为个人辅导和团体辅导两类，无论是哪类辅导都需考虑个体特征和需求，特别是弱势群体，比如，身体和精神上存在障碍者，在社会和教育方面处于弱势地位者，职业指导方法应有所变通，在考虑具体状况和经历的前提下，有针对性地提供具体信息，协助其在了解综合信息的基础上做出职业选择。

ILO 提出职业指导应具有如下特点。（1）职业指导是一个持续的过程。职业指导机构根据咨询者受教育情况、接受培训状况、工作经验、兴趣爱好和希望的发展方向提供相关就业和培训信息，通常需要一次以上的面谈才能完成。提供信息和建议后，职业指导机构还会实施后续跟踪，观测其是否已获得满意的就业、培训和再培训安置。（2）职业指导贯穿全生命周期。在青年阶段，将职业指导纳入普通教育计划，通过提供全面职业信息、参观工作场所、个人访谈并辅以小组讨论的方式进行职业咨询，旨在让青年了解自身能力、资质和兴趣以及各职业基本情况，促使其依据自身才能和兴趣选择教育路线、促进未来职业调整。在成年阶段，职业指导服务以就业咨询为主，协助其选择职业、解决就业中的问题和职业变更等。通常要针对不同群体制定专门的就业咨询，比如，技术人员、专业工人、受薪雇员和行政人员等，协助其了解所在职业或行业状况，提出能够提升其专业知识和技能的职业培训以提升就业竞争力。在老年阶段，职业指导聚焦于鼓励参与职业培训，传授所在领域的专业知识、新的工作技术和工作方法，通过不断学习新知识和

---

① ILO. R087-Vocational Guidance Recommendation, 1949（No. 87）［EB/OL］.（1949-06-08）［2021-12-12］. https://www.ilo.org/dyn/normlex/en/f? p＝1000：12100：155174 74220045：：NO：：P12100_ SHOW_ TEXT：Y：.

新技能提高就业竞争力，帮助老年人在不受年龄歧视的情况下享有平等的就业机会和待遇。（3）职业指导需多主体协商实施。由雇主和工人代表协商制定职业指导计划，由学校、帮助青年从学校到工作过渡的相关组织、雇主和工人代表组织及父母和监护人协会（如果存在）协商制定学校的职业指导计划，主管当局应与公共和私人机构保持持续合作以不断完善职业或行业相关信息。特别需要指出的是，主管当局应与康复服务机构合作为有身体和精神障碍者提供特别帮助。（4）动态改进职业指导体系。在全国范围内设立统筹职业指导事务的委员会和负责相应职业指导事务的机构，委员会通常由教育领域、职业指导和职业培训及涉及职业调整问题的公共和私人机构代表组成。要建立完善的职业指导信息系统，不断收集和完善职业指导信息，以确保所有儿童、青少年和成人都能获得全面、精准、广泛的指导。具体信息涵盖职业选择、职业培训和相关教育机会、就业现状和前景、晋升前景、工作条件、工作安全和卫生等，同时要收集与集体合同、劳动法规定的权利和义务、国家有关法律和惯例以及相应部门和机构责任等相关的信息。

（三）带薪教育休假制度

为满足经济社会变迁引发的技能变迁、帮助工人适应时代需求，ILO 倡议发展带薪教育休假制度。ILO 在第五十九届国际劳工大会上颁布《1974 年带薪教育休假建议书》（Paid Educational Leave Recommendation，No. 148），阐释了带薪教育休假的含义、政策制定、遵循原则与条件、融资途径和实施路径等问题。① 带薪教育休假指在工作时间内为工人提供以教育与培训为目的的假期，满足工人当前和未来的教育与培训需求，此间雇主应继续支付工资、福利或提供适当补偿以维持工人的收入，并报销或补偿一定比例的教育与培训费用。ILO 特别指出带薪教育休假应遵循平等性、自愿性和全面性原则：平等性原则要求不以种族、肤色、性别、宗教、政治见解、民族血统和社会出身为由拒绝工人享受带薪教育休假；自愿性原则要求尊重工人的自由选择，他

---

① ILO. R148-Paid Educational Leave Recommendation，1974（No. 148）［EB/OL］.（1974-06-05）［2022-01-12］. https：//www.ilo.org/dyn/normlex/en/f？p＝NORMLEXPUB：12100：0：：NO：：P12100_ INSTRUMENT_ ID：312486.

们有权利选择教育与培训计划；全面性原则要求在经济能力允许的情况下，带薪教育休假尽可能覆盖所有就业人群和企业。针对实施带薪教育休假存在困难的人群和企业，比如，小型企业工人、农村工人、居住在偏远地区的工人、轮班工人和负担重大家庭责任的工人等特定类别的工人，政府和企业应尽可能为其提供机会获得带薪教育休假的福利；小型企业和季节性企业等特定类别的企业，政府应尽可能为其实施带薪教育休假提供支持。

（四）学徒制

1939 年，ILO 在《学徒建议书》（Apprenticeship Recommendation，No. 60）中首次提出学徒制是通过合同由雇主承诺雇佣青年并对其进行培训，青年承诺在学徒期间为雇主提供服务的制度。该建议书强调了雇主和学徒的契约关系、双方的权利与义务以及学徒制的一般原则。[①] 1962 年，ILO 在《职业培训建议书》（Vocational Training Recommendation，No. 117）中重新界定了学徒制定义，指出在企业内部或在独立工匠指导下进行的公认职业的系统性长期培训应受书面学徒合同的约束，并遵守既定标准。该建议书除了强调以书面合同为基础外，还强调学徒制与劳动力市场联系的重要性、学徒制理应具有的系统性和长期性特征以及学徒制应符合职业特性和既定标准，并详细说明了学徒培训的要求，指出建立学徒制监督框架的必要条件。[②]

ILO 的数据显示，自 2007 年以来，全球青年失业率不断攀升，2017 年全球青年平均失业人口在 13% 以上。此外，全球青年劳动力参与率不断下降，从 2000 年的 53.3% 降至 2016 年的 45.8%。ILO 提出，优质学徒制有助于青年实现体面就业，也有助于企业找到未来所需的工人，能够促进技能供需匹配。ILO 将优质学徒制界定为职业教育与培训的一种独特形式，它将在职培训和脱产学习结合起来，使各行各业的学习者都能获得从事特定职业所需的知识、

---

① ILO. R060-Apprenticeship Recommendation, 1939（No. 60）[EB/OL].（1939-06-28）[2022-12-01]. https：//www. ilo. org/dyn/normlex/en/f？p＝1000：12100：12974242 356076：：NO：：P12100_ SHOW_ TEXT：Y：.

② ILO. R117-Vocational Training Recommendation, 1962（No. 117）[EB/OL].（1962-06-06）[2021-12-12]. https：//www. ilo. org/dyn/normlex/en/f？p＝1000：12100：1551747 4220045：：NO：：P12100_ SHOW_ TEXT：Y：.

技能和能力。① 2017—2020 年，ILO 致力于提供技术援助和能力建设发展优质学徒制，开发了优质学徒制工具包，包括《决策者指南》（Guide for Policy Makers）和《从业人员指南》（Guide for Practitioners）两部分，为实施优质学徒制的决策者和从业者提供引导。

2020 年，ILO 就业政策司启动了长达两年的"推动终身学习和培训的学徒制发展"项目（Apprenticeships Development for Universal Lifelong Learning and Training，ADULT）②。ILO 认为，技术进步、人口结构变化、气候变化、全球化以及 COVID-19 危机对工作世界造成了重大破坏，相应地，学徒制面临两大挑战：学徒制与终身学习和未来工作的相关性；学徒制的现代化改造。学徒制的最终目标是在不断变化的工作世界中促进工人的终身学习和技能提升，必须推动实现学徒制现代化以满足工人日益增长的技能需求。ILO 推动学徒制现代化聚焦了七个主题：（1）提升成人和老年人的技能；（2）满足数字和知识经济的技能需求；（3）利用技术提升学徒制的效率；（4）促进企业，特别是中小企业参与提供学徒机会；（5）提高学徒制的吸引力和社会认知度，在高等教育中融入学徒制；（6）除了职业教育院校提供的教育，还要通过实习等实践环节发展基于工作场景的学徒训练，实施双元制培训；（7）提高非正规经济中学徒制的质量和信誉。

第二节　国际劳工组织职业教育反贫困的历史演进

一、职业教育反贫困萌芽阶段（一战结束至二战前）

第二次工业革命推动新兴工业的繁荣发展，农业和建筑业等传统工业部

---

① ILO. ILO Toolkit for Quality Apprenticeships-Vol. 1：Guide for Policy Makers［M］. Switzerland：ILO，2017.

② ILO. Apprenticeships Development for Universal Lifelong Learning and Training［EB/OL］.（2020-08-01）［2022-03-22］. https：//www.ilo.org/skills/projects/adult/WCMS_792050/lang--en/index.htm.

门却面临开工不足和减产，大批工人因之失业陷入贫困，基于此，ILO 针对农业和建筑业以及失业青年提出了开展职业教育的主张。ILO 在《费城宣言》（1944 年）中明确提出"提供职业培训和劳动力转移措施，并提供充分保障"，体现了通过职业培训减贫的思想。

（一）农业和建筑业职业教育

在 1929—1933 年资本主义世界经济大萧条中除了工业发展低迷，欧洲内外农村地区低水平的生活和恶劣的工作条件也日益凸显，由此，ILO 对农业劳动力的关注度开始提升。1921 年，ILO 发布《职业教育（农业）建议书》［Vocational Education（Agriculture）Recommendation，No. 15］，提出国际劳工组织的每个成员国都要努力发展农业职业教育，[1] 提升农业从业者和农业家庭的知识和技能以增强就业能力。1936 年，ILO 组织建立了由农业雇主、工会代表和农业领域专家三方参与的常设农业委员会，讨论第二次世界大战后通过标准制定和技术援助将农业劳动力纳入 ILO 的工作领域。[2]

同样地，建筑业的工作环境恶劣、工人生活水平和社会地位较低，受经济危机影响失业人口相对较多，ILO 也开始关注建筑业职业教育的发展。1937 年，ILO 发布《职业教育（建筑）建议书》［Vocational Education（Building）Recommendation，No. 56］，提出通过职业教育提高从业人员的安全意识和自我保护能力，预防和降低建筑业发生事故的风险。[3]

ILO 在农业和建筑业开展职业教育的行动为两个行业提高工作效率和增加经济收入注入了新鲜活力。

（二）青年职业教育

ILO 提出，青年是国家经济发展的重要力量，但青年掌握的技术和能力与

---

① ILO. Vocational Education（Agriculture）Recommendation，1921（No. 15）［EB/OL］.（1921－10－25）［2022－01－27］. https://www.ilo.org/dyn/normlex/en/f? p = 1000：12100：26764408373910：：NO：：P12100_ SHOW_ TEXT：Y：.

② DANIEL Maul. The International Labour Organization：100 Years of Global Social Policy［M］. Switzerland：ILO，2019.

③ ILO. R056－Vocational Education（Building）Recommendation，1937（No. 56）［EB/OL］.（1937－06－03）［2022－01－27］. https://www.ilo.org/dyn/normlex/en/f? p = NORMLEX-PUB：12100：0：：NO：：P12100_ INSTRUMENT_ ID：312474.

经验丰富的资深人士存在较大差距，因而在经济萧条中更容易失业，青年陷入贫困的现象比较普遍。同时，非自愿性失业侵蚀青年的品格、降低自制力、削弱职业技能，长期会削弱国家未来发展的竞争力。基于此，为帮助青年摆脱困境，ILO 于 1935 年发布《失业（青年）建议书》［Unemployment（Young Persons）Recommendation，No. 45］，提出通过限制未成年人退学和就业年龄（最低不少于十五岁）、延长失业青年接受通识教育和职业教育的年限、鼓励未成年的离校青年参加普通教育和职业教育相结合的继续教育课程、为失业成人建设职业培训中心等措施缓解失业青年问题。①

这一时期 ILO 正处于初建阶段，资金有限、组织结构不稳定等因素导致它并未对职业教育投入足够的资金和精力，但在经济萧条和失业攀升的背景下，对农业和建筑业等传统行业的失业群体以及失业青年等易受外界不利环境影响的弱势群体实施职业教育，通过提升职业能力促进就业进而反贫困的努力还是发挥了有效的作用。总体来说，尽管 ILO 对职业教育的关注有限，仅局限于个别领域和人群，但它仍然表明 ILO 职业教育反贫困的思想开始萌芽。

二、职业教育局部反贫困阶段（二战至 20 世纪 60 年代）

受二战、冷战和非殖民化的影响，各国经济结构和生产方式的迅速变化影响着弱势群体的生活和就业，职业教育与培训日益受到重视。随着社会进步和工人文化的影响的不断扩大，一些国家开始重新审视职业教育，要求重新组织职业培训。此间欧洲在亚洲和非洲的殖民帝国加速解体，ILO 成员国数量从 1948 年的 55 个增至 1970 年的 121 个，且发展中国家占大多数，② 基于弱势群体的现状、各国对职业教育与培训的诉求，ILO 的工作重点转向发展中国家和贫困地区，致力于完善职业教育基础设施，与国家、地区和国际组织合作开发职业教育与培训项目，帮助成员国建立职业培训中心，尤其关注面

---

① ILO. R045-Unemployment（Young Persons）Recommendation，1935（No. 45）［EB/OL］.（1935 - 06 - 04）［2022 - 01 - 27］. https：//www.ilo.org/dyn/normlex/en/f？p = 1000：12100：3389218519621：：NO：：P12100_ SHOW_ TEXT：Y：.

② Daniel Maul. The International Labour Organization：100 Years of Global Social Policy［M］. Switzerland：ILO，2019.

向弱势群体和贫困国家与地区的职业教育与培训，进入职业教育局部反贫困阶段。

（一）面向贫困和弱势群体

二战后，ILO 将职业教育与培训作为重建劳工世界的重要工具，不断扩大受益对象的范围，帮扶群体从青年拓展至包括女性群体、生产工人（低技能劳动力）、残疾群体以及土著和部落居民等弱势群体，主要通过平等赋权的方式为他们提供职业教育与培训机会，旨在通过提升技能促进就业。1939 年，ILO 发布《职业培训建议书》（Vocational Training Recommendation，No. 57），这是第一份综合性职业教育建议书，提出男女拥有平等进入技术和职业学校的权利，应为女性提供适当的技术和职业培训设施。1950 年，ILO 在《职业培训（成人）建议书》［Vocational Training（Adults）Recommendation，No. 88］中提出了生产工人职业培训方法以确保其得到有效培训。[①] 1955 年，ILO 颁布《职业康复（残疾人）建议书》［Vocational Rehabilitation（Disabled）Recommendation，No. 99］，提出将医疗、心理、社会、教育等结合成一个连续、协调的过程，为残疾人提供职业指导、职业培训和就业安置等职业服务以满足其就业需求，通过发展、恢复工作能力最大程度地利用人力资源。[②] 1957 年，ILO 发布《土著和部落居民公约》（Indigenous and Tribal Populations Convention，No. 107），指出"土著和部落居民在职业培训设施方面享有与其他公民同等的机会"，[③] 并在同年发布的《土著和部落居民建议书》（Indigenous and Tribal Populations Recommendation，No. 104）中明确提出了土著和部落居民职业培训

---

① ILO. R088 – Vocational Training（Adults）Recommendation，1950（No. 88）［EB/OL］.（1950 – 06 – 07）［2021 – 12 – 12］. https：//www.ilo.org/dyn/normlex/en/f? p = 1000：12100：15517474220045：：NO：：P12100_ SHOW_ TEXT：Y：.

② ILO. R099– Vocational Rehabilitation（Disabled）Recommendation，1955（No. 99）［EB/OL］.（1955–06–01）［2022–01–27］. https：//www.ilo.org/dyn/normlex/en/f? p = 1000：12100：3389218519621：：NO：：P12100_ SHOW_ TEXT：Y：.

③ ILO. C107 – Indigenous and Tribal Populations Convention，1957（No. 107）［EB/OL］.（1957–06–26）［2022–01–12］. https：//www.ilo.org/dyn/normlex/en/f? p = NORMLEX-PUB：12100：0：：NO：：P12100_ INSTRUMENT_ ID：312252.

的方法。① ILO 在 1962 年发布的《职业培训建议书》（Vocational Training Recommendation，No. 117）中强调职业培训不应因种族、肤色、性别、宗教、政治见解、民族血统和社会出身而受到任何形式的歧视，主张为文盲学员开设扫盲课程、为农村群体建立专门的培训机构、采取措施满足离开农村地区到城市地区寻找工业就业岗位者的培训需求等。②

（二）面向贫困国家和地区

二战前，ILO 的政策和国际标准的制定以西方国家和工业化为导向，很少涉及欧洲以外的世界。在常任理事国的 32 个席位中，欧洲占 12 个，北美和南美国家占 11 个，占世界劳动人口约一半的亚洲只有 5 个席位，非洲除了白人统治的南非之外没有其他代表。二战后，受以印度独立为标志的非殖民地化浪潮的冲击和以印度、中国为首的发展中国家不断呼吁 ILO 关注其劳工世界，再加上 ILO 逐渐减少了对西方国家的依赖，ILO 于是开始着手改革组织结构，工作重点逐渐转移到发展中国家和欠发达地区的经济建设，为其提供包括职业培训在内的技术援助，支持农村地区发展和实现工业化，旨在提升生产力、培养现代劳动力。

1944 年，ILO 在《费城宣言》中提出采取行动"促进世界欠发达区域的经济和社会进步"。③ 20 世纪 50 年代初，ILO 启动技术援助，通过开展职业培训、启动能够提高工人生产效率的项目促进劳动能力提升。考虑到职业教育与培训在推动发展中国家工业化发展中的重要作用，ILO 援助的职业教育与培训活动约占技术援助业务的 50%，已将职业教育与培训视为技术援助的核心。ILO 与许多发展中国家开展职业教育与培训项目合作，帮助其建立职业培训中

---

① ILO. R104-Indigenous and Tribal Populations Recommendation，1957（No. 104）[EB/OL]. （1957-06-26）[2022-01-12]. https：//www.ilo.org/dyn/normlex/en/f? p = NORMLEX-PUB：12100：0：：NO：12100：P12100_ INSTRUMENT_ ID：312442：NO.

② ILO. R117-Vocational Training Recommendation，1962（No. 117）[EB/OL]. （1962-060-6）[2021-12-12]. https：//www.ilo.org/dyn/normlex/en/f? p = 1000：12100：15517474 220045：：NO：：P12100_ SHOW_ TEXT：Y：.

③ ILO. Declaration Concerning the Aims and Purposes of the International Labour Organisation（DECLARATION OF PHILADELPHIA）[EB/OL]. （1944-05-10）[2022-01-12]. https：//www.ilo.org/dyn/normlex/en/f? p = NORMLEXPUB：12100：0：：NO：12100：P12100_ INSTRUMENT_ ID：312460：NO.

心和职业培训网络，并派遣专家提供培训。① 与此同时，ILO 基于"工业发展创造的新技能和知识将在工作场所中被使用"的假设和教育的知识传授方法两点考虑，发放大量研究补助金支持发展中国家人员——从技术工人到未来劳工管理人员，到工业化国家进行培训和深造，并派遣专家到发展中国家辅助劳工质量提升。1956 年，ILO 先后派遣专家到印度尼西亚、巴基斯坦等国调查就业状况和未来劳动力潜在需求；协助越南、缅甸、利比亚、埃及和尼泊尔等国家建立职业培训中心；②③ 发布《职业培训（农业）建议书》[Vocational Training（Agriculture）Recommendation，No. 101] 提出建立或扩大农业职业培训体系，使农业地区能够接受与城市地区同等质量的职业教育与培训以改善农村生活。④

进入 20 世纪 60 年代，ILO 的工作理念从有限技术援助转向大规模技术合作，工作业务呈现全球化特征，工作范围聚焦于工业化程度低的国家，呈现出以贫困为援助中心的发展思维。20 世纪 60 年代初，ILO 提出了"生产性就业"主张，将就业目标作为一个关键要素纳入国家发展计划，并首先在发展中国家落地实施"生产性就业"。1964 年，ILO 在《就业政策建议书》（Employment Policy Recommendation，No. 122）中提出促进不同经济部门、地区和职业群体实现生产性就业，并提出促进农村生产性就业的体制措施以适应不断变化的经济需求。⑤ 1960 年，ILO 成立国际劳工研究所（IILS），重点研究发展中国家面临的社会政治问题，并针对发展中国家社会部门的"潜在领导人"设计了培训课程，培训内容覆盖范围包括就业和劳资关系，旨在让其掌握国际劳工组织的方法和原则。为了推动职业教育与培训的专业化发展，1964 年，ILO 在都灵建立国际高级技术和职业培训中心，优先面向发展中国

---

① 关晶，田诗晴，祖菲. 国际劳工组织职业教育策略的百年回顾——基于国际劳工大会文件的文本分析 [J]. 比较教育学报，2020（06）：46-57.

② ILO. The ILO and Asia [M]. Switzerland：ILO，1962.

③ ILO. The ILO and Africa [M]. Geneva：ILO，1960.

④ ILO. R101-Vocational Training（Agriculture）Recommendation，1956（No. 101）[EB/OL].（1956 - 06 - 06）[2022 - 01 - 02]. https：//www.ilo.org/dyn/normlex/en/f? p = 1000：12100：15517474220045：：NO：P12100_ SHOW_ TEXT：Y：.

⑤ ILO. R122-Employment Policy Recommendation，1964（No. 122）[EB/OL].（1964 - 06 - 17）[2022 - 04 - 06]. https：//www.ilo.org/dyn/normlex/en/f? p = NORMLEXPUB：12100：0：：NO：：P12100_ INSTRUMENT_ ID：312460

家的技术工人、职业培训员和管理人员提供培训课程。①

三、建立职业教育反贫困体系阶段（20 世纪 70 年代至 20 世纪末）

20 世纪 70 年代至 20 世纪末，国际社会呈现出资本自由流动、劳动人口增长以及失业率和不充分就业增加等现象：发展中国家人口迅速增加，工人急需提升职业技能以适应有限的劳动力市场机会；工业化国家高失业率与高职位空缺并存，职业教育与培训严重不足；中欧和东欧国家受美苏冷战和苏联解体的影响，经济结构发生较大变革，工人需要经过职业教育与培训以及再培训适应新的经济环境。随之而来的是社会贫困日益凸显，人们普遍认识到职业教育与培训是促进就业不可或缺的前提，与此同时，科技进步与人力资本理论不断发展完善促使人们对继续教育与培训的需求日益强烈，这些都为 ILO 的职业教育反贫困策略提供了新思路。

（一）实施带薪教育休假制度

ILO 提出带薪教育休假制度推动职业教育与培训的创新发展，建议成员国推广带薪教育休假制度对工人实施连续性培训。1974 年，ILO 发布《带薪教育休假公约》（Paid Educational Leave Convention，1974，No. 140），首次提出带薪教育休假的概念，并明确指出各成员国"不得以种族、肤色、性别、宗教、政治见解、民族血统和社会出身为由拒绝向工人提供带薪教育休假"，"工人有权自由选择培训方案和类型"，② 从而保障了贫困人群的带薪教育休假权利。同时，ILO 主张各国政府为受训者提供经济援助以满足个体劳动者的实际培训需求，保障劳动者的继续教育权益，解决贫困领域和人群在提升劳动技能方面的经济困难。1986 年，国际劳工大会第 72 届会议通过了一项关于工人受教育机会的决议，呼吁成员国提交关于带薪教育休假文书适用情况的报告，此后各成员国逐渐在职业教育与培训中引入了带薪教育休假制度。

---

① DANIEL Maul. The International Labour Organization：100 Years of Global Social Policy ［M］. Switzerland：ILO，2019.

② ILO. C140-Paid Educational Leave Convention，1974（No. 140）［EB/OL］.（1974-06-24）［2022-01-12］. https：//www.ilo.org/dyn/normlex/en/f? p = NORMLEXPUB：12100：0：：NO：：P12100_ INSTRUMENT_ ID：312285.

（二）建立和完善职业教育体系

ILO 在人力资源理论的指导下逐步促进各国建立系统的职业培训模式、发展全面的职业培训体系，覆盖经济活动所有部门和所有人群，使贫困领域和人群有机会接受职业教育与培训。1975 年，ILO 在《人力资源开发建议书》中重新界定了职业指导和职业培训的定义，指出"职业指导和职业培训旨在识别和发展人的能力以实现富有成效和令人满意的工作生活，并结合不同形式教育以提升个人理解能力、改善个人和集体的工作条件以及促进社会的公平正义"，将职业教育与培训、职业指导和能力、就业有机结合起来，也将个人收益和社会福利结合起来。① 该建议书涵盖了职业指导和职业培训全方位的内容，包括：（1）有效劳动力市场信息和职业指导系统重要性；（2）职业培训政策、治理和监管框架；（3）企业、政府和社会伙伴等在职业教育与培训中的责任与行动；（4）针对特殊领域和人群的学习和培训方案；等等。《人力资源开发建议书》（1975 年）的发布标志着职业培训在内涵上从就业市场的平衡手段转向经济和社会发展的核心因素，成为涵盖范围更广泛、更有活力的"人力资源开发"概念的主要内容之一。1983 年，职业教育与培训在人力资源中的地位再次被突出，ILO 理事会要求在制定具体职业培训方案时要对人力资源开发标准的应用实施全面调查。

随着 ILO 将职业指导和职业培训置于人力资源开发的政策框架内，职业教育与培训的体系逐渐建立起来，而带薪教育休假引入职业教育与培训系统则给了工人选择培训的充分主动性，激励工人通过职业教育与培训不断提升自己的能力。此间，ILO 职业教育反贫困体系也初步建立起来：（1）职业教育与培训对象除了覆盖传统观念上的贫困人群，还覆盖因技术发展和老龄化而易于陷入失业危机者，培训对象与时俱进；（2）职业教育与培训的发生阶段涵盖从初始职业教育与培训、继续教育与培训（特别是新技术进修学习培训）和再培训，满足人在生命周期各个阶段追求发展的需求，与社会进步对

---

① ILO. R150-Human Resources Development Recommendation, 1975（No. 150）［EB/OL］.（1975 - 06 - 04）［2021 - 12 - 12］. https：//www.ilo.org/dyn/normlex/en/f？p = 1000：12100：563219904585：：NO：：P12100_ SHOW_ TEXT：Y：.

人的技能不断提高的要求相匹配；（3）职业培训流程不断完善，ILO 提出各国根据自身情况循序渐进推进职业教育与培训发展，选取特定机构和部门监督和追踪职业教育与培训的实施进展以便不断完善职业指导和培训的计划与方案。职业教育反贫困体系的建立进一步推动了社会公平的发展，为贫困人群在技能和就业方面提供了自由和平等的机会。

四、职业教育反贫困的可持续发展阶段（21 世纪以来）

进入 21 世纪，全世界知识更新和技术迭代越来越快，贫困差距也随之不断拉大，世界上大约有一半人口每天只能花费 2 美元维持生存，体面就业、消除贫困和可持续发展成为 21 世纪的三大挑战。劳动者为了能够应对各类变迁以建构可持续生计，必须不断更新、提升技能和能力。

（一）实现体面就业

1999 年，ILO 总干事胡安·索马维亚（Juan Somavia）提出将体面就业作为 ILO 的国际战略目标，指出其在促进公平全球化中的重要性，倡议将体面就业作为减贫工具，使其在 ILO 实现千年发展目标中发挥作用。2008 年，ILO 将体面就业的概念制度化，并作为职业教育发展的重要目标之一。[①] 同年，全球爆发金融和经济危机，各国政府迫切需要为劳动力提供高质量就业机会、提供社会保护、对工作给予充分尊重，以实现可持续、包容性的经济增长和消除贫困。基于此，ILO 开始推动将体面劳动纳入国家经济、社会和环境政策中，体面就业被正式纳入国家发展的主流框架，也被纳入 ILO 职业教育与培训的主流工作中。2015 年 9 月，联合国可持续发展峰会通过了《改变我们的世界：2030 年可持续发展议程》，提出 17 个以人和地球为中心的可持续发展目标（SDG）。ILO 利用该框架应对劳动世界中的挑战，将 SDG 目标 8 纳入体面就业议程，该目标提出促进持续、包容和可持续的经济增长、充分和生产性就业以及人人实现体面就业。此外，ILO 同时将目标 1（消除贫困）、目标 4（优质教育）、目标 5（性别平等）、目标 9（工业、创新和基础设施）、目标 10（减少不平等）、目标 14（海水及海洋资源可持续使用）和目标 16（和

---

① ILO. ILO Declaration on Social Justice for a Fair Globalization [M]. Geneva：ILO，2008.

平与正义）纳入体面就业议程。① 在 2015 年的联合国大会期间，体面就业议程的四大支柱——创造就业、社会保护、工作权利和社会对话被确定为可持续发展不可或缺的基石，也成为社会包容和经济可持续发展的核心。②

（二）促进终身学习

21 世纪初，ILO 开始认识到教育、培训和终身学习能够极大提升个人、企业、经济和社会的整体利益，有利于实现充分就业、消除贫困、促进社会包容和经济可持续发展。但是，许多发展中国家在设计和实施适当的教育与培训政策方面还存在困难和不足，急需国际力量支持。此间 ILO 工作的主要目标是促进世界各地工人实现体面就业，故 ILO 鼓励个人充分利用教育、培训和终身学习的机会提升自身能力，呼吁政府、雇主和工人重申对终身学习的承诺，尤其是鼓励政府通过投资和创造条件加强各级职业教育与培训。2004 年，ILO 发布《关于人力资源开发的建议：教育、培训与终身学习》（Human Resources Development Recommendation），提出"促进青年、低技术人员、残疾人、移民、老年工人、土著人民、少数族裔群体和受社会排斥者等具有国家确定的特殊需要者以及中小型企业、非正规经济、农村部门和自营职业领域的工人获得教育、培训和终身学习的机会"，"通过教育、培训和终身学习以及其他政策和计划支持和协助个人发展和应用创业技能，为自己和他人创造体面就业机会"。③ 2008 年，ILO 在第 97 届国际劳工大会上强调"教育、职业培训和终身学习是体面就业议程下就业能力、工人就业和企业可持续发展的核心支柱，有助于实现减贫的千年发展目标"。④

---

① ILO. Decent Work and the 2030 Agenda for Sustainable Development ［EB/OL］. ［2022-03-03］. https：//www. ilo. org/glcbal/topics/sdg-2030/lang--en/index. htm.

② ILO. Guidelines for a Just Transition towards Environmentally Sustainable Economies and Societies for All ［EB/OL］. （2016-02-02）［2022-03-04］. https：//www. ilo. org/global/topics/green-jobs/publications/WCMS_ 432859/lang--ja/index. htm.

③ ILO. R195-Human Resources Development Recommendation，2004（No. 195）［EB/OL］. （2004-06-17）［2021-12-12］. https：//www. ilo. org/dyn/normlex/en/f？p = NORMLEX-PUB：12100：0：：NO：12100：P12100_ INSTRUMENT_ ID：312533：NO.

④ ILO. 97th Session of the International Labour Conference ［EB/OL］. （2008-01-25）［2022-02-12］. https：//www. ilo. org/ilc/ILCSessions/previous - sessions/97thSession/WCMS_ 090147/lang--en/index. htm.

（三）科技赋能职业教育与培训

随着全球经济竞争的日益激烈，工人和雇主在信息和通信技术（ICT）、新的商业组织形式和国际市场运作方面需要不断接受培训，各国均认识到实现充分就业和经济可持续发展亟待加大职业教育与培训投资，为劳动力提供基础教育、核心工作技能培训和终身学习机会。ILO 注意到了国家之间、国家内部各部门之间在教育和获取信息技术方面存在的差距，提出并践行利用科技缩小差距以促进学生和工人平等地接受职业教育与培训。随着人工智能、自动化和机器人技术的发展，ILO 在职业教育与培训中引入了数字化技术，在 COVID-19 危机期间促进成员国以远程控制、数字化平台和线上课程等多种形式开展教学和技术培训。进入 21 世纪，ILO 认识到了综合性技能的重要性，并据此启动技能创新基金（Skills Innovation Facility），旨在通过识别技能开发面临的最紧迫挑战、寻找新想法和潜在解决方案、为开发和测试原型提供创新性技术支持和指导以应对当今和未来的技能挑战。技能创新基金的目标如下：（1）与三方成员就关键技能问题进行交流；（2）向合作伙伴提供技术和财政援助以促进技能系统创新；（3）支持针对重大技能挑战的成功案例和创新解决方案进行开发、试点和推广；（4）创建一个由创新者组成的全球协作网络，共同解决最紧迫的技能问题。为了达成上述目标，技能创新基金配套实施了三项相互关联的举措：（1）呼吁有关技能挑战的创新方案，邀请个人和组织针对关键挑战提出新的实用想法和解决方案；（2）建立技能创新实验室，召集关键利益相关者设计和测试原型解决方案以应对非常困难的技能挑战；（3）建立技能创新网络，用于分享想法和经验、合作开发和扩展创新，以应对已确定的技能挑战。[①]

（四）鼓励绿色就业

21 世纪初，为了应对气候变化、促进资源高效利用、实现低碳社会、减

---

① ILO. About the ILO SKILLS Innovation Facility［EB/OL］.（2020-01-08）［2022-03-17］. https：//www.ilo.org/skills/projects/innovation-facility/WCMS_733934/lang--en/index.htm.

少不利环境对就业的影响，ILO 以体面就业为基石提出了"绿色就业"（Green Job）理念，并实施绿色就业计划（Green Jobs Programme）。绿色就业培训包括在绿色就业计划中，绿色就业培训课程是为特定群体设计的，包括劳工部官员、雇主组织和工会工作人员，培训重点与工作场所、企业发展、收入、贫困和劳动力市场，尤其是与就业和技能发展息息相关，旨在使参与者能够为国家政策制定和实施作出贡献，推动各国向更绿色、更可持续的经济转型。2013 年，国际劳工大会第 102 届会议针对向绿色就业、体面就业和可持续发展转型制定了技能发展政策框架，提出了政府应与社会伙伴开展合作的领域：（1）审查技能发展政策，审查和调整职业技能概况和培训方案；（2）将技能发展政策以及技术和职业教育与培训体系与环境政策和绿色经济相协调；（3）与行业和培训机构合作，通过技能需求评估、劳动力市场信息和核心技能开发，匹配经济社会的技能供求；（4）鼓励发展通用技能以及科学、技术、工程和数学技能（STEM），并将其纳入基础培训和终身学习课程。①

综上，21 世纪以来，体面就业、终身学习、科技赋能、绿色就业成为 ILO 职业教育与培训发展的鲜明旗帜，昭示着其与时俱进的职业教育与培训反贫困的发展理念：体面就业是职业教育与培训的核心内容，构建终身学习框架是职业教育与培训的发展方向，绿色就业是职业教育与培训实现可持续发展的必由之路，科技赋能是职业教育与培训现代化发展的重要手段。ILO 职业教育与培训反贫困迎来了从"量变"到"质变"的关键时期，从前期的数量增长转向高质量发展。

---

① ILO. Guidelines for a Just Transition towards Environmentally Sustainable Economies and Societies for All［EB/OL］.（2016-02-02）［2022-03-04］. https：//www. ilo. org/global/topics/green-jobs/publications/WCMS_ 432859/lang--ja/index. htm.

第三节　国际劳工组织职业教育反贫困的重点领域和人群

一、重点领域的职业教育与培训

（一）农业职业教育与培训

1. 设计理念

世界上大部分贫困人口都生活在农村，但因农村地区偏远，其贫困现状常被忽视。ILO 十分重视农村地区的发展，认为农村地区具有经济增长潜力、可提供体面就业机会、可建构可持续生计。ILO 在设计农业职业教育与培训时通常遵循以下设计理念：（1）促进农业地区与城市地区教育公平，农村居民能够平等地接受和城市同等质量的职业教育和培训；（2）设计职业指导和职业培训时不仅是将其纳入国家发展政策框架，更要考虑劳动力城乡迁移模式与趋势；（3）农业职业培训要覆盖不同类型的农村劳动力，包括非熟练、半熟练和熟练工人，管理人员，经营者和农场主妇等，向其传授所从事职业需要的知识和技能，使之意识到自身所做工作对社会的重要性，提升其就业成就感。

ILO 对农业职业教育与培训的关注经历了几次转变：20 世纪 70 年代至 20 世纪 80 年代的全盛时期、20 世纪 90 年代至 20 世纪末的边缘化时期以及 21 世纪以来重新意识到农业职业教育在反贫困中的重要性。ILO 在 20 世纪 70 年代以来的农业技能开发经验的基础上，在 21 世纪初开发了农村经济赋权培训法（Training for Rural Economic Empowerment，TREE），将技能培训与自雇佣、有薪就业和增加收入直接联系起来，通过促进地方经济繁荣为农村人口、贫困人口和弱势群体增加就业机会。农村经济赋权培训法（TREE）与传统职业培训方法不同，其主要特点为：识别能够产生收入的机会并据此设计职业教育与培训；吸引区域内的社区和社会伙伴全程参与职业教育与培训的设计和实施；为培训提供后续支持；将地方经济发展、性别问题以及与残疾人和其他社会排斥群体有关的问题纳入主流教育与培训中。2002—2007 年，巴基斯坦西北边境的敏感地区利用 ILO 的农村经济赋权培训法（TREE）培训了 3000 多名青年、妇女和残疾人，其中 93%以上的人根据所学技能实现了就业。布基纳法索（Burkina Faso）依据农村经济赋权培训法（TREE）于 2010 年 1 月启动"10000 名青年"国家农村培训计划。① 2008 年，ILO 发布"促进农村就业以减少贫困"（Promoting Rural Employment for Poverty Reduction），重申要赋予农村妇女和男子同等的权利。

2. 考量因素

1956 年，ILO 在《职业培训（农业）建议书》中第一次系统地提出了建立农业职业培训体系，阐释了农业职业培训设计需要考量的关键因素，具体包括因地制宜、教学与实践相结合、培训设计多样化农业职业教育与基础教育相融合、完善职业培训体系等。②

（1）因地制宜。农业职业培训课程内容的设计需考虑如下因素：①同时考虑被培训对象自身情况和要传授的技能情况；②土地结构、农业发展程度和农业生产类型；③农村就业市场发展趋势以及劳动力流动情况和农村所需劳动力人数；④农业社区的社会生活、风俗习惯和发展前景；⑤国家政策框架和发展方向。

（2）教学与实践相结合。ILO 重视农业职业培训的教学与实践相结合，为培训者营造真实的工作环境。为实现上述目标，ILO 提倡培训机构与政府和利益相关机构合作，将被培训人员安置在与农业经营相关的单位，如大庄园、种植园、合作农村和村庄等。如果是在农业技术学校接受教育与培训，学校应在农业技能、农业生产营销、农场经营管理以及其他适当科目上提供足够期限的训练，并在可能的情况下到附设农场进行必要的实际培训，以便将教

① LORETTA D L, MARIAN F, ELISE C, et al. Unleashing the Potential for Rural Development through Decent Work-Building on the ILO Rural Work Legacy 1970s—2011 [M]. Geneva: ILO, 2012.

② ILO. R101-Vocational Training（Agriculture）Recommendation, 1956（No. 101）[EB/OL]. (1956 - 06 - 06) [2022 - 01 - 02] https://www.ilo.org/dyn/normlex/en/f? p = 1000: 12100: 15517474220045:: NO:: P12100_ SHOW_ TEXT: Y:.

学与农业工作实践联系起来。如果没有附设农场，学校应安排学生去适当的农场或实验站进行必要的实践培训。

（3）培训设计多样化。①提供丰富的农业知识和多样的农业技能。在实际和潜在就业不足地区，向农户提供可充分利用当地资源的工艺课程为其提供多种就业选择机会：一是农业职业培训应提供涉及农业专业知识的科目，如农村社会研究；二是提供辅助技能培训，特别是与农具制造和修理、农业机械保养和简单维修、农产品加工以及农场建筑建造与维护相关的知识和技能。②课程类型多样化。考虑到大多数人日常的工作量和事务安排以及当地需求，相关培训机构和组织除了设置长期和专门的农业培训课程外，还应设置短期课程（Short Course）、季节性课程（Seasonal Course）、夜间课程（Evening Course）和流动课程（Mobile Course），但短期课程不应替代长期课程。ILO 倡导农户子女和农场工人参加合适的培训课程以提高基础和专业知识、学习新技术。

（4）农业职业教育与培训和基础教育相融。ILO 认为扫盲教育是开展农业职业教育与培训的关键前提，在欠发达国家扫盲教育具有优先性，基于此，ILO 注重将基础教育和农业职业教育与培训相结合，主张在不影响各阶段教育课程和计划的前提下，将农业相关知识和技能贯穿基础教育系统和高等教育系统。①小学教育阶段，在基础课程中穿插职前培训。农村地区的小学教学方法和课程应适当考虑所在地区的职业发展需求和儿童的成长环境，尝试将学校花园的使用和家庭工艺品等引入课堂，培养学生对自然的观察力、鉴赏力和实操能力，补充小学教育系统中正式课堂教学的不足，为农村学生提供健全和基础广泛的基础教育。②中学教育阶段，若学校未提供专门的农业教学和农业职业指导，应因地制宜地将职业教育融入农村中学课程教学，职业指导应尽可能辅助以学校农场、试验农场或其他农场等实际工作。③在欠发达地区的农村社区，特别是采用原始农业方法和生活水平低下的部落，应注重利用基础教育系统传授有助于改进该地区农业技术的知识。

（5）完善职业培训体系。ILO 注重高效利用工具投入、调动社会各群体积极参与和不断完善农业职业培训体系。①ILO 关注职业教育与培训的教具和教材的设计和质量。ILO 倡导职业教育与培训使用的教具和教材应具有质量保证、贴合当地实际、考虑个体差异和具有多样性等特征；教具和教材开发应基于研究机构的调查结果、充足的科学信息和丰富的事实材料；教具和教材的内容和使用要结合学员所在地或实际情况和经济结构，同时也要利用幻灯片等视听教具进行必要补充，方便人们理解培训内容，尤其是在文盲率高的社区，视听教具应在培训方案中占据突出位置。除了考虑当地特征，教材和教具还应考虑国际因素，倡导面向具有共同特征和问题的国家制定标准化教材；鼓励免费交换教材，通过教材流通拓展学员知识面，推动职业培训国际化发展及体系完善。②ILO推动农业职业教育与培训体系完善与发展。ILO鼓励农村妇女、青年、农民组织、农场工人（包括工会）及其他对农业职业教育与培训感兴趣的组织积极关注、参与和改进培训；鼓励私人发起和经营培训课程；鼓励政府在培训前为职业教育与培训提供资金、培训所需土地、建筑物、交通工具、设备和教材等。在培训过程中通过奖学金或其他方式为学员提供生活费和工资，帮助符合条件但无力支付培训费用者免费进入寄宿农业学校；鼓励各国根据自身发展水平开展国际合作，尽可能建立、扩大、推广农业职业教育与培训服务。③参与农业职业教育与培训的组织、部门和机构应相互合作，确保职业教育与培训计划与其他农业相关活动相协调；基于土地、农业信贷和市场的可行性分析和预测未来农业工人长期就业和定居机会制定有效的培训计划；帮助完成培训者在与培训内容相匹配的工作岗位就业，为就业安置提供便利。

3. 农业学徒制

ILO认为，当农业组织比较完善、且农业实践需要进一步发展时，相关机构和组织应考虑提供学徒计划，并在1956年的《职业培训（农业）建议书》中提出了学徒制计划的详细规定，明确了学徒制实施的范围、录取和雇佣条件以及学徒的责任、评估、考核和认证等指导意见。该建议书对ILO成员国农业学徒制发展具有非常现实的指导意义，主要体现在如下七个方面：（1）制定学徒计划应考虑农业特殊部门、地区和工人的需要，在专门培训机构或获得批复的农场实施；（2）雇主和工人代表组织应平等参与学徒计划的制定、实施和监督，依据法律法规、学徒制管理机构和集体协商的方式确定学徒最低报酬、报酬增加、工作时间、假期、食宿、保险、疾病和事故等福利事宜；（3）限定农业学徒制准入范围，面向有明确进入农业的意愿且满足已经或将要完成义务教育条件的群体；（4）确定学徒录取条件，一般应由劳动、农业或教育领域有关法定机构根据各国各自条件录取，录取人数依据相关农场或培训场所有经验的成年工人数量确定，以符合学徒和成年工人双方利益；（5）规定学徒雇佣条件，明确农民和学徒各自的职责、学徒期、知识水平和为确保良好畜牧业、农业标准而应获得的技能，以及可能的一般或技术指导学校的培训；（6）确定学徒学业评估办法，较低水平学徒培训关注学徒进度评估，重在考察其工作表现、学徒期限和技能水平，条件允许时酌情通过实际测试进行补充评估；较高水平学徒培训由主管机构确定学徒学业成果，通常将一般的农业考核和学徒的目标农业部门考核相结合，分为实践考核和笔试考核两部分；（7）学徒认证，学徒期满且考核合格后，学徒应被视为技术工人，可获得主管机构的资格认证。①

（二）传统行业职业教育与培训

1. 使用过时技术和工作方法的传统领域

随着技术的不断进步，各国均存在岗位空缺与劳动力闲置并存的结构性失业现象。在使用过时技术和工作方法的传统领域，劳动者面临着被新技术淘汰的失业风险，因此 ILO 高度关注这些领域的人力资源开发，为工人提供职业指导和职业培训旨在提高知识、技术和能力以缓解技术性失业（Technological Unemployment）。

ILO 在《人力资源开发建议书》（1975 年）中提出将存在过时技术和工作方法的传统行业从业人员按照与农村地区居民类似的政策制定职业指导和职业培训计划，但也充分考虑企业因生存和发展需要而扩大经营活动范围、转变经营战略而朝着规模化和专业化方向发展的可能，在规划职业教育与培训时，会充分考虑企业经营活动延伸和专业化发展对管理者和员工提出更高知识和技能的需求。该建议书对使用过时技术和工作方法的传统领域的职业

---

① ILO. R101‐Vocational Training（Agriculture）Recommendation，1956（No. 101）［EB/OL］. （1956 - 06 - 06）［2022 - 01 - 02］https：//www.ilo.org/dyn/normlex/en/f? p = 1000：12100：15517474220045：：NO：：P12100_ SHOW_ TEXT：Y：.

指导和职业培训提出了一些建设性的指导意见：（1）将针对企业未来发展需求的职业教育与培训视为对传统知识和技能学习系统的有益补充；（2）在职业指导中，政策要向传统领域的个体经营者和小企业家倾斜，为其提供相关咨询服务，比如，职业培训信息和企业创新机会方面的信息；（3）职业指导和职业培训内容向新的生产技术和生产方式倾斜，促使其能够进入到使用新技术和生产方式的领域以分享技术进步的益处。①

为应对全球化和技术变革对工人技术培训和终身学习的需求，2014 年，ILO 首先在埃及的传统家具行业推出行业和经济多样化技能（Skills for Trade and Economic Diversification，STED）。它是一个技术援助工具，旨在确定未来在国际贸易中取得成功所需的技能发展战略，目标是支持有增长潜力的出口部门和实现体面就业。STED 在埃及家具行业的主要发展目标包括促进出口和经济多样化、创造更多更好的就业机会、帮助家具行业决策者找到具有匹配技能的工人、提高家具行业工人获得生产性就业所需的技能等。ILO 依据 STED 方法，经过研究发现埃及传统家具行业结构分散，主要由微型和小型企业主导，依赖非正式学徒培训，因缺乏业务能力导致木材加工、设计、生产管理、国际营销、寻找高质量增长点、创新等方面存在很大技能差距。ILO 根据当前和未来技能需求提出如下建议：（1）促进家具行业与相关部门和利益相关者合作，提高投入质量，并确保采用、改造、实施和维护技术；（2）改善和补充现有职业技能培训，制定、公开和实施现代职业标准，根据标准改革课程和评估，重点关注培训的质量，发展和实施双元学徒制以逐步取代非正式学徒制；（3）提升中小企业的一般管理、职能管理和监督管理技能，重点培训工艺大师、主管和内部培训师，培训内容包括生产管理和工程、质量管理和法规合规性、人力调配、国际营销、采购、设计和财务管理等；（4）通过职业技术学院和培训机构提供培训课程，跟踪毕业生以了解劳动力市场需求；（5）将现有企业培训伙伴关系（ETP）发展成为家具行业的部门技能委员会（SSC），负责制定和推广技能标准，提供行业发展趋势、技能需

① ILO. R150- Human Resources Development Recommendation，1975（No. 150）［EB/OL］. （1975 - 06 - 04）［2021 - 12 - 12］https：//www.ilo.org/dyn/normlex/en/f? p = 1000： 12100：563219904585：：NO：：P12100_ SHOW_ TEXT：Y：

求、劳动力市场和职业信息服务，为培训提供质量保障；（6）设置试点，在本地家具企业实施出口培训试点方案，成功后再广泛推广。①

2. 衰退与转型领域

如果一个行业或企业出现衰退或要实现转型，那么从业人员会面临着失业风险，低技能员工更是如此，且一旦失业很难再就业，陷入贫困的风险较大。1975 年，ILO 在《人力资源开发建议书》中提出对衰退与转型行业从业人员实施职业指导和职业培训以促进其技能转型和适应新的工作任务，并为其提供寻找新工作的机会。2017 年，ILO 与亚洲开发银行（Asian Development Bank，ADB）和促进绿色人力资本平台（Platform for Advancing Green Human Capital，PAGHC）共同举办主题为"面向公平能源转型的体面就业、良好技能和企业家精神"研讨会，会上，国际劳工组织菲律宾国家办事处主任 Mr Khalid Hassan 明确指出，"2016 年可再生能源行业（不包括大型水电）约有 830 万工人，比 2015 年就业增长近 3%，与传统能源行业相比，向可再生能源行业转型意味着更好和更体面的工作。"国际劳工组织高级环境和体面就业专家 Ms Cristina Martinez 强调了管理和确保公平能源转型的必要性。会议经过讨论，决定采取措施支持小型绿色企业家加速向清洁能源转型以增加体面就业的机会，以更快的方式扩大清洁能源转型培训，确保吸引更多投资进入教育系统能力提升、教师质量提升、信息和通信技术（ICT）应用领域。②

（三）酒店、餐饮和旅游业

酒店、餐饮和旅游业（HCT）同属于服务业，是全球经济增长最快的行业之一，劳动密集性和连通性使其能带动彼此的发展，青年、妇女和移民工人可以快速进入该工作领域，因而成为创造就业机会最多的部门之一。但是，酒店、餐饮和旅游业也存在一些缺点：行业分散，以中小企业为主；工会密度低，工作条件恶劣；工资低，技能水平要求低，需要轮班和夜间工作以及

① ILO. Skills for Trade and Economic Diversification（STED）in Egypt：The case of the Furniture Industry［M］. Switzerland：ILO，2016.

② ILO. The Road to Clean Energy：Policy Coherence and Convergence of Actions Key to a Just Transition［EB/OL］.（2017 - 06 - 23）［2022 - 03 - 04］. https：//www. ilo. org/manila/ public/ newsitems/WCMS_ 559814/lang--en/index. htm.

工作季节性强等。为改善酒店、餐饮和旅游业的工作条件和职业前景以保障工人权利，ILO 于 1991 年发布《工作条件（旅馆和餐馆）建议书》［Working Conditions（Hotels and Restaurants）Recommendation，No. 179］，倡议 ILO 成员国与雇主和工人组织协商合作制定职业教育与培训的政策和计划，旨在提升酒店、餐饮和旅游业工人的技能和工作绩效，改善职业前景。①

2010 年 11 月，国际劳工局在日内瓦举行"酒店和旅游业的新发展与挑战"全球对话论坛，ILO 成员国、雇主和工人代表以及利益相关者共同讨论了酒店和旅游业在体面就业、公平且可持续发展全球化和减贫上的巨大潜力。ILO 在本次会议中针对该行业的未来行动提出如下建议：（1）在体面就业议程的框架内与世旅组织等其他联合国机构合作，向成员国和社会伙伴提供包括能力建设在内的技术支持，通过酒店、旅游业的可持续发展减少贫困；（2）组织其他部门协助酒店、餐饮和旅游业开展技能培训活动，包括在发展可持续旅游业的国家和区域开设讲习班为行业发展匹配劳动力。②

2012 年，为促进酒店、餐饮和旅游业从业人员实现体面就业和减少贫困，ILO 专门开发了旅游减贫培训工具包，主张采取措施增加培训投资，从职业生涯规划的角度实施员工技能培训，将培训纳入人力资源开发计划，为工人提供可迁移的技能以最大限度开发其潜力。③ 2012 年 7 月，ILO 和老挝省工商局、琅勃拉邦饭店业协会合作启动培训师培训计划，旨在培养更多本地培训师，提升其引导技能，为琅勃拉邦培养更多酒店员工和管理人员，以提高其酒店、餐饮和旅游业的技能水平、改进实践效果。在该培训计划中，ILO 侧重于改善旅游部门的管理实践、工作场所合作、工人技能和生产力，与当地合作伙伴开发了涵盖"宾馆和小型酒店良好实践指南"在内的工具箱，同时负

① ILO. R179-Working Conditions（Hotels and Restaurants）Recommendation，1991（No. 179）［EB/OL］.（1991-06-05）［2022-03-05］. https：//www. ilo. org/dyn/normlex/en/f？p=NORMLEXPUB：12100：0：：NO：：P12100_ ILO_ CODE：R179.

② ILO. Final Report of the Discussion-Global Dialogue Forum on New Developments and Challenges in the Hospitality and Tourism Sector［EB/OL］.（2010-11-23）［2022-03-05］. https：//www. ilo. org/sector/Resources/publications/WCMS_ 163430/lang--en/index. htm.

③ ILO. Training Package for Toolkit on Poverty Reduction through Tourism-Teaching Notes Module 2［EB/OL］.（2012-10-01）［2022-03-05］. https：//www. ilo. org/sector/Resources/training-materials/WCMS_ 218328/lang--en/index. htm.

责评估老挝酒店、餐饮和旅游业当前的技能和培训需求，支持培训机构开发匹配于旅游业技能需求和地区认可的能力标准。①

在瑞典国际开发署的支持下，ILO 于 2015 年在缅甸启动了"扩大 STED：行业和经济多样化技能项目"，旨在改善缅甸技能发展战略的成果，将选定的旅游业与国家经济和就业增长联系起来，并对缅甸旅游业导游部门的职业教育与培训提出如下建议：（1）促进与导游技能发展相关的利益攸关方进行合作以实施能力建设；（2）开发机构、教育与培训系统及资格认证程序为导游制定技能标准和资格框架；（3）为导游提供语言技能、客户关怀、公开演讲技巧和时间管理技巧培训从而为顾客提供优质服务；（4）导游需要通过教育与培训增加历史知识储备、文化阐述及徒步旅行和烹饪等与服务内容相关的专业技能。②

（四）信息和通信技术行业

信息化、数字化和智能化发展对世界经济和社会产生了深远影响，数字技术正在改变人们的工作方式，催生了很多新职业，比如，数据分析师、3D 打印技术人员和数字营销专家等。未来的工作角色和技能将集中在新兴技术领域，包括人工智能（AI）、大数据分析和区块链技术、物联网（IOT）、机器人流程自动化（RPA）和 3D 打印等。相应地，劳动力市场对工人技能的要求越来越高，新产业、新职业领域普遍存在着技能短缺和技能不匹配问题，急需发展职业教育与培训以满足市场的技能需求。ILO 在《人力资源开发建议书》（1975 年）中提出对新产业从业人员实施职业指导和职业培训，或在初期对员工开展新技能培训以便于未来将其安排到新技术工作中。③

ILO 认为信息和通信技术（ICT）是所有部门数字经济的支柱，作为新产

① ILO. Luang Prabang Training to Strengthen Tourism Industry ［EB/OL］. （2012 – 07 – 23） ［2022 – 03 – 05］. https：//www. ilo. org/asia/media – centre/news/WCMS_ 186051/lang - - en/index. htm.

② ILO. Skills for Trade and Economic Diversification – Tourist Guides Sector, Myanmar ［M］ Switzerland：ILO，2017.

③ ILO. R150 – Human Resources Development Recommendation，1975（No. 150）［EB/OL］ （1975 – 06 – 04）［2021 – 12 – 12］. https：//www. ilo. org/dyn/normlex/en/f？p = 1000 12100：563219904585：：NO：：P12100_ SHOW_ TEXT：Y：.

业它孕育了很多适合青年的新职业。但实际上，全球大部分信息和通信技术（ICT）部门因熟练技术工人短缺而发展受限，影响了其未来的经济增长和就业创造。为更好地推动信息和通信技术（ICT）发展以创造体面就业机会和促进包容性经济增长，ILO 在加拿大、中国、德国、印度、印度尼西亚、泰国和新加坡启动实施"信息和通信技术工作的未来"项目（"The Future of Work in ICT"Project），具体期限为 2017 年 11 月 1 日至 2022 年 6 月 30 日，旨在制定劳动力短期发展战略，包括扩大对信息和通信技术（ICT）领域的职业教育与培训投资。2019 年，ILO 评估了印度、印度尼西亚和泰国的技术进步、就业、技能开发和移民之间的相互关系，据此发布《印度、印度尼西亚和泰国信息和通信技术（ICT）领域技能短缺和劳动力迁移报告》，针对教育与培训机构、政府和社会伙伴三方提出对策建议旨在解决如下问题：工人缺乏技术和软技能，工人对技能提升培训需求强烈，高学历的信息和通信技术专家缺乏，职业教育与培训和本科院校在数学、技术、信息和通信技术（ICT）等方面存在教学质量差距，教育与培训机构和其他利益攸关方协调性差等等。①

　　针对政府提出的建议有：（1）更新职业和资格标准以应对快速的技术变化；（2）简化和加快目的国签证规定和行政程序，并建立资格互认制度，以便利信息和通信技术（ICT）专家移民；（3）进一步开发数据，采集系统和强化数字化评估，内容包括自动化风险、工作和任务性质变化、对需求职业和技能的评估以及整体经济增长潜力，并与利益相关方讨论未来技能需求，为基于信息和通信技术（ICT）领域的就业机会实施教育和技能开发提供资金；（4）加强各部委和机构之间在制定教育和培训战略方面的合作与协调，缩小大学和职业院校供给技能间的差距，促进教育与培训机构、雇主、工人组织开展合作，强化各级技能提升和新技能培训举措，培养行业所需技能，促使全体劳动力特别是信息和通信技术（ICT）专家为数字时代做好技能准备；（5）为无法跟上数字化步伐并因自动化而面临失业风险的工人制定劳动力市场方案，包括重新掌握技能、提高技能和终身学习；（6）促进大众了解和认识信息和通信技术（ICT）领域的职业，为教育与培训机构提供激励措

---

① ILO. Skills Shortages and Labour Migration in the Field of Information and Communication Technology in India, Indonesia and Thailand ［M］. Switzerland：ILO, 2019.

施，鼓励妇女学习科学、技术、工程和数学领域知识，促进其在信息和通信技术（ICT）领域就业。

针对教育与培训机构的建议有：（1）加强宣传以提高职业教育与培训的认可度，包括高等职业教育；（2）改善职业指导和职业培训，减少学习领域的不匹配，为职业院校和高等教育机构教学人员提供持续培训；（3）促进学校和高等教育现代化，加强信息和通信技术（ICT）、数字技能和横向技能（Digital Skills and Transversal Skills）教学，调整教学方法以提升各级教育的软技能水平，注重提高学生自学能力，为终身学习做准备；（4）在泰国和印尼推广英语教学，通过学校、TVET 机构和大学推广其他外语教学；（5）提高职业教育与培训的质量，鼓励跨学科研究、鼓励大学和职业院校合作，通过师生交流和共享研究项目促进与国外大学合作。

针对社会伙伴的建议有：（1）鼓励行业协会和工人组织在职业教育与培训和高等教育系统中制定技能标准和设置课程；（2）支持终身学习，加强各方合作促进职业教育与培训和高等教育机构提供工作学习机会，确保学员在高质量工作场所学习以缩小技能差距，促进信息和通信技术（ICT）领域提供体面就业机会；（3）为中小企业建立伙伴关系网络，提供培训机会，提高利用新技术的能力、促进聘用高水平信息和通信技术（ICT）专家；（4）提高公众对劳动力市场中男女机会平等的认识，根据妇女需求改善工作条件使之能够兼顾工作和家庭生活，促进妇女参与持续学习。

二、面向特定人群的职业教育

（一）残疾人

ILO 的调查数据显示，全世界约有 10 亿残疾人，约占世界总人口的15%，其中约 80% 处于工作年龄。残疾人因身体缺陷很难获得体面就业机会，且缺乏社会保护，故残疾人的失业率比普通人的失业率高很多。ILO 对残疾人的包容通过两个途径：一是采取措施减少因自身劣势和社会障碍对残疾人的不利影响；二是将残疾人纳入主流服务和活动范畴，例如，技能培训、就业促进、社会保护计划和减贫策略等。ILO 长期致力于促进残疾人实现体面就业，促进社会积极接纳残疾人，保障残疾人权利以促进社会公平，保障残疾人的经济利益以减少贫困，最终促进社会发展。

ILO 在 1950 年发布的《职业培训（成人）建议书》［Vocational Training（Adults）Recommendation，No. 88］① 和 1955 年发布的《职业康复（残疾人）建议书》［Vocational Rehabilitation（Disabled）Recommendation，No. 99］② 中分别阐述了面向残疾人职业教育与培训的建设性意见。（1）促进残疾人平等接受职业教育与培训。在医疗和教育条件允许时，残疾人无论来源、性质和年龄，都应为其提供合理的培训和就业机会，通过职业指导和职业培训促进其实现体面就业。（2）关注残疾人培训方案。在医疗和教育条件允许时，适用于普通人的职业培训原则、方法和措施也同等适用于残疾人；在可能的情况下，职业指导和培训方案尽可能考虑残疾人现有职业能力、就业前景、自身与职业的协调状况及以前从事的职业；制定和实施残疾人培训政策应与残疾人医疗康复、社会保障、职业指导、培训和就业有关的机构合作展开。（3）完善残疾人职业指导和职业培训流程：为有职业选择和改变职业需求的残疾人设立专门的职业指导服务机构、开发特殊培训服务；在实施职业培训之前应对残疾人进行适当医疗康复，康复设计应便于残疾人后续培训，并酌情提供假肢器具、心理治疗以及物理和职业治疗；在培训期间应酌情为残疾人提供医疗监督，尽可能让残疾人与普通人在相同条件下接受职业培训；在残疾人身体状况允许时，职业指导和培训应一直持续至其获得必要技能且能正常工作为止；在培训后期，应跟踪和评估残疾人对职业培训或再培训的满意度，且尽可能消除妨碍残疾人在工作中感到满意的障碍。（4）积极调动社会力量帮助残疾人实现体面就业，政府应鼓励公众、工人、雇主、医疗和辅助医疗人员及社会工作者了解残疾人，认识职业指导和职业培训对残疾人的必要性，为残疾人提供支持以帮助其融入或重新融入生产生活。

---

① ILO. R088 – Vocational Training（Adults）Recommendation，1950（No. 88）［EB/OL］.（1950 – 06 – 07）［2021 – 12 – 12］. https：//www.ilo.org/dyn/normlex/en/f? p = 1000：12100：15517474220045：：NO：：P12100_ SHOW_ TEXT：Y：.

② ILO. R099– Vocational Rehabilitation（Disabled）Recommendation，1955（No. 99）［EB/OL］.（1955–06–01）［2022–01–27］. https：//www.ilo.org/dyn/normlex/en/f? p = 1000：12100：3389218519621：：NO：：P12100_ SHOW_ TEXT：Y：.

ILO 与政府、私营部门、工人和雇主组织的代表、残疾人组织、非政府组织（NGO）和其他利益相关者合作，开发了国际劳工组织—爱尔兰残疾援助伙伴项目（Promoting Rights and Opportunities for People with Disabilities in Employment through Legislation，PROPEL），设计适合残疾人体面就业的创新方案，旨在将残疾人纳入体面工作世界。PROPEL 面向非洲、亚洲国家的残疾人，采用战略关系的形式，支持通过立法保障残疾人就业权利和机会。PROPEL 项目为残障求职者提供支持性就业、包容性职业教育与培训，并建立国家商业和残疾人网络。2012 年，PROPEL 与其执行伙伴组织——埃塞俄比亚残疾和发展中心（Ethiopian Centre for Disability and Development，ECDD）开展残疾大学生体面就业促进工作，通过培训残疾大学生撰写简历的能力、锻炼有效沟通能力、建立信心、引导使用互联网及实施网上求职，帮助 200多名残疾大学毕业生将求职技能培训与短期实习相结合，并获得全职工作。2013 年以来，PROPEL 在政府、雇主和其他利益相关者中推广辅助性就业的概念，比如，与北京大学合作开发技能课程，通过辅助性就业（Supported Employment，SE）将残疾群体安排到 12 个试点职业机构和特殊学校。辅助性就业（SE）扭转了传统康复"先培训后安置"的做法，在培训开始时就确定残疾者的工作岗位，就业指导员通过工作培训协助智障人士。2014 年，在 PROPEL 支持下，越南的残疾人资源与发展中心（Disability Resource and Development Centre，DRD）通过增设就业介绍中心（Job Introduction Centres，JICs）促进残疾人与雇主接触。PROPEL 在赞比亚资助了 5 所技术和职业学校，促使残疾人能够与非残疾学生一起入学和参与职业培训。①

（二）女性群体

受传统观念的影响，女性群体在教育和就业环境中较比男性面临着诸多性别歧视，若家庭经济条件较差，女性陷入贫困的风险很大。ILO 鼓励男女在培训和就业方面的机会平等以帮助女性脱离贫困。ILO 在《人力资源开发建议书》（1975 年）中提出，政府应在经济、社会和文化方面采取必要措施改

---

① JEANNETTE Sanchez. Moving towards Disability Inclusion：Stories of Change ［M］. Switzerland：ILO，2015.

善女性群体就业环境和就业状况。（1）在观念上鼓励女性在社会中和男性平等发挥作用，促进公众，特别是家长、教师、职业指导和职业培训人员、就业和其他社会服务人员、雇主和工人了解女性在社会中的困境和她们在社会中发挥的作用。（2）在行动上为女性提供与男性一样广泛的教育、职业培训、职业指导和就业机会，鼓励她们充分利用教育机会为就业创造条件。（3）鼓励女性参加进一步培训以熟练掌握技能，督促雇主破除性别歧视平等地为她们提供工作机会，促进其积累工作经验、提升个人能力。（4）尽可能为不同年龄的儿童提供日托设施和服务，使有家庭责任的女性能够接受正常的职业培训；或者为女性提供培训便利，设计非全日制或函授课程等形式灵活的课程以契合女性的时间。（5）为超过正常就业年龄、首次就业、离开劳动力市场一段时候后重新就业的女性专门制定职业培训方案。①

ILO 的研究发现，2017 年，菲律宾 49% 的劳动力（超过 1800 万个工作岗位）因自动化发展面临失业风险，而女性失业的可能性比男性高 140%。为解决女性失业问题，结合菲律宾未来经济和社会发展的优先事项，ILO 将信息技术和业务流程外包行业（IT-BPO）确定为菲律宾的高增长行业，掌握科学、技术、工程和数学（STEM）等相关技能的女性在该行业拥有很多就业机会。但是，当前该行业中女性主要从事的是较低 STEM 技能的工作，为防止妇女因应用自动化而失业，ILO 与菲律宾雇主联合会（ECOP）合作实施了科学、技术、工程和数学教育（STEM）女性计划，加强与私营企业、社会伙伴机构和职业培训中心的联系，旨在面向职业学校贫困女性毕业生、从事低技能工作的女性和在 STEM 领域工作的中级技术女性开展技术技能培训活动。该计划覆盖的主要技能活动有如下几方面：（1）以需求为导向，针对特定行业的 STEM 相关技能发展需求和女性就业能力制定培训计划、设计培训课程；（2）为女性设计不同类型的培训，比如，为职业院校女毕业生提供就业前培训以促进其进入全职工作，为从事低技能工作、流动性受限的女性提供新技能培训以拓宽职业前景，为已经担任主管和中等技能职位的女性提供领导和

---

① ILO. R150-Human Resources Development Recommendation，1975（No. 150）［EB/OL］.（1975 - 06 - 04）［2021 - 12 - 12］. https：//www. ilo. org/dyn/normlex/en/f? p = 1000：12100：563219904585：：NO：：P12100_ SHOW_ TEXT：Y：.

管理培训帮助其继续留在该领域并获得晋升机会；（3）基于公司内部发展设计职业培训，使用 ILO 设计的 In-Business 创新培训方法提供软技能培训，主题包括：愿景设定、创造性思维、解决问题、团队合作、谈判和说服、人际沟通、公开演讲、批判性思维和推理、时间管理和自我组织、领导力和在跨文化环境中的管理能力等。①

和男性相比，女性的教育与培训更容易受阻和被剥夺。2021 年，ILO 发布《国际劳工组织监测：COVID-19 与工作世界（第 7 版）》（ILO Monitor：COVID-19 and the World of Work. Seventh Edition），指出自 2019 年新冠肺炎疫情暴发以来全球女性就业率一年内下降了 5%，而男性只下降了 3.9%。② 2020 年，ILO 召开主题为"妇女在后 COVID-19 中的作用"的高级会议，指出七国集团（G7）需正确认识并促进实现性别平等，为职场女性创造更美好的未来，确保在危机期间和之后将女性纳入学习和技能发展计划中。③

（三）青年

1. 失业青年职业教育与培训

ILO 的研究发现，即使在国家经济发展最好的时期，青年失业的可能性也比其他年龄组高，故 ILO 非常关注青年，特别是失业青年的教育与培训，努力促进其获得社会发展所需的教育和技术资格。1935 年，ILO 在《失业（青年）建议书》［Unemployment（Young Persons）Recommendation，No. 45］中围绕失业青年的职业指导和职业培训提出了一系列建议。（1）鼓励设置培训机构和培训课程。政府应与雇主组织和工人组织合作为 18—25 岁失业青年建立职业培训中心，在失业青年数量足够充裕的地区组织专门的培训班。职业培

---

① ILO. Women in STEM Workforce Readiness and Development Programme in the Philippines ［EB/OL］. （2017-09-01）［2022-02-10］. https：//www. ilo. org/manila/projects/WCMS _ 617632/lang--en/index. htm.

② ILO. ILO Monitor：COVID-19 and the World of Work （Seventh Edition，2021a）［EB/OL］. （2021-01-25）［2021-02-10］. https：//www. ilo. org/wcmsp5/groups/public/@ dgreports/@ dcomm/documents/briefingnote/wcms_ 767028. pdf.

③ ILO. COVID-19：G7 Nations Need to Get Gender Equality Right for a Better Future for Women at Work ［EB/OL］. （2020-04-14）［2022-02-10］. https：//www. ilo. org/global/about-the-ilo/newsroom/news/WCMS_ 744753/lang--en/index. htm.

川中心的培训课程除实践课程外，还应包括职业和文化兴趣等一般课程。
（2）改革培训人员任职方式和薪酬激励措施。为推动失业青年职业教育与培训的可持续发展，可为组织培训课程和建立培训中心者提供补助金，提供职业培训课程的企业可从培训合格的失业青年中挑选合适人选在本企业就业。
（3）促进相关部门和组织参与制定职业培训计划。为促进高等教育结束后仍未就业者找到工作，政府和学校可为其提供职业指导，提供劳动力供给过度的职业信息，帮助其了解职业以调整职业预期；政府和学校也可提供免费课程和研究生奖学金促使其继续在本校或其他普通/职业教育机构深造，在增加知识储备、提升技能后再去就业；社会组织、机构和企业可适当制定开放措施接纳失业青年到工作场所学习以弥补学校理论学习的不足，但要防止他们取代正式工人的不正当做法。①

2. 青年创业教育和职业教育与培训融合

20 世纪 80 年代末到 20 世纪 90 年代初，ILO 在肯尼亚实施了职业和创业教育项目，并根据项目经验提出了"了解商业"计划（Know About Business，KAB），通过互动和参与式教学方法培养青年的创业技能、态度和心态，促进创业教育发展，并将其作为青年就业政策的组成部分。KAB 计划的具体目标有：（1）针对青年和企业经营的利益攸关方展开培训，培养他们对可持续发展企业和自营就业的积极态度；（2）转变青年的观念，促进其认识到创业也是一种职业选择，并为其提供相关机会；（3）为青年和企业提供知识和实践，帮助其了解可持续企业的理想属性和运营可持续企业面临的挑战；（4）促进青年从学校向工作过渡，为其在企业中从事生产性工作做好准备。KAB 的受益者包括职业技术教育与培训机构（TVET）以及公共和私营部门普通中等教育的教育工作者、学生和实习生。参加 KAB 创业教育的人通常年龄为 15—25 岁，要接受至少 12 年正规教育且没有商业或企业经验。KAB 培训包的授课时间为 80—120 个小时，包含 9 个教学模块，每个模块代表 1 个关键的创业领域，模块标题以问题形式出现，比如：什么是企业家精神、为什么创业、如

---

① ILO. R045-Unemployment（Young Persons）Recommendation，1935（No. 45）［EB/OL］.（1935-06-04）［2022-01-27］. https：//www.ilo.org/dyn/normlex/en/f？p=1000：12100：3389218519621：：NO：：P12100_SHOW_TEXT：Y：.

何成为一名企业家等，学习者在完成模块学习时可找到答案；此外，KAB 培训包还包括其他支持创业教学的材料。KAB 的实施水平根据各国将创业教育纳入教育体系的不同进程分为三个阶段：熟悉 KAB 的内容正在准备试点，在一个或多个教育层次开展 KAB 试点，将 KAB 正式纳入国家教育课程并向所有教育机构推广。1996 年，ILO 在肯尼亚编制了第一套 KAB 课程，2000 年该方案开始在少数几个国家实施。随着 ILO 对创业教育的研究和推广，培训教材不断修订，2004 年 KAB 的重点从职业培训扩展至普通中等教育和高等教育。2009 年，KAB 方案被引入 50 个国家的职业教育、中等和高等教育，其中 17 个国家将 KAB 纳入国家课程，4500 多个教育机构通过 10800 名 KAB 教师向 485600 多名学员和学生提供了 KAB 测试，KAB 计划被翻译成 22 种语言。[1]

为推动青年创业教育和职业教育与培训融合发展，除了 KAB 计划，ILO 还开发了其他项目。2018 年，在俄罗斯卢克石油公司赞助下，ILO 实施"独立国家联合体青年就业伙伴关系"（Partnerships for Youth Employment in the Commonwealth of Independent States）技术合作项目，为阿塞拜疆、哈萨克斯坦、俄罗斯联邦和乌兹别克斯坦等 9 个国家应对青年就业危机和劳动力市场不匹配建立了次区域合作平台。该项目支持俄罗斯阿斯特拉罕地区青年企业家的发展，2021 年，该地区通过 ILO 的"创业和改善你的企业"（SIYB）的创业教育与培训方法促进青年创业，为公共就业服务机构员工组织 SIYB 培训师培训。[2]

受 COVID-19 危机的影响，各国既未就业也未接受教育与培训的青年（not in education，employment or training，NEET）日益增多，2020 年全球青年就业率下降了 8.7%，而成人仅下降了 3.7%，故解决青年失业问题迫在眉睫。2021 年，ILO 发布《COVID-19 危机对青年劳动力市场影响的最新进展》（An Update on the Youth Labour Market Impact of the COVID-19 Crisis），倡议在职业教育与培训领域，特别是与在线授课有关的领域解决不平等问题，并弥补封

---

① Supporting Entrepreneurship Education：A Report on the Global Outreach of the ILO's Know About Business Programme ［R］. Geneva：ILO，2009.

② ILO. ILO Project Supports Young Entrepreneurs in Astrakhan Region ［EB/OL］. （2022-02-04）［2022-02-10］. https：//www.ilo.org/moscow/news/WCMS_836617/lang--en/index.htm.

锁期间造成的教育赤字;① 青年的职业教育与培训在 COVID-19 危机期间不仅不应削弱还应有所加强和改进,从而帮助青年实现体面就业以应对疫情冲击。

(四) 移民工人

移民是一个异质群体,他们因暴力、冲突、环境恶化和气候变化等被迫成为移民,脆弱性很高且极易陷入贫困。2019 年,ILO 预测移民工人(Migrant Worker)达 1.69 亿,比 2017 年的 1.64 亿增加了 500 万(增长 3.0%),比 2013 年的 1.5 亿增加了 1900 万(增长 12.7%)。随着全球化和科技进步,迁移不仅对个人产生重大影响,也对原籍国、目的国和过境国的劳动力市场产生影响。在阿拉伯国家,移民工人占劳动力总量的最高比例可达 41.4%,且移民的劳动力参与率高达 69.0%(非移民的劳动力参与率为 60.4%)。② 但移民工人在获得高质量培训和体面就业中面临巨大挑战,主要包括技能利用不足、缺乏培训和就业机会、缺乏信息以及低技能工人被剥削等。

ILO 在促进移民工人培训、就业和融入社会等方面发挥了重要作用,它在《关于人力资源开发的建议:教育、培训与终身学习》(2004 年)中提出,针对移民工人的职业指导和职业培训要特别考虑其对就业国家语言的了解、就业国的实际需求以及移民工人重新融入其原籍国经济的可能性,如果条件允许,移民工人的原籍国和就业国立合作商讨就相关就业问题达成特定协议。③ 继 2014 年 16.3 万名埃塞俄比亚迁移者被迫从沙特阿拉伯遭返后,ILO 与欧盟委员会(European Commission)和英国国际发展部(UK Department for International Development)针对提升阿拉伯半岛移民民工人技能水平共同参与职业

---

① ILO. An Update on the Youth Labour Market Impact of the COVID-19 Crisis [EB/OL]. (2021-06-02) [2022-02-10]. https://www.ilo.org/global/topics/youth-employment/publications/WCMS_795479/lang--en/index.htm.

② ILO. ILO Global Estimates on International Migrant Workers - Results and Methodology [Executive Summary] [R]. (2021-06-30) [2022-02-10]. https://www.ilo.org/global/topics/labour-migration/publications/WCMS_808939/lang--en/index.htm.

③ ILO. R195 - Human Resources Development Recommendation, 2004 (No. 195) [EB/OL]. (2004-06-17) [2021-12-12] https://www.ilo.org/dyn/normlex/en/f? p=NORMLEX-PUB: 12100: 0:: NO: 12100: P12100_ INSTRUMENT_ ID: 312533: NO.

教育与培训（TVET）机构建设，提供创业、技能和离职前培训，为被遣返者提供心理咨询、商业技能、生活技能、金融知识和建筑、制造、旅游、儿童保育、家政和农业领域的职业培训。经过培训，超过 70% 的被遣返者和有抱负的移民工人成功地重新融入了社会，并获得了有薪工作或成为自营就业者。2018 年，ILO 在《就业技能政策简介——移民和就业技能》（Skills for Employment Policy Brief-Skills for Migration and Employment）中明确提出增加移民接受教育与培训的机会，强大的教育与培训系统有利于促进移民工人开发与社会发展相关的高质量技能，改善其就业现状，促进实现体面就业。① 2021年，为应对 COVID-19 危机给移民工人带来的就业困境，ILO 与孟加拉国政府签署谅解备忘录，为移民工人提供市场驱动的技能培训。②

（五）受灾害和冲突影响者

局部地区战争冲突以及海啸、龙卷风和地震等自然灾害往往会让很多人陷入贫困或徘徊在贫困边缘，ILO 非常关注灾害和冲突的复原力③建设问题，尤其重视关乎个人发展和就业的教育复原力建设。2005—2008 年，在亚齐（Atjeh）和尼亚斯（Nias）受海啸影响的地区，ILO 开展了多种技能培训以减少贫困、恢复生计和创造就业，为亚齐社区青年提供补习教育、生活技能培训和职前培训，"了解商业"（KAB）创业培训方案被纳入亚齐的高中和职业高中教育中。④ 2017 年，为预防和应对灾难和冲突，ILO 颁布《就业和体面工作促进和平与复原力建议书》（Employment and Decent Work for Peace and Resilience Recommendation，No. 205）并提出如下建议：（1）强调教育、职业培

---

① ILO. Skills for Employment Policy Brief - Skills for Migration and Employment ［EB/OL］. (2018 - 11 - 27) ［2022 - 02 - 10］. https：//www. ilo. org/skills/pubs/WCMS_ 651238/lang--en/index. htm.

② ILO. Government and ILO Sign Deal to Protect Migrant Workers and Digitise Governance Platforms ［EB/OL］. (2020-04-14) ［2022-02-10］. https：//www. ilo. org/dhaka/Informationresources/Publicinformation/features/WCMS_ 777855/lang--en/index. htm.

③ 复原力指暴露于危害的系统、社区或社会能够及时有效地抵抗、吸收、适应、转变和从危害影响中恢复的能力，包括通过风险管理保护和恢复其基本结构和功能的能力。

④ ILO. Project Brief：ILO Aceh-Nias Tsunami Response Programme ［EB/OL］. (2010-02-01) ［2022-02-10］. https：//www. ilo. org/jakarta/whatwedo/projects/WCMS_ 144232/lang--en/index. htm.

训和救灾指导的重要性，同教育与培训机构及雇主和工人组织协商拟订或完善全国教育、培训、再培训和职业指导方案，评估和响应灾难和冲突后恢复与重建提出的技能需求，充分调动所有公共和私人利益相关者的积极性；（2）调整课程、培训教师以提升复原力从而促进其恢复和重建，协调各级教育、培训和再培训服务；（3）扩大和调整培训和再培训方案以满足中断就业者的需求；（4）高度关注受影响人口的职业培训和经济赋权，包括农村地区和非正规经济中的受影响人口；（5）妇女和女孩应有平等机会参加基于复原力的所有教育与培训项目。① 2020 年，为解决 COVID-19 危机下的长期失业和技能不匹配造成的职业创伤，ILO 在《COVID-19 危机下再培训和技能升级需求快速评估指南》（Guidelines on Rapid Assessment of Reskilling and Upskilling Needs in Response to the COVID-19 Crisis）中提出面向受 COVID-19 危机影响较大的行业、部门、职业和个人实施技能开发，主要是提供培训和再培训，并建议采用数字化和混合式学习方法实施培训以减轻 COVID-19 危机的影响、促进工人和企业建立复原力为危机后的恢复做准备。②

（六）土著和部落居民

土著和部落居民有自己独特的文化、生活方式和风俗习惯，但其经济和社会地位较低，面临就业困难和家庭贫困。为保障土著和部落居民的权利，给予其充分尊重和保护，ILO 为政府、土著和部落民族组织及非政府组织提供了一个确保土著和部落居民发展的体面劳动框架，通过促进其了解自己的权利、开发自身潜能，进而实现体面就业来实现减贫及可持续发展，并在培训和就业方面给予指导和帮助。1957 年，ILO 颁布《土著和部落居民公约》（Indigenous and Tribal Populations Convention, No.107），这是第一部专门处理土著和部落人民权利的国际公约，倡议各国政府制定协调和系统的行动促使

---

① ILO. R205-Employment and Decent Work for Peace and Resilience Recommendation, 2017 (No.205) [EB/OL]. (2017-06-05) [2022-02-10]. https://www.ilo.org/dyn/normlex/en/f? p = NORMLEXPUB: 12100: 0:: NO:: P12100 _ INSTRUMENT _ ID: 3330503.

② ILO. Guidelines on Rapid Assessment of Reskilling and Upskilling Needs in Response to the CO-VID-19 Crisis [M]. Geneva: International Labour Office, 2020.

土著和部落居民能够享有平等的权利和机会，提高生活水平，逐步融入各自国家的经济社会生活，在教育与培训领域要确保其能够与全国其他人平等享有接受各级教育与职业培训的权利和机会。① ILO 于同年发布《土著和部落居民建议书》（Indigenous and Tribal Populations Recommendation，No. 104），针对土著和部落居民的职业教育与培训提出了指导性建议：（1）教员应尽可能具备人类学和心理学背景；（2）在土著和部落居民居住或工作地附近实施培训；（3）在早期阶段尽可能使用本地语言实施培训；（4）职业培训计划和方法与基础教育相协调，在初等教育课程中引入职前教育，重点开设农业、手工业、农村工业和家政等科目的课程；（5）在培训期间为其提供包括奖学金在内的支持。② 1989 年的《土著和部落居民公约》（Indigenous and Tribal Peoples Convention，No. 169）是 ILO 关于土著和部落居民最新的文书，它对 1957 年的《土著和部落居民公约》进行了修订和补充，主张缩小土著和部落居民与其他人群的社会经济差距，明确教育目标是促进儿童平等参与本社区和民族社区的一般知识和技能培训。1989 年的公约对土著和部落居民的教育与职业培训主要进行了如下补充：（1）促进土著居民自愿参加职业培训；（2）政府根据培训对象所处的经济环境、社会文化条件和实际需求与其协商制定和实施职业教育与培训项目；（3）土著和部落居民有自己建立教育与培训设施的权利；（4）通过书面翻译和使用民族语言等方式向土著和部落居民传播知识，使其了解自身的权利和义务；（5）确保历史教科书和其他教育材料的公正、准确和翔实，对直接与土著和部落居民接触的阶层实施教育与培训旨在消除其偏见。③ 2015 年，第 325 届国际劳工组织理事会就土著人民的包容性和可持续发展权利展开讨论，并批准制定有关土著和部落人民的行动战略。2018

① ILO. C107 – Indigenous and Tribal Populations Convention，1957（No. 107）［EB/OL］.（1957-06-26）［2022-01-12］. https：//www.ilo.org/dyn/normlex/en/f？p = NORMLEX-PUB：12100：0：：NO：：P12100_ INSTRUMENT_ ID：312252.

② ILO. R104–Indigenous and Tribal Populations Recommendation，1957（No. 104）［EB/OL］.（1957-06-26）［2022-01-12］. https：//www.ilo.org/dyn/normlex/en/f？p = NORMLEX-PUB：12100：0：：NO：12100：P12100_ INSTRUMENT_ ID：312442：NO.

③ ILO. C169–Indigenous and Tribal Peoples Convention，1989（No. 169）［EB/OL］.（1989-06-27）［2022-01-12］. https：//www.ilo.org/dyn/normlex/en/f？p = NORMLEXPUB：12100：0：：NO：：P12100_ ILO_ CODE：C169.

年，第 334 届国际劳工组织理事会上提出了土著和部落居民未来发展的要点，包括"扩大土著和部落居民的培训规模"，"推动土著和部落居民获得体面就业以实现可持续发展目标，确保不让任何人掉队"。①

（七）语言和其他少数群体

语言和其他少数群体因语言和文化习俗不同面临就业困难，且难免与社会其他人群产生矛盾和摩擦。ILO 重视语言和其他少数群体的职业指导和职业培训，旨在帮助此类群体实现体面就业，避免因无法就业而致贫。ILO 在《人力资源开发建议书》（1975 年）中提出使用少数民族熟悉的语言为其提供职业指导，帮助他们了解自己的权利和义务以及就业条件和要求，为其提供必要的特殊职业培训，并为其酌情提供语言培训。②

（八）未上过学或辍学者

未上过学或辍学者因知识和技能不足而面临严峻的就业问题和贫困问题。ILO 在《人力资源开发建议书》（1975 年）中提出，结合就业市场机会，通过提供职业指导和职业培训、普通教育及其他特殊教育等措施为未上过学或辍学的不同类型劳动力提供帮助：（1）为受雇于家庭农场、企业和其他经济领域的儿童提供与其工作相关的知识和技能训练，包括非全日制教学和与该教学相关的普通教育；（2）为失业青年安排与生产性工作相结合的特殊职业培训，必要时辅以普通教育课程；（3）为缺乏识字和算术能力者，特别是成人，提供与扫盲措施相协调的职业指导和培训；（4）为在职青年和成人开设特殊教育和技能升级课程以增加表现机会和晋升机会；（5）为受过很少教育和没有受过正规教育者提供就业急需的特殊技能课程。ILO 提出，未上过学或辍学者接受上述教育与培训且经过考核获得相应证书的应视为与正规教育系

---

① ILO. Agenda of the 334th Session（25 October-8 November 2018）［EB/OL］.（2018-10-02）［2022-02-28］. https：//www. ilo. org/gb/GBSessions/GB334/WCMS_ 633938/lang--en/index. htm.

② ILO. R150-Human Resources Development Recommendation，1975（No. 150）［EB/OL］.（1975-06-04）［2021-12-12］. https：//www. ilo. org/dyn/normlex/en/f? p = 1000：12100：563219904585：：NO：：P12100_ SHOW_ TEXT：Y：.

统获得的证书等值，确保他们的证书得到认可。①

（九）老年工人

ILO 认为，老年工人还能为社会带来经济效益，但不得不承认老年工人在劳动市场处于不利地位，其在《人力资源开发建议书》（1975 年）中针对老年工人的教育与培训提出了如下建议：关注和改善老年工人的工作环境和工作条件，比如，调动和教育公众关注老年工人；利益相关者协助制定和实施针对老年工人的职业指导和培训；开发满足老年工人特殊需求的工作方法、工具和设备，提升其工作技术；企业酌情为老年工人提供可发挥其才能和经验的职位等。② ILO 旨在通过职业指导和培训促进老年工人更新技能，以此提升就业竞争力，促进其在劳动市场实现可持续发展。

第四节　国际劳工组织职业教育反贫困的特征

一、促进职业教育机会公平与赋能

（一）从援助发达国家转向援助贫困国家

《国际劳工组织：全球政策 100 年》综述了职业教育发展的历史轨迹。ILO 在成立之初到二战期间深受国际政治局势和资本主义国家经济制约的影响，其职业教育政策存在较大局限性：主要聚焦资本主义国家失业率较高的经济领域和人群，忽视了亚非拉等贫困国家。1919—1939 年，ILO 仅发布了

---

① ILO. R150-Human Resources Development Recommendation，1975（No. 150）［EB/OL］.（1975 - 06 - 04）［2021 - 12 - 12］. https：//www. ilo. org/dyn/normlex/en/f？p = 1000：12100：563219904585：：NO：：P12100_ SHOW_ TEXT：Y：.

② ILO. R150-Human Resources Development Recommendation，1975（No 150）［EB/OL］.（1975 - 06 - 04）［2021 - 12 - 12］. https：//www. ilo. org/dyn/normlex/en/f？p = 1000：12100：563219904585：：NO：：P12100_ SHOW_ TEXT：Y：.

《职业教育（农业）建议书》（第15号）、《职业教育（建筑）建议书》（第56号）和《失业（青年）建议书》（第45号）三部关于职业教育与培训的建议书，均聚焦于扶持资本主义国家的农业、建筑业和青年，旨在应对因第二次工业革命和经济危机带来的失业率高企和贫困人口增长。

二战后，在政治局势改变、民族独立运动浪潮的推动下，ILO的亚非拉成员国增多，相应地，其职业教育与培训政策的惠及面逐渐拓展至贫困国家，将这些国家的重点人群、领域作为援助重点。1944年，ILO在《国际劳工组织章程》中提出以推动社会公平为目标，把促进各国教育和机会平等作为组织的责任，致力于以教育与培训改变弱势群体的生存状况，关注任何有职业技能获得和提升需求的地区和群体，并推动欠发达地区的经济和社会进步，使更多人摆脱贫困。《国际劳工组织章程》的发布标志着ILO的职业教育与培训政策走向以贫困国家的弱势群体和薄弱领域为重点的普惠型阶段，也标志着ILO开始广泛利用职业教育与培训来应对贫困。

20世纪50年代起，ILO重视利用职业教育与培训促进欠发达地区和国家的经济增长，派遣专家到经济落后地区提供技术援助，帮助建立职业培训中心。ILO的职业教育与培训反贫困政策的扶助对象呈现如下特点。其一，关注的产业领域多元化。1975年发布的《人力资源开发建议书》（第150号）提出，不仅要关注衰退产业、使用传统落后技术的产业和转型产业的职业指导和职业培训，也要关注新兴产业的职业指导和职业培训。其二，关注特定群体和弱势群体。ILO在1975年建议书中提出面向从未上过学或早辍学者、年长工人、语言和其他少数群体、残疾人和妇女等特定群体提供专门的职业指导和职业培训。此外，ILO还面向移民工人、土著和部落居民以及受冲突和灾害影响的弱势群体提供职业教育和培训。1957年发布的《土著和部落居民建议书》（第104号）和《土著和部落居民公约》（第107号）针对土著和部落居民融入各自国家的生活提出了职业教育与培训相关建议。2004年发布的《关于人力资源开发的建议：教育、培训与终身学习》（第195号）探讨了面向移民工人提供职业指导和职业培训以促进融入东道国劳动力市场。2017年发布的《就业和体面工作促进和平与复原力建议书》（第205号）提出利用职业指导和职业培训帮助受冲突和灾害影响者继续接受教育以提高就业能力。

（二）为特殊群体提供有针对性的职业教育与培训机会

ILO 致力于推动社会公平正义和促进人们摆脱贫困，其职业教育与培训政策具有包容性，教育对象覆盖面广。ILO 在多个公约、建议书和会议文件中强调"不应基于种族、肤色、性别、宗教、政治见解、民族血统和社会出身而取消和损害他人接受教育与就业的机会"，旨在破除一切偏见和歧视，将所有人纳入职业教育与培训的框架之中。ILO 在推动职业教育与培训机会公平的进程中，还同时注重根据群体差异实施适宜的政策。

1. 青年职业教育与创业教育相结合

青年与其他劳动年龄群体相比存在一定劣势：对行业认知较弱、实践经验不足、技能水平低下等。2007 年以来，全球青年失业率不断攀升，2017 年在 13% 以上。基于此，ILO 针对青年具有创新力强、精力充沛、思维活跃、敢于挑战、易于接受新事物和社会包容性高等特征，在 20 世纪 80 年代末至 20 世纪 90 年代初有针对性地实施了"了解商业"计划（KAB），将创业教育引入和整合到职业教育与培训、中等和高等职业教育系统中，通过互动和参与式教学方法培养青年的创业技能、态度和心态，促进创业教育发展，并将其作为青年就业政策的组成部分。KAB 计划的受益者包括职业技术教育与培训机构（TVET）以及公共和私营部门普通中等教育的教育工作者和该领域的学生和实习生，年龄通常在 15—25 岁。2009 年，KAB 计划被 50 个国家的职业教育、中等和高等教育采用。

2. 职业教育与培训为妇女赋权

性别歧视和某些就业领域的性别偏好是妇女进入职业教育与培训体系的最大障碍。妇女因性别歧视被剥夺的不仅仅是接受教育与培训的权利和机会，还有因之损失的稳定、优质就业机会。通常女性的贫困会被家庭贫困所掩盖，在男权社会中人们会习惯性地将家庭贫困等同于男性贫困，因而教育与培训机会更多赋予男性。ILO 提出妇女作为个体必须得到充分尊重和重视，其在多个文件中提出要保障妇女平等接受教育的理念，主张通过职业教育与培训帮助妇女实现体面就业，进而摆脱贫困。此外，考虑到妇女在家庭生产中的特殊作用，ILO 在 1939 年发布的《职业培训建议书》（第 57 号）和 1975 年发布的《人力资源开发建议书》（第150号）中均提出，要提供负担得起的优质儿童日托让妇女有时间参与职业教育与培训，同时为其提供与家庭生产活动有关的职业教育与培训课程。

3. 医教结合推动残疾人融入工作世界

数据显示，残疾人大概占世界总人口的15%，且其中的80%处于工作年龄，若不将具有生产能力的残疾人纳入工作世界，无疑是人力资源的极大浪费。促进残疾人参与职业教育与培训，通过获取和提升职业能力获得工作收入，帮助其摆脱贫困，同时也会减轻政府的福利支出。但是，大部分残疾人除了身体上的障碍，还或多或少存在一定程度的心理创伤，这加大了他们融入社会的难度。ILO采取医疗和职业教育与培训相结合的方式，将医疗、心理、社会和教育结合成一个连续和协调的过程，促进残疾人身体康复和心理恢复，并通过获得技能融入劳动力市场和社会活动。1950年发布的《职业培训（成人）建议书》（第88号）和1955年发布的《职业康复（残障人士）建议书》（第99号）均提出残疾人的职业教育与培训措施需要在医疗和教育条件允许的范围内实施，在培训期间酌情为残疾人提供合适的假肢器具、医疗监督和心理治疗等特殊服务。医教结合有利于更好地恢复和发展残疾人的工作能力，促进其融入工作世界。

4. 其他因人制宜的职业教育与培训政策

（1）结合区域特征和发展需求制定职业教育与培训反贫困政策。贫困学生往往聚集在农村地区，ILO在1956年发布的《职业培训（农业）建议书》（第101号）中提出，在保障不影响各阶段教育课程和计划的前提下，将农业相关知识和技能融入基础教育和高等教育，结合区域资源优势和产业发展需求，在花园、田地等场所开设实践课程，有效协调学生自身教育权利和家庭责任之间的关系，为其提供可能的职业教育和就业方向。此外，1937年发布的《职业教育（建筑）建议书》提出通过职业教育提高从业人员的安全意识和自我保护意识，预防和降低建筑业发生事故的风险。（2）移民工人融入东道国与返回原籍国的职业教育与培训政策。《关于人力资源开发的建议：教育、培训与终身学习》（2004年）提出针对移民工人的职业指导和职业培训要特别考虑其对就业国家语言的了解、就业国的实际需求以及移民工人重新融入原籍国经济的可能性。ILO 为被阿拉伯半岛遣返的移民民工人提供技能培训，超过 70%的被遣返者和有抱负的移民工人成功地获得了有薪工作或成为自营就业者。（3）《就业和体面工作促进和平与复原力建议书》（2017 年）提出受灾害和冲突影响者的职业培训应结合灾后重建和自身复原力建设提升技能以实现体面就业。（4）《人力资源开发建议书》（1975 年）针对未上过学或辍学者提出的职业指导、职业教育与培训政策充分结合就业市场机会，针对家庭农场受雇者、失业青年、缺乏识字和算术能力者、在职青年和成人提供就业急需的特殊技能课程。（5）ILO 针对土著和部落居民、语言和其他少数群体的职业教育与培训援助则充分考虑其语言特征，在教育与培训过程中倡导使用他们熟悉的语言开展教学和训练，并酌情提供语言培训。

（三）根据不同领域发展需求制定职业教育与培训政策

劳动力的失业风险大多数归因于自身知识和技能水平局限，但也与所在行业的落后、衰退、技术变迁有关。ILO 针对由行业变化导致的劳动力失业风险和贫困问题制定了不同的教育与培训政策。（1）针对农业地区发展落后、贫困人口聚集的特点，21 世纪以来，ILO 开发了农村经济赋权培训法（TREE），将技能培训与自雇佣、有薪就业和增加收入直接联系起来，通过促进地方经济繁荣为农村人口、贫困人口和弱势群体增加就业机会。该方法帮助农民识别收入机会并设计匹配的职业教育与培训方案，同时将妇女、残疾人和其他被社会排斥者纳入主流的教育与培训框架中。（2）针对传统行业衰落与新兴产业发展中的结构性失业问题，ILO 通过职业指导、职业教育与培训引导劳动者走向未来技能。①面向使用过时技术和工作方法的传统和技术领域的就业者提供职业指导，引导其认识新技术，并基于所在企业未来可能的技术变迁和经济社会中新的生产方式和生产技术设计职业教育与培训。2014 年，ILO 针对埃及传统家具行业推出了"行业和经济多样化技能"（STED）项目，旨在促进有发展潜力的传统行业实施技术改造并提升劳动力技能水平。②面向衰退和转型领域的从业人员提供职业指导和职业培训促进技能转型以适应新的工作任务，比如，促进企业向可再生能源领域转型，帮助劳动者获得绿色技能以实现绿色就业等。此外，ILO 针对酒店、餐饮和旅游业发布

《工作条件（旅馆和餐馆）建议书》（1991 年），旨在促进该行业改善工作、提升绩效，从而改善从业者的职业前景。③为信息和通信技术（ICT）等新兴产业领域提供职业指导和职业培训以解决技能短缺问题，除了引导业内人员技能深化、促进大众认知新技术，同时为单纯依靠自身无法跟上新技术发展步伐的劳动力制定技能提升方案。比如，引导妇女等弱势群体进入 ICT 领域并通过技能提升为其奠定留在行业和企业内并实现晋升的基础。

二、推动建构终身学习体系

（一）提升学习认知以建构终身学习基础

学习认知指人在对学习进行全面理解的基础上意识到学习对个体和社会发展的作用，并对此产生行为表达。人只有在全面认知学习的内涵、作用和意义的基础上，才会产生持续的驱动力，在无意识中强化终身学习的理念，从而推动个体终身学习体系的建构。语言文字作为文化传播的媒介，在塑造人的学习认知和终身学习理念中扮演着重要作用。基于此，ILO 长期致力于促进扫盲教育、识字教育和补习基础教育发展，为贫困群体打开学习知识的窗口，提升其教育参与能力。1956 年，ILO 发布《职业培训（农业）建议书》（第 101 号），将扫盲计划列为欠发达地区教育发展的优先事项。1962 年发布的《职业培训建议书》（第 117 号）提出工业化进程中的国家在制定职业培训计划时应为文盲开设扫盲课程。1975 发布的《人力资源开发建议书》（第 150 号）提出识字和算数能力低下者的职业教育与培训应与扫盲措施相协调。2004 年发布的《关于人力资源开发的建议：教育、培训与终身学习》（第 195 号）主张教育和就业前培训应包括识字和补习基础教育。ILO 通过扫盲教育、补习基础教育等政策和措施促进贫困群体提升识字和算数能力，不断强化其学习体验和学习认知，引导其形成终身学习的理念，并进入终身学习框架。

（二）将职业教育与培训纳入终身学习体系

职业教育既是教育系统的重要一环，也是终身学习体系不可或缺的重要组成部分。ILO 倡议将职业教育与培训纳入终身学习体系中。职业教育与培训的目标是促进人提升知识和技能、促进人的全面发展，这与终身教育理念非常契合。1939 年发布的《职业培训建议书》（第 57 号）指出人们通过任何形式的培训都可以获得知识和发展技术。1949 年发布的《职业指导建议书》（第 87 号）指出职业指导可提供充分的个人发展机会、提升工作满意度。1975 年发布的《人力资源开发建议书》根据人力资源管理理论重新界定了职业指导和职业培训的含义，指出职业指导和培训的功能是识别和发展人的能力。上述 3 部建议书跨越了近 40 年的历史，但无论职业指导和职业培训的定义怎么变，ILO 对其内核的解释是稳定不变的，即职业指导和培训的最终指向都是发展个人能力。2004 年发布的《关于人力资源开发的建议：教育、培训与终身学习》（第 195 号）将终身学习定义为"为发展能力和资格而在整个生命中开展的所有学习活动"，终身学习的目标也指向发展个人能力。

ILO 倡议将职业教育与培训贯穿人的整个生命周期，在不同阶段个人均能接受不同类型和特点的职业教育与培训。（1）青少年时期，促进普职融通。①学生可进入专门的职业技术学校，在正规教育中针对某一领域接受系统的职业教育。为推动青少年学生的个体发展，1939 年发布的《职业培训建议书》（第 57 号）提出建立连通的学校网络，协调不同年级和学校的课程，将具有一般教育价值的科目和与社会问题有关的科目均纳入全日制课程，搭建有利于学生升学的资历框架。②在普通教育中融入职业教育的理念和内容，推动职业教育思想和部分课程融入幼儿教育、义务教育乃至高等教育，从小培养职业教育与培训的意识。ILO 在《职业培训建议书》（第 57 号）中首次提出职前培训，倡导在普通教育过程中嵌入适当的职前准备课程以培养学生的实践精神和能力，促进学生接触不同的教育思想和教学模式，认知自己的兴趣和能力，从而选择适切的教育路线和职业领域。③倡导不同职业院校之间教学内容的协调一致性以便于学生转学，不同年级的课程内容应保持连贯性以使有能力的学生能从低年级升入高年级并获得大学和同等机构的高等教育入学资格。（2）成年阶段，促进职业培训发展。此间人们可参加市场培训机构和企业提供的就业咨询、入职培训、多种技能培训、职业指导等。1949 年发布的《职业指导建议书》（第 87 号）提出根据成人不同的就业需求和就业状况提供有针对性的个性化就业咨询服务。1950 年，为全面推动成人的职业教育与培训发展，ILO 颁布了《职业培训（成人）建议书》（第88号），对成人的职业培训制定了完整的指导框架，且侧重为低技能生产工人、残疾人和教师提供职业培训，重视培训的组织和管理。（3）老年阶段，提升就业能力。老年工人的身体和精神状况均欠佳，但 ILO 认为仍可通过职业指导和再培训更新其知识和技能，促进其提升就业竞争力，从而在人口老龄化背景下充分开发老年劳动力以弥补劳动力短缺。为帮助老年工人更好地面对工作环境的挑战，ILO 在 1975 年的《人力资源开发建议书》（第 150 号）中倡议制定适合老年工人的职业培训方法，开发适合其特殊需求的工作方法、工具和设备等。

（三）重视在整个生命周期内提供职业指导服务

ILO 将职业指导视为职业教育与培训体系的一个重要组成部分，《职业指导建议书》（1949 年）是首个关涉职业指导服务的专门建议书，《人力资源开发建议书》（1975 年）将人力资源开发理念与职业指导相结合，对职业指导内容进行规范和改进，职业指导逐渐步入体系化建设阶段。ILO 认为，职业指导贯穿劳动力整个生命周期：（1）青年阶段，将职业指导纳入普通教育计划，促进青年了解自身能力、资质和兴趣以及各职业基本情况以选择适切的教育路线，促进未来职业调整；（2）成年阶段，职业指导服务以就业咨询为主，协助劳动力了解职业或行业状况，提供职业培训建议以提升就业竞争力；（3）老年阶段，职业指导帮助老年工人参与职业培训学习新知识和新技能以提高就业竞争力，将老年工人视为弱势群体，通过职业指导使其免受年龄歧视。综上，职业指导实际上通过在劳动者整个生命周期中提供咨询服务，促进其参与匹配的职业教育与培训，通过终身学习识别适切的教育与就业路线、动态提升就业竞争力以实现体面就业、建构可持续生计，从而摆脱贫困、减小贫困风险。

三、促进职业技能供需匹配

（一）推动以能力为导向的教育改革

提升能力是教育改革的最终目标，资格框架的建立将能力有形化，使其更能适应就业市场的需求。ILO 在《关于人力资源开发的建议：教育、培训与终身学习》（第 195 号）中将能力和资格确定为终身学习的目标，指出能力是在特定环境中应用和掌握的知识、技能和诀窍，资格指得到部门、国家和国际层面认可的职业或专业能力。ILO 认为，能力是一个高度概括的抽象词汇，它包含知识、认知、技能、沟通交流能力、协作能力、资历、创新创造能力和挑战精神等。但是，能力经常被狭隘化，导致教育目标仅聚焦于知识增加、技能提升和学历提高，特别是学历成为劳动力市场的人才筛选信号，从而忽视了对个人整体能力的考量。ILO 认为，提升能力才是贫困人群摆脱贫困的治本之策，在校贫困生和成人贫困群体亟待提升能力水平，故 ILO 的职业教育与培训政策以培育人的能力为导向，并以此促进社会公平正义和减少贫困。《关于人力资源开发的建议：教育、培训与终身学习》（第 195 号）对个人的能力发展提出了一系列建议，主张动态预测个人、企业、经济和社会的能力需求趋势、承认工作场所学习、推动多元化学习形式、根据不同人群需求开展有针对性的培训等。1957 年的《土著和部落居民建议书》（第 104 号）提出土著和部落居民的职业教育与培训要侧重于基础素质和受教育水平的提升以及对自身权利和义务的认知提升，培养融入国家和社会发展的能力。

（二）推动职业教育与培训形式多元化

ILO 注重职业教育与培训形式的多元化发展，促进从"学校"教育向"社会"教育转变，使学校、企业、社区、工作场所和大众传媒等均成为学习场所，让处处学习成为可能。（1）倡导基于工作的学习以在工作场所获取技能。ILO 倡导基于工作的学习，1962 年发布的《职业培训建议书》（第 117 号）和 1975 年发布的《人力资源开发建议书》（第 150 号）均提出双元制培训方式，强化政府对青年的雇佣与培训承诺，充分利用企业的工作场景训练技能；2020 年启动"推动终身学习和培训的学徒制发展"，提出发展基于工作学习的学徒制。（2）倡导线上学习以促进学习需求与职业教育与培训供给相匹配。随着科学技术和互联网技术的发展，ILO 支持并推广线上学习。一方面，通过线上学习应对危机，尤其在 COVID-19 危机中大力推广线上教学和技能培训。《COVID-19 危机对青年劳动力市场影响的最新情况》和《应对

COVID-19 危机的技能再培训和技能提升需求快速评估指南》两份简报均提出推广使用数字化教学和混合式教学。另一方面，通过线上教学解除教育资源匮乏的瓶颈制约以应对教育资源分配不公平，促进贫困群体通过线上学习获得免费或低成本的学习资源，是升贫困群体的教育参与度和提升学习效率。

（三）建设合作伙伴关系

ILO 提出，面对贫困群体和就业市场的多样化需求，应促进社会协作，推动职业教育与培训的利益相关者建立社会伙伴关系，共同协调职业技能的供需匹配问题。ILO 在与职业指导和培训相关的文件中提出，在职业教育与培训的计划制定、方案设计、实施和监督等方面，政府、雇主、工人代表、行业协会、企业、非政府组织以及国际组织之间应建立互通的对话机制，在履行自身职责的同时进行多方面和深层次的合作。ILO 的职业教育注重以校企合作为基础，发挥政府、工人组织等的协调作用，建立多元化的合作体制，促进技能培养充分契合产业需求，培养更具有发展潜力和适应就业市场要求的高素质和高能力人才。

四、培养可持续发展能力

（一）倡导广泛学习以避免过早专业化

广泛学习以避免过早专业化是促进普职融通的理论基础。广泛学习各种知识而非局限于某一特定领域有利于培养人的多元化思维模式、打破思想壁垒、提升学习乐趣、了解职业兴趣，增加未来职业选择、拓宽就业面，促进人们找到合适的教育路线和就业领域。故基于广泛学习的理念，教育界要促进普通教育和职业教育的融通，通过减少二者的割裂，促进学习者在掌握广泛基础知识和技能的前提下做出职业选择，促进人职匹配、避免技能错配。ILO 在职业培训的相关建议书中多次提到职前培训和学校职业教育的早期课程设置应尽量宽泛，促进学生广泛学习理论知识，倡导搭建牢固的基础知识体系、推动学生思考和能力的多元化发展、帮助学生开发擅长和感兴趣的领域，不将学生固化于某一思维和某一领域，把自主选择教育和就业方向的机会交给学生。

开展广泛学习旨在避免过度、过早专业化，根本目标是培养学生的可持续发展能力。学校职业教育的目标是为学员打下良好的理论和实践知识基础，受训者可以接受更广泛的技能和更丰富的基础知识，而非局限于某个技能和知识的运用，初步培养其对基本技能的运用能力，未来面对技术变迁需要后续技能更新与提升时，只需较少额外培训就可以展开专业化学习。从可持续发展的视角看，学校职业教育的目标是促进学习者掌握基础知识和基础技能，了解自身职业兴趣，为后续职业教育与培训奠定基础，即为终身学习奠定基础，在拓展职业选择的同时可以应对可能的多次就业变迁，获得可持续发展能力。（1）ILO 倡议在义务教育期间、义务教育结束后、初次就业前的三个时段设置职前培训，为个人做好职前就业准备：义务教育期间的职前培训内容是训练动手能力、培养对劳动的理解和尊重；义务教育结束后的职前培训旨在帮助青年识别适合的职业培训类型和内容；初次就业前的职前培训主要是促进尚未就业的青年探索职业兴趣。ILO 通过职前培训的形式将职业教育融入普通教育中，基本原则是职前培训既不能损害普通教育，也不应取代实际培训第一阶段的作用。（2）ILO 倡导学校职业教育的早期课程应为学生提供良好的理论和实践知识基础，促进学生广泛掌握其职业实践所依据的理论原则，避免过度或过早专业化。全日制课程通常设置三类科目：具有一般教育价值的科目、与社会问题相关的科目和家政科目。与职前培训相比较，学校职业教育显然应该进一步培育职业技能，但 ILO 更强调要避免学生过早、过度专业化从而局限其未来发展，倡导宽口径的知识和能力教育，并通过在制度上促进学校之间的转移和接续，为学生提供就业、升学等更多选择，注重学生获得可持续发展能力，具体的职业技能依托于贯穿整个职业生涯的职业教育与培训来完成。

（二）促进技能提升以实现体面就业

体面就业是改变贫困人口生存状态和实现可持续发展的关键。社会公平正义和反贫困是 ILO 一直以来的发展目标，ILO 将促进体面就业与减贫战略相结合，促进社会包容性发展，为贫困群体提供接受职业教育与培训的平等机会，通过提升以职业能力为核心的综合能力，帮助其实现体面就业，获得稳定收入，从而达到有效反贫和预防再次陷入贫困的目标。ILO 倡导面向未来的工作和生活提供职业教育与培训，使劳动者面对未来的多重变迁能够享有提升技能、更新技能的平等机会，获得可持续发展的能力，通过就业建构可持续生计。2004 年发布的《关于人力资源开发的建议：教育、培训与终身学习》（第 195 号）提出将职业培训与终身学习理念相结合，注重培养人的能力，促进实现体面就业。在职业教育与培训反贫困的实践中，ILO 重视完善技能培训环境，同时改善贫困群体的生存环境和工作环境，关注个人价值的实现，注重给予充分尊重，保障贫困群体的工作权利和生活品质，使之既能获得应对变迁的技能，又能拥有应对变迁的信息。1975 年发布的《人力资源开发建议书》（第 150 号）倡议最大限度地帮助老年工人开发自身价值，提出企业在培训过程中要营造老年工人友好型的环境。2017 年，ILO 与菲律宾雇主联合会（ECOP）合作实施了科学、技术、工程和数学教育（STEM）女性计划，旨在促进女性在工作中充分发挥潜能，推动她们从低端岗位往中高端岗位转型，从而减少女性失业，提升女性就业收入。

（三）面向时下和未来多重变迁提升劳动力的韧性

ILO 围绕技术和经济社会变迁推进社会公平正义，职业教育与培训反贫困的行动与时俱进，培训内容引入未来技能以提升劳动者应对未来变迁的韧性，能够通过技能更新和技能深化提升就业竞争力，通过职位晋升和转职减少就业震荡，消除贫困风险。ILO 在二战后开始推动职业教育与培训战略和反贫困战略相结合。（1）20 世纪中后期，ILO 针对老龄化问题倡议通过职业教育与培训开发老年劳动力，在 1975 年发布的《人力资源开发建议书》（第 150 号）中首次比较完善地提出了老年工人职业指导和职业培训框架以应对老龄化危机。（2）21 世纪，随着信息技术和互联网的发展，ILO 运用大数据和移动互联网驱动职业教育与培训发展，通过线上教学应对公共卫生安全领域的冲击，旨在缩小教育资源差距以打破贫困的根源。（3）21 世纪重视提升综合技能，启动技能创新基金识别新技能并提供解决方案。（4）针对气候变暖和可持续发展问题，ILO 倡导职业教育与培训引入未来技能，特别是绿色技能和数字技能，提出绿色就业理念，促进劳动力满足可持续发展战略需求。比如，ILO 将开发绿色技能纳入职业教育与培训政策中，鼓励企业和社会组织对开发绿色技能进行投资，为个人提供基于绿色就业的职业生涯指导服务，提升个体和社会的环境保护意识、能力和责任感。

下 篇

02

| 全口径教育反贫困 |

第三章 世界银行教育反贫困

第一节 世界银行教育反贫困概况

一、世界银行教育反贫困的相关机构

世界银行（World Bank，WB）是一个独特的全球性合作伙伴，目前共有 189 个成员国，员工来自 170 多个国家，在 130 多个地方设有办事处，旨在促进发展中国家消除贫困，推动共同繁荣，促进可持续发展。世界银行下设 5 个机构：国际复兴开发银行（The International Bank for Reconstruction and Development，IRBD）、国际开发协会（The International Development Association，IDA）、国际金融公司（International Finance Corporation，IFC）、多边投资担保机构（Multilateral Investment Guarantee Agency，MIGA）和国际投资争端解决中心（International Centre for Settlement of Investment Disputes，ICSID），多边投资担保机构和国际投资争端解决中心以解决投资纠纷为主要内容，本文不多做陈述。世界银行肩负两个使命：一是消除极端贫困，到 2030 年极端贫困人口在全球总人口占比降至 3%；二是促进共同繁荣，提高占各国人口 40% 的最贫困人口的收入水平。

（一）国际复兴开发银行

国际复兴开发银行创建于1944年，成立初衷是帮助欧洲二战后重建，它与国际开发协会、世界银行其他机构以及发展中国家政府和私营部门密切配合，致力于减少贫困、促进共同繁荣。国际复兴开发银行是世界上最大的银行，它通过向中等收入国家和信誉良好的低收入国家提供贷款、担保、风险管理产品和咨询服务以协调各国应对地区性和全球性的挑战，促进世界银行完成使命。

1. 合作对象

国际复兴开发银行的合作对象主要是中等收入国家（middle-income countries，MIC），因为中等收入国家是全球增长的主要推动力，是重大基础设施投资所在地，也是发达经济体和贫困国家出口产品的主要进口国。总体来看，大多数中等收入国家的经济得以快速发展，但其贫困人口却占世界贫困人口的70%以上，导致这些国家最易受到经济危机的影响，包括气候变化、难民和流行病等在内的跨国危机也会冲击他们。中等收入国家的贫困人口往往生活在偏远地区，因此获得私人资本的渠道有限。为了改变中等收入国家的贫困状况，世界银行将中等收入国家作为重要合作伙伴，为其提供资金、知识和技术综合服务；利用战略咨询服务帮助政府推进改革，鼓励增加私人投资，创新和共享解决方案；同各国合作，通过创新型金融产品和各种全球性论坛，应对动态挑战。在世界银行提供的所有这些帮助中，最重要的是提供融资以保障减贫和繁荣政策及效果能够长期可持续。数据显示，目前国际复兴开发银行总业务量的60%以上与中等收入国家有关。

2. 服务内容

国际复兴开发银行主要提供两个层面的服务。（1）向中等收入国家、信誉良好的较贫穷国家的各级政府提供创新性金融解决方案，包括金融产品（贷款、担保和风险管理产品）以及知识和咨询服务，支持政府加强公共财政管理、改善投资环境、加强政策和机构建设。公共债务和资产管理咨询服务有助于政府、政府机构、其他组织提升自我保护能力以及拓展财政资源的能力。（2）为所属部门提供投资资金，且在项目的每个阶段提供技术支持和专业知识。国际复兴开发银行不仅为借款国提供所需资金，它实际上已成为全球知识转让和技术援助的重要工具。

3. 融资方式

国际复兴开发银行主要在世界金融市场筹集资金。1959 年以来，国际复兴开发银行一直保持 3A 信用评级，因而它可以获得低成本借款，也因此可以为发展中国家提供优惠贷款，从而确保各类项目能够可持续发展下去，有效补充了私人融资不足，并带动私人融资参与发展。国际复兴开发银行的收入来源主要是股票和贷款收益，这些收益主要用于支付世界银行的运营费用、为国际开发协会提供资金支持和适当储蓄，用于储备以加强资产负债表、并每年向国际开发协会转移资金。① 1946 年以来，国际复兴开发银行为全球提供的贷款额度有 5000 多亿美元。

（二）国际开发协会

国际开发协会是世界银行援助贫穷国家的贷款机构之一，旨在通过提供低息贷款、零息贷款或赠款以帮助受援助国家减少贫困、促进经济增长、减少不平等和改善人民生活条件。国际开发协会的资金援助依据受援国的收入水平和受援项目评分进行分配，具体的融资条件由受援国债务风险、人均国民总收入水平、国际复兴开发银行借款信用度确定。国际开发协会对优惠贷款和赠款的资助原则如下：重度债务高风险者可以获得 100% 赠款；中度债务风险者可获得 50% 赠款；其他受援国可依据常规或总额条款获得为期 38 年或 30 年不等的 IDA 信用额度；为小国（Small States）提供针对性的 40 年期资金资助。除了优惠贷款和赠款，国际开发协会还通过"重债穷国减债计划"（Heavily Indebted Poor Countries，HIPC）② 和"多边减债倡议"（Multilateral Debt Relief Initiative，MDRI）为低收入国家减免大量债务。1960 年以来，国际开发协会的资金援助额度稳步增长；2019—2021 年，资金援助额度每年约为 294 亿美元，约 70% 资金面向非洲；在 COVID-19 危机期间，国际开发协

---

① World Bank Group. IBRD ［EB/OL］. （2021-10）［2022-02-14］. https：//www. world-bank. org/en/who-we-are/ibrd.

② 1996 年，国际货币基金组织（IMF）与世界银行联合发布"重债穷国减债计划"，协助世界最穷困国家将外债降至能够负担的水平以确保政府正常施政。

会提供了 500 多亿美元的低息信贷用于拯救生命、保护穷人和弱势群体、创造就业机会、拯救企业以及促进发展更具韧性的经济复苏。

国际开发协会援助的项目涉及初等教育、基本卫生服务、清洁饮用水、环境保障、商业环境改善、基础设施和体制改革等方面，旨在为经济增长、创造就业、提高收入和改善生活条件奠定基础。2011—2021 年，国际开发协会为 1.11 亿人提供了更好的供水服务，为 3.96 亿儿童接种了疫苗；使 7150 万人连接到新的电力来源，为 9.75 亿人提供了基本的健康和营养服务。国际开发协会是应对危机和突发情况的关键合作伙伴，它通过危机响应窗口（Crisis Response Window，CRW）等工具为遭受严重危机的国家提供支援，曾为 2010 年遭受地震后的海地、受埃博拉疫情影响的西非国家以及 2015 年遭受地震的尼泊尔提供援助。

（三）国际金融公司

国际金融公司是全球最大的发展机构，它专注于发展中国家的私营部门，通过促进私营部门发展以促进经济发展，改善人民生活，通过扩大市场为穷人和弱势群体创造就业机会。国际金融公司促进私营部门发展的手段包括：（1）贷款、股权投资、债券和担保投资公司；（2）参与贷款，促进其他贷款人和投资者提供资金；（3）为企业和政府提供建议以鼓励私人投资并改善投资环境。2019 年，国际金融公司使 550 万学生接受教育、帮助 31.48 亿人口找到工作（包括 18.5 亿女性）。[①] 国际金融公司支持教育模式创新旨在促进青年就业，发展基于技能的学习以促进国家经济繁荣是其发展的优先事项，[②] 主要通过实施教学改革、提供可负担的教育促进青年提升技能以确保贫困国家在技术进步中不会掉队。

---

① World Bank Group. IFC ［EB/OL］. ［2022 - 02 - 15］. https：//www.ifc.org/wps/wcm/connect/corp_ ext_ content/ifc_ external_ corporate_ site/home.

② World Bank Group. Learning for the Jobs of Tomorrow ［EB/OL］. （2021 - 12）［2022 - 02 - 16］. https：//www.ifc.org/wps/wcm/connect/news_ ext_ content/ifc_ external_ corporate_ site/news+and+events/news/learning-for-the-jobs-of-tomorrow.

二、世界银行教育反贫困的历史轨迹

（一）20世纪50年代至20世纪60年代

1944年，世界银行成立，旨在通过基础设施建设和社会融资促进贫穷国家发展生产力，当时教育投资并未列入经济发展战略中。受西方经济学关于教育能够促进经济发展等观点的影响，世界银行内部对是否援助各国教育出现了两种不同观点：（1）教育对经济发展只起间接作用，世界银行应将资源用于帮助贫穷国家和地区建立新的经济体制促进全球经济发展，资源投入基础设施建设的经济效益远超过投入到无法带来直接经济效益的教育部门；（2）经济发展滞后根源于劳动力教育水平和技能水平低下，故而将资源投入到教育部门以提高劳动力的教育水平和技能水平促进经济发展。1956年，联合国教科文组织在第九次会议上提出，世界银行应提供贷款帮助发展中国家重建学校。1957年，世界银行回应联合国教科文组织的提议，提出愿意提供贷款促进教育方面的基础设施建设。1960年，世界银行行长尤金·布莱克（Eugene Robert Black）在联合国经济与社会理事会上提出，世界银行必须开展教育贷款业务，尤其是向非洲地区提供贷款以促进其发展。① 在充分认识到教育在发展进程中的关键作用后，1963年，世界银行发布《教育政策提案》（Proposed Bank/IDA Policies in the Field of Education），这是其第一个教育领域的援助计划，标志着世界银行开始正式启动教育扶贫政策。②

世界银行人力资本投资的中心要义是通过教育与培训提高劳动力的职业技能水平以促进经济发展，其对教育投资的规模呈现逐年加大的趋势，至1968年，世界银行教育援助的总金额达到1.6亿美元，其中78%的资金来自国际开发协会的优惠贷款，22%来自国际复兴开发银行。世界银行的教育援助资金使用情况呈现如下特点。（1）从区域分配看，主要援助了非洲、亚洲、拉丁美洲、欧洲、中东及北非等国家和地区，其中对非洲地区的教育投资在

① 黄紫舜. 国际组织教育扶贫政策比较研究 [D]. 西安：陕西师范大学，2019.

② World Bank Group. Proposed Bank/IDA Policies in the Field of Education [EB/OL]. (1963-10-31-10) [2022-02-15]. https://documents1.worldbank.org/curated/en/644321468175436466/pdf/714580BR0FPC190C0disclosed070260120.pdf.

教育预算中的占比最高（占37%），其次是欧洲、中东和北非（占24%）（如表3-1所示）。（2）从资金流向看，主要援建了中等学校、技术学校和师范学院（如表3-2所示）。（3）从援助的教育层级看，1963—1968年，教育援建的重点对象有中等教育、高等教育和少部分非正规教育，其所占比例分别为84%、12%和4%，并未涉及初等教育。（4）从援助的课程类型看，普通课程占比为44%，农业课程占29%，技术和商业类课程占25%，师资培养课程占12%。（5）从支出用途看，97%的援助资金用于硬件资源，3%用于技术援助，课程和管理等软件资源投资为零（如表3-3所示）。（6）从援助的教育类型看，越来越重视对职业教育与培训援助。数据显示，1963—1968年实施的25个教育项目几乎全用于建设中等学校、技术学校与师范院校，另外工业职业培训与农业职业培训也是此间的重点援建对象。① 1963—1976年，世界银行投资11.50亿美元于技术和职业教育与培训，占教育领域投资总额的54.42%；投资9.63亿美元于普通教育，占教育领域投资总额的45.58%；投资9.72亿美元于中等教育，占教育领域投资总额的46%②。

表3-1　1963—1968年世界银行教育援助的区域分配

地区	金额（百万美元）	百分比（%）
非洲	89	37
亚洲	40	16
拉丁美洲	55	23
欧洲、中东及北非	59	24

数据来源：World Bank Group. Education：Sector Policy Paper 1980［M］. Washington：The WorldBank，1980。

表3-2　1963—1968年世界银行对非洲国家教育援助用途　　　　单位：百万美元

国家	年度	捐建目标	总金额	IDA	IBRD
突尼斯	1963	普通中等、技术和师资培育	9.2	5.0	4.2

① PSACHAROPOULOS G. World Bank Policy on Education：A Personal Account［J］. International Journal of Educational Development，2006，26（03）：329-338.

② PW Jones. World Bank Financing of Education：Lending，Learning，and Development［M］. London；New York：Routledge，1992：137.

续表

国家	年度	捐建目标	总金额	IDA	IBRD
坦桑尼亚	1964	普通中等	6.0	4.6	1.4
尼日利亚	1965	普通中等、技术、成人及师资培育	30.0	20.0	10.0
摩洛哥	1966	普通中等、技术和农业	16.3	11.0	5.3
肯尼亚	1967	普通中等、技术和师资培育	9.7	7.0	2.7
马拉维	1967	普通中等及师资培育	7.0	6.3	0.7
乌干达	1967	普通中等	14.3	10.0	4.3
突尼斯	1967	普通中等及农业	19.8	13.0	6.8
马达加斯加	1968	普通中等、技术和师资培育	7.2	2.4	4.8
苏丹	1968	普通中等、后中等农业和师资培育（技术援助）	15.4	8.5	6.9
加蓬	1968	普通中等及师资培育	3.6	1.8	1.8

数据来源：World Bank Group. Education：Sector Policy Paper 1980［M］. Washington：The WorldBank，1980。

表3-3　1963—1968 年世界银行教育贷款的分配比例　　　　单位:%

类别	内容	比例
教育层级	中等教育	84
	高等教育	12
	非正规教育	4
课程类型	普通课程	44
	技术和商业类课程	25
	农业课程	29
	师资培育课程	12
支出用途	建筑	69
	设备	28
	技术援助	3

数据来源：World Bank Group. Education：Sector Policy Paper 1980［M］. Washington：The WorldBank，1980。

（二）20世纪70年代至20世纪90年代

在1971年之前，世界银行的教育援助政策尚未涉及初等教育，进入20世纪70年代，行长罗伯特·麦克纳马拉（McNamara）将世界银行的核心任务转向减少贫困并主张加强政府干预，随之教育投资的核心领域转向初等教育和非正规教育。1971—1980年，世界银行对不同教育层级的投资中职业教育与培训占比为50.8%，延续了之前对职业教育与培训的重视；同时，此间初等教育首次被纳入教育援助范畴，占比为5.9%（如表3-4所示），彰显了世界银行援助方向的转变。20世纪70年代至20世纪90年代，世界银行对初等教育的贷款呈持续增长趋势；1970—1989年，世界银行对初等教育的贷款占教育贷款总额的比例从4.5%增至27.8%（如表3-5所示）。

表3-4　1971—1980年世界银行按教育层级分配的投资额及比例

教育层级	额度（百万美元）	比例（%）
1. 普通教育	963.4	42.5
初等教育	133.5	5.9
中等教育	460.6	20.3
非正式教育①	29.6	1.3
高等教育	88.5	3.9
师资培育	251.3	11.1
2. 职业教育与培训	1150.1	50.8
中等教育	511.1	22.6
高等教育	367.4	16.2
非正规教育②	248.5	11.0
师资培育	23.1	1.0
3. 未非分配资金	152.6	6.7%

数据来源：World Bank Group. Education：Sector Policy Paper 1980 [M]. Washington：The WorldBank，1980.

注：①非正式教育（informal education）是指缺乏组织、没有计划和系统的学习方式，比如，通过旅游、听演讲、看电影等方式积累知识、技能和经验，强调从日常生活和环境互动中学习。②非正规教育（non-fomal education）是指正式教育体制之外的有组织、有

系统的教育活动，对象是特定族群、成人以及学童，实行弹性教学内容或活动，包括成人识字教学、职业技能训练、健康卫生/家庭计划/营养教学等。

表 3-5　1970—1989 年世界银行对初等教育的贷款额度

	初等教育贷款（百万美元）	总教育贷款（百万美元）	比例（%）
1970—1974	36.5	814.9	4.5
1975—1980	300.8	2121.7	14.2
1981—1985	776.6	3460.9	22.4
1986—1989	862.9	3107.3	27.8

数据来源：LOCKHEED M E, et al. Primary Education：A World Bank Policy Paper 1990 [M]. Washington：The World Bank，1990.

1971—1980 年的一组数据给出了世界银行教育贷款的分布情况：工程建设在大部分年份占比均最高，约为 51%—77%；课桌椅、设备及交通工具占比约为 15%—27%；技术援助和培训占比约为 9%—22%（仅 1974 年为 61.5%）；其他支出占比约为 0.8%—5.0%；图书和教学材料占比大部分年份为 0，仅在 1976 年为 0.7%（如表 3-6 所示）。可见，此间世界银行对教育的援助仍然以硬件援助为主，不过对技术等软件资源的援助开始增强，占比远高于 20 世纪 60 年代的 3%。

表 3-6　1971—1980 年世界银行教育贷款分配比例

年份	世界银行贷款总额（百万美元）	工程建设占比	课桌椅、设备及交通工具占比	图书和教学材料占比	技术援助和培训占比	其他支出占比
1971	98.1	76.3%	23.7%	0.0%	0.0%	0.0%
1972	124.0	61.9%	26.5%	0.0%	20.3%	0.8%
1973	290.2	67.5%	22.2%	0.0%	9.0%	2.7%
1974	10.6	17.9%	15.9%	0.0%	61.5%	4.7%
1975	201.2	60.4%	25.0%	0.0%	11.0%	3.7%
1976	177.4	55.3%	27.8%	0.7%	14.1%	2.1%

年份	世界银行贷款总额（百万美元）	工程建设占比	课桌椅、设备及交通工具占比	图书和教学材料占比	技术援助和培训占比	其他支出占比
1977	93.5	51.8%	24.5%	0.0%	21.2%	2.6%
1978	137.9	60.2%	19.6%	0.0%	16.2%	4.0%
1979	91.6	51.9%	25.2%	0.0%	21.4%	1.4%
1980	132.4	60.3%	22.5%	0.0%	11.2%	5.4%

数据来源：World Bank Group. Education：Sector Policy Paper 1980 ［M］. Washington The WorldBank，1980。

（三）21世纪以来

世界各国的发展实践表明，全球减贫的成就约40%来自劳动收入的提高，然而大部分发展中国家都不可避免地面临着艰巨的就业难题。数据显示，低收入国家90%以上的工人从事低质量、低生产力、低收入的工作。COVID-19危机无疑给工人、劳动力市场和生计带来了严重干扰，就业问题变得更加重要。不可否认的是，低收入、低技能工人在这场危机中是主要的弱势群体，发展中国家的政府需要创造能够提高生产力和劳动收入的工作岗位，为弱势群体扩大就业机会。为了帮助各国实现这些目标，世界银行支持旨在取得更好就业效果的投资，促进通过就业诊断指导如何制订发展战略，并通过支持全球知识共享和共同研究找出应对就业问题的良方。

2015—2021年，世界银行教育贷款总额呈现波动性增长趋势，2020年教育贷款总额为53.4亿美元，是这些年份的峰值（如表3-7所示）。此间世界银行共投资269.6亿美元用于资助834个教育项目，投资额度占比由高到低依次为：初等教育（22.7%）、中等教育（19.0%）、高等教育（14.4%）、公共管理（教育）（14.0%）、儿童早期教育（10.0%）、其他教育（9.6%）、职业教育（9.5%）、成人、基础与继续教育（0.8%）（如表3-8所示）。世界银行对初等教育的重视程度居第一位，对中等教育的重视程度居第二位，表明其充分认可基础教育在提升劳动力素质中的社会经济收益。此外，能够促进就业的高等教育、职业教育、成人与继续教育占教育总投资的 25%，显示了世界银行通过教育促进就业、以就业消除贫困的工作理念。

表 3-7　2015—2021 年世界银行承诺教育部门贷款总额　单位：百万美元

	2015	2016	2017	2018	2019	2020	2021
贷款总额	4261.46	3250.83	3096.17	4647.61	3711.61	5338.64	2656.85

数据来源：World Bank. Steering Tertiary Education：Toward Resilient Systems that Deliver for All ［M］. Washington：The World Bank，2021。

表 3-8　2015—2021 年世界银行各教育类型投资额度及比例

教育类型	投资项目数（个）	教育投资额度（百万美元）	投资比例（%）
成人、基础与继续教育	19	202.82	0.8
儿童早期教育	83	2713.86	10.0
初等教育	150	6126.05	22.7
公共管理（教育）	197	3769.73	14.0
中等教育	121	5119.73	19.0
高等教育	63	3885.26	14.4
职业教育	35	2562.14	9.5
其他教育	111	2583.59	9.6
总计	834	26963.16	100

数据来源：World Bank Group. Steering Tertiary Education：Toward Resilient Systems that Deliver for All ［M］. Washington：The World Bank，2021。

三、世界银行教育反贫困战略沿革

（一）普及初等教育促进教育公平

1. 《教育战略 2000》：全民初等教育

1960 年以来，发展中国家普及教育工作有了长足的进步，至 20 世纪 90 年代初，12—17 岁人口入学率从 21% 提至 47%，18—23 岁人口入学率从 4%

提至 14%，成人文盲比例从 1985 年的 39% 下降至 1995 年的 30%。但是，普及教育发展还面临很多挑战，比如，撒哈拉以南的非洲地区入学人数增长速度低于人口增长速度；女性、少数群体和穷人遭受歧视和社会排斥的现象仍然存在。1999 年 1 月，世界银行时任行长詹姆斯·沃尔芬森（James D. Wolfensohn）在《关于全面发展框架的建议》中谈道："发展经济和扶贫的关键是教育已是共识，必须向女童和男童平等普及初等教育、平等开放中等和高等教育，成人教育、扫盲教育和终身学习的核心群体是妇女和女童，要特别重视学前教育。"

1999 年 6 月，世界银行发布《教育战略 2000》（Education Sector Strategy 2000），指出教育的长期目标是确保每个人都能完成适当质量的基础教育，获得包括识字、计算、推理和社会技能（如团队合作）等在内的基本技能，且享有终身学习高级技能的机会。世界银行的工作目标是帮助合作国家制定并实施战略计划以增加获得高质量学习的机会，援助穷人和边缘化群体，促进有效、公平地使用教育资源以建立可持续发展能力。

《教育战略 2000》的愿景是促进各国发展高质量的全民教育，教育领域的优先事项有：发展基础教育，尤其是促进最贫困人口、女童获得接受基础教育的机会；促进儿童早期干预，包括儿童早期发展和学校保健等；创新教育模式；实施系统性教育改革。（1）初等教育的国际教育目标。①改革女童初等教育，旨在提高女童入学率和学业成果，缩小性别差距。在 15 个女童和男童初等教育入学率差距较大的世界银行借款国设立女童出勤率奖励（例如，奖学金、校餐、基本保健、提供教科书等），增加设施齐备和安全的入学机会，提高教育质量，培养包容性的社会文化价值观，制定支持女童的国家性政策，推行促进女性就业的经济政策。②为最贫穷的人提供初等教育。通过"联合国非洲特别倡议"（United Nations Special Initiative for Africa，UNSIA），重点关注非洲地区尤其是撒哈拉以南的 16 个非洲国家，创新教育政策，加快提升小学入学率。（2）早期干预目标：儿童早期发展和学校卫生。①在重点国家开展儿童早期发展项目。世界银行针对借款国的具体情况制定实施了许多独立的幼儿发展项目和包含幼儿发展内容的社会部门项目。例如，在玻利维亚、哥伦比亚、印度和印度尼西亚制定以家庭为基础或以中心为基础的儿童保育方案，向面临风险的儿童提供综合保健、营养和刺激服务；在墨西哥实施家长教育与培训项目。②制定国际学校卫生方案，在非洲贫困地区实施以学校为基础的保健服务和生活技能培训。（3）创新教学：远程教育、开放学习和新技术。①制定教育技术战略，在东亚地区实施重点调查；②促进与受援国教育工作者共享信息；③促进受援国之间交流远程教育的发展经验。（4）实施系统性教育改革。①建立世界范围的科技教育工作者网络，促进标准、课程和评估等经验的交流；②在教育治理方面，促进高等教育改革知识共享；③在教育融资方面，促进私人部门与教育机构建立合作伙伴关系。①

2. "千年发展目标"（MDGs）

2000 年 9 月，联合国千年首脑会议就消除贫穷、饥饿、疾病、文盲、环境恶化和妇女歧视制定了可测量的目标和指标，统称为"千年发展目标"（Millennium Development Goals，MDGs）。"千年发展目标"涵盖如下内容：消灭极端贫穷与饥饿；普及小学教育；促进两性平等并赋予妇女权利；降低儿童死亡率；改善产妇保健；与艾滋病毒/艾滋病/疟疾和其他疾病做斗争；提升环境可持续发展能力；促进全球合作。

（1）消灭极端贫穷与饥饿，具体指标为：依靠每日不到 1 美元维持生活的人口比例减半；挨饿的人口比例减半。1990 年以来，每日依靠不到 1 美元维持生活的人数已从 13 亿下降到 12 亿，但非洲贫困人口比例仍是最高的，约有 51% 的人口需依靠每日不到 1 美元维持生活。至 1998 年，发展中国家仍有约 8.26 亿人吃不饱，无法过上正常、健康和积极的生活；发展中国家每年有 1100 万儿童在 5 岁之前死亡，其中 630 万儿童饿死。改善营养可提高劳动生产率、促进个人增加收入，故减轻饥饿也是可持续减贫的前提条件之一。为完成上述目标，在鼓励投资、贸易增长以解决就业的诸多措施之外，世界银行特别强调教育战略是有效的单一反贫困战略，努力促进各国实现"人人受教育"的目标，包括在非洲新建 8000 万所学校。②

（2）普及小学教育，确保所有男童和女童都能完成全部小学教育课程。

---

① 世界银行. 教育战略 2000 [EB/OL]. [2022-02-09]. https://documents1.worldbank.org/curated/en/406991468178765170/pdf/196310REPLACEM0cation0strategy01999.pdf.

② 联合国. 联合国千年目标行动 [EB/OL]. (2000-09) [2021-02-09]. https://www.un.org/chinese/millenniumgoals/unsystem/goal1.htm.

1998 年，全世界约 1.13 亿学龄儿童未进入小学，其中 97% 生活在发展中国家，近 60% 是女童，农村地区女童入学率极低。世界银行以提供信贷的方式重点援助两个领域：倡导全民教育，特别是普及小学教育；发展与知识经济相关的教育。世界银行的教育信贷占比逐年增长，其中小学教育信贷在教育信贷总额中的占比从 1963 年的 2% 增至 2002 年的 50%。就区域而言，世界银行此间对拉丁美洲的教育信贷支持额度最大，分别在阿根廷、巴西、智利、墨西哥实施了教育援助项目。世界银行的教育信贷强调聚焦教育对象、质量提高、教材数量、教育政策改善、能力建设和机构成长，强调基于人的发展实施教育援助（如表 3-9 所示）。①

表 3-9　2002 年世界银行发起的部分援助项目

国家	项目名称	投资额度
几内亚	全民教育方案（第一阶段）	7000 万美元
毛里塔尼亚	全球远距离教育中心项目	330 万美元
坦桑尼亚	小学教育发展方案	1.5 亿美元
智利	终身教育与培训项目	7580 万美元
巴西	改善学校项目	1.6 亿美元

资料来源：联合国．联合国千年目标行动［EB/OL］．［2021-02-09］．https：//www.un.org/chinese/millenniumgoals/unsystem/goal2.htm。

3. 《教育战略 2005》：全民教育与建设知识型社会

2005 年 11 月，联合国教科文组织召开第五届全民教育高层会议，同年，世界银行发布文件《教育战略更新：全民、全系统、效果最大化》（Education Sector Strategy Update：Achieving Education for All，Broadening Our Perspective，Maximizing Our Effectiveness）（简称《教育战略 2005》），其教育援助战略明确地将教育与经济发展联系起来，旨在"帮助各国将教育纳入国家经济战略，建立起回应国家社会经济发展需求的整体性教育体系"，主要聚焦如下内容：（1）促进全民基础教育发展。（2）实施教育全系统改革，连贯、清晰的教育

---

① 联合国．联合国千年目标行动［EB/OL］．（2000-09）［2021-02-09］．https：//www.un.org/chinese/millenniumgoals/unsystem/goal2.htm。

体系有助于向知识经济转型，投资中学和高等教育非常必要。（3）注重成果导向。《教育战略 2005》的愿景是向充满活力、知识驱动型的经济转型，建设有凝聚力的社会，旨在实施全民教育并通过教育建构知识型社会，最终实现"千年发展目标"。

综上，从《教育战略 2000》到"千年发展目标"（MDGs）再到《教育战略 2005》，世界银行的教育援助既注重扩大教育机会，更重视提升教育质量。《教育战略 2000》和"千年发展目标"关注扩大教育机会，其"人人受教育"的全民教育目标处在初级阶段，旨在实现全民初等教育目标，工作重点是提高小学入学率、促进机会公平，特别关注提升女童入学率（和保留率）。世界银行从最初关注职业教育与培训、高等教育援助开始，最后落脚在倡导从儿童早期教育到各个层级教育的系统性改革，其理由是：儿童早期教育、初等教育和中等教育是后续教育中提升学生技能的重要基础。此外，三个战略计划均重视通过系统的教育改革提高学习质量和学习成果，最终实现全民教育目标。

（二）全民学习、终身学习与可持续发展

1.《教育战略 2020》：全民学习

（1）背景

20 世纪 80 年代末至 21 世纪初，世界银行的教育战略旨在促进所有儿童入学，聚焦改善小学和中学教育硬件设施和师资素质，尤其是《教育战略 2020》和《教育战略 2025》旨在推动发展中国家实施高质量的全民教育，各国教育入学率均大幅提升。21 世纪以来，全球化和信息技术发展改变了人们的生活和沟通方式，也改变了企业的运行现状。世界银行的数据显示，2000—2005 年，发展中国家的互联网用户增加了 2.5 亿人，且多是青年。在基础教育阶段促进学生掌握应对快速变迁的知识和技能从而为经济发展培养高技能、迅捷反应的青年劳动力队伍迫在眉睫。因此，世界银行对各国教育的资助转向提升学习质量。与此同时，发展中国家的教育发展也面临困境：一方面，亚洲金融危机使得出口导向型的发展中国家财政捉襟见肘，限制了政府和家庭的教育投资，而减缩教育投资又制约了这些国家的经济转型与复苏；另一方面，发展中国家自 1999 年以来初等教育取得显著进步，特别是在最贫困国家和女童教育上表现不凡，但非洲撒哈拉以南地区一些国家的初等教育完成率只有 60%，距离 2015 年完成"千年发展目标"尚有差距。①

世界银行认为，增长、发展和减少贫困取决于知识和技能而非受教育年限。2011 年 4 月，世界银行发布《全民学习：投资人们的知识与技能以促进发展——世界银行 2020 年教育战略》（Learning for All：Investing in People's Knowledge and Skills to Promote Development – World Bank Group Education Strategy 2020），简称《教育战略 2020》，将"全民学习"作为新的战略愿景，关注"学习"和"系统"两个要素。"学习"指从"人人有学习机会"转向"人人会学习"，因为上学并不等于学习。"系统"涵盖两个方面：一是认识到从儿童早期教育到高等教育的各级教育都非常重要，发展终身学习体系。工业化国家的发展实践表明，高质量的儿童早期教育投资有助于认知发展和改善成人的劳动力市场结果。二是关注各级教育投入、过程和结果，通过教育全过程质量提升促进青年做好就业准备。②《教育战略 2020》提出了"及早投资"（Invest early）、"明智投资"（Invest smartly）和"对所有人投资"（Invest for all）的三大支柱。"及早投资"指将教育投资的起点前移至儿童早期教育，"明智投资"指将教育投资聚焦于改善学习过程中的质量提升，"对所有人投资"指对包括女童、残疾儿童及少数族裔等少数群体、弱势群体在内的所有人进行投资以确保人人享有同等受教育的机会。③

（2）核心目标

《教育战略 2020》特别关注学习效果，全力推动劳动力学习和技能开发。该战略指出，学习的本质是获取知识和技能，故其核心目标是促进"全民学习"，除了提供机会促进学习者巩固学校里的基本知识和能力，还帮助他们掌

---

① 世界银行 2020 年教育战略概念说明 ［EB/OL］．（2019 – 07 – 04）［2022 – 01 – 31］．https：//max. book118. com/html/2019/0616/6023040155002040. shtm.

② M. Najeeb Shafiq. Six Questions about the World Bank's 2020 Education Sector Strategy ［J］. International Perspectives on Education and Society，2012（16）：33–41.

③ 丁瑞常，康云菲. 世界银行对推动实现可持续发展教育目标的承诺与行动［J］. 比较教育研究，2021（11）：12–21.

握额外的技术和职业技能。①"全民学习"的内涵如下：就"全民学习"的结果而言，除了通常测量学习成果的阅读和计算能力，还包括社交、沟通、团队合作、解决问题的能力，劳动力市场上与特定职业有关的技术技能以及应对劳动力市场和技术变迁的能力；就"全民学习"的供给者而言，它既包括学校教育，也将幼童的营养健康状况和认知能力发展涵盖其中，旨在培养儿童获得适应学校学习的能力，故世界银行倡导学校、其他教育机构、本国乃至国外政府、社会组织及相关部门通力合作；就"全民学习"的对象而言，既包括在校学生，也包括辍学青少年，旨在消除贫困的根源。

（3）具体行动

世界银行为促进实施《教育战略2020》，实现"全民学习"的目标，除了关注教育投入，还促进提高学习效果，其主要行动如下。其一，提供技术和资金支持。2010年9月，世界银行承诺向不能如期实现教育"千年发展目标"的国家增加资金支持，5年内国际开发协会对基础教育的年平均援助额度增加7.5亿美元。2011—2012年，世界银行主要支持如下教育主题。①促进因性别、收入、残疾和其他因素而处于不利地位的儿童平等获得教育机会并提高教育质量。2012年，有超过25个项目为贫困儿童提供有针对性的奖学金和有条件的现金转移支付，还特别关注为女孩提供学习机会。此外，世界银行还关注弱势群体帮扶，例如，提高阿富汗和埃塞俄比亚青年女性的工作技能。②支持儿童早期发展。在蒙古和孟加拉国，通过教育项目改善学前教育系统，增加女童和农村儿童的入学机会，旨在实现所有儿童的起点公平。③学习评估。在"俄罗斯教育发展援助计划"（Russia Education Aid for Development，READ）的支持下，帮助巴基斯坦建立国家测试中心（National Testing Center），帮助安哥拉首次实施全国范围的教育评估，并帮助其他6个国家改善学生评估系统，为教学提供信息并促进学习效果提升。其二，提供教育结果评估与知识咨询和政策建议。世界银行推出"教育结果的系统评估与基准测试一揽子方案"（System Assessment and Benchmarking for Education Results，SABER），根据全球已有标准和典型国家的最佳实践开发全面的系统

---

① 闫温乐."全民学习"愿景下的教育资助——《世界银行2020教育战略》述评［J］.比较教育研究，2011，33（10）：34-38.

性诊断工具，一方面提供翔实的教育系统数据，另一方面生成国家诊断报告促进其客观认识自身问题以及与他国的差距，并在世界银行的政策咨询和技术援助下实施有针对性的改革。其三，提升员工学习能力。世界银行于 2012年 5 月启动全面教育员工学习计划，支持教育工作者提升实施新教育战略的能力，并在技术和业务领域发展高端知识和技能，以便向国家伙伴提供高质量的咨询和服务。①

2. 可持续发展与终身学习

2015 年 9 月，联合国通过《变革我们的世界：2030 年可持续发展议程》（Transforming Our World：2030 Agenda for Sustainable Development），提出全球面向 2030 年的 17 项可持续发展目标，其中教育可持续发展目标（SDG4）是"促进发展包容性、公平的优质教育，全民享有终身学习机会"。② 11 月，联合国教科文组织通过了世界银行参与起草的《教育 2030 行动框架》（Education 2030 Framework for Action）以落实教育可持续发展目标。世界银行此间的教育援助重点转向普及中等教育、促进高等教育机会公平、实现可持续发展与终身学习、发展信息和通信技术教育等。《教育 2030 行动框架》以推动全民学习为抓手落实教育可持续发展目标，主要工作如下：（1）在战略方向上，推动国家层面的教育系统改革，在区域及全球层面建立高质量的教育改革知识库并开发新的教育系统评估工具；（2）在资金援助上，既注重增加投入，更注重评估资金使用效果，关注改善学习成果；（3）在知识生产上，关注政策、制度、实践等知识的收集，提供分析、评估、诊断、比较的全流程服务。③

3. 降低学习贫困

2018 年，世界银行首次以教育为主题发布报告《学习以实现教育的承诺》（Learning to Realize Educations Promise），正式认可了联合国的可持续发

---

① World Bank Group. ESS2020 ［EB/OL］. ［2022 - 02 - 15］ https：//documents1. world-bank. org/curated/en/972031468149089763/pdf/682630BRI0Box30tegyUpdate0April2012. pdf.

② UNESCO. SDG4：Education ［EB/OL］.（2020 - 07 - 18）［2022 - 02 - 04］. https：//en. unesco. org/gem-report/sdg-goal-4.

③ World Bank Group. Learning for All：Investing in People's Knowledge and Skills to Promote Development ［M］. Washington：The World Bank，2011.

展计划，强调"上学和学习不是一回事"，全球有数百万学生上了几年学但却仍缺乏识字、计算等基本技能，发展中国家正面临严峻的学习贫困。2019 年，世界银行发布《终结学习贫困：需要做什么？》（Ending Learning Poverty：What Will It Take?），引入学习贫困（Learning Poverty）的概念，用以指代学生在 10 岁时仍然无法阅读和理解简单文本的现象。① 学习贫困儿童既包括失学儿童，也包括在学校教育中未达到基本阅读素养的儿童。世界银行估算的数据显示，中低收入国家 53% 儿童在小学毕业时尚无法阅读和理解一个简单的故事，贫穷国家该比例高达 80%，到 2030 年全球 43% 的儿童会面临学习贫困。为此，世界银行制定了新的全球目标，至 2030 年将学习贫困率降低至少 50%，并提出了三大支柱：（1）扫盲政策一揽子计划（Literacy Policy Package），涵盖了从教育制度到教学课堂、教师与学习者行为等多个方面，旨在加快实现学习目标的进程、提高整体教育质量；（2）创新教育方法（Renewed Education Approach），涵盖从宏观教育体系到微观课堂、教师与学习者行为等多层面的改革；（3）发展学习评估平台（Learning Assessment Platform），为成员国专业人员知识提升和评估制度完善提供一站式服务。需要特别指出的是，扫盲政策一揽子计划为培养学生的阅读能力部署了四方面政策：明确扫盲的目标、手段和措施；确保有效的识字教学；确保及时、更多地获得适龄文本；用学生能说、能理解的语言进行教学。②

根据联合国教科文组织 2016 年发布的数据，全球 40% 的学生接受的是他们不懂的教学语言。来自 Ethnologue 的数据显示，在 20 个学习贫困率最高的国家中，有 12 个国家使用的教学语言学生很难理解。2021 年 7 月 14 日，世界银行发布报告《响亮而清晰：有效的教学语言政策》（Loud and Clear：Effective Language of Instruction Policies for Learning），指出有效的教学语言政策对于减少学习贫困、改善学习成果、促进教育公平和包容性发展至关重要；有效的教学语言政策能改善学习进度，降低每名学生的教育成本，从而能够更有效地利用公共资金，提高所有儿童接受教育的机会和质量。该报告提出

---

① 丁瑞常，康云菲. 世界银行对推动实现可持续发展教育目标的承诺与行动［J］. 比较教育研究，2021（11）：12-21.

② World Bank Group. Ending Learning Poverty：What will It Take?［EB/OL］.（2019-10-16）［2022-02-16］https：//openknowledge. worldbank. org/handle/10986/32553.

了关于发展有效教学语言的指导原则：（1）至少在小学六年的教育期间使用儿童母语；（2）在阅读和写作以外的科目教学中使用儿童母语；（3）儿童在小学阶段学习第二语言的，教学目标以提高口语技能为主；（4）即便是使用第二语言作为主要教学语言的，仍要继续坚持母语教学；（5）依据国家具体情况实施和改进教学语言政策。①

第二节　世界银行教育反贫困的重点领域及政策沿革

一、儿童早期发展

研究表明，儿童早期（从出生至上小学之前）的经验对大脑发育有着深远的影响，且影响未来的学习、健康及其他行为，并最终影响生产力和收入，即影响贫困风险的大小。然而，发展中国家很多幼儿存在营养不足，缺乏早期刺激、学习和关爱，或暴露于压力中，这些因素会阻碍其发育从而导致未来无法发挥其全部潜力，进而给家庭、国家经济以及全球市场造成负面影响，他们也是潜在贫困者。世界银行充分认识到儿童早期人力资本投资的正外部性，这些投资最早也要在20—30年之后才能产生收益，由于投资收益严重滞后，因此会出现市场失灵，必须由政府介入增加投资供给，这也是在为各国未来的生产力和竞争力提升做投资。2007年，世界银行估算的数据显示，不利环境和经验导致发展中国家有2.19亿5岁以下儿童未能实现其出生时的发展潜力。据统计，全世界有1/4的儿童发育迟缓，3—6岁儿童中只有50%能接受学前教育，低收入国家则只有1/5儿童进入幼儿园学习。故世界银行将儿童早期人力资本投资视为国家消除极端贫困、促进共同繁荣和经济发展的基本策略。1985年以后，世界银行将儿童早期发展列入援助领域，通过投资

① World Bank Group. Loud and Clear: Effective Language of Instruction Policies for Learning [EB/OL]. (2021-07-14) [2022-01-30]. https://www.worldbank.org/en/topic/education/publication/loud-and-clear-effective-language-of-instruction-policies-for-learning.

于幼儿身体、认知、语言和社会情感发展，促使儿童走上更繁荣的道路，并帮助各国提高生产力和竞争力。

（一）《儿童早期发展：投资于未来》：培育促进儿童早期发展的理念

为改善占穷人大多数的妇女和儿童的生活，世界银行努力提高卫生和教育的基本服务质量和覆盖程度。1990—1995年，世界银行向卫生和教育项目提供59亿美元，约占其社会领域贷款的1/3，旨在帮助相关国家改善儿童的生活。1996年，世界银行发布《儿童早期发展：投资于未来》（Early Child Development：Investing in the Future），详细阐释了促进儿童早期发展的原因和项目内容。

1. 促进儿童早期发展的原因

世界银行之所以对幼儿进行投资，是因为儿童早期发展投资的收益是巨大的。（1）对幼儿投资是已被科学证实的重要的人力资源开发方式。科学研究表明，个体一半的智力潜能是在4岁以前形成的，较早介入儿童生活对其心智能力、性格和社会行为可以产生持久影响，故针对儿童早期发展的综合性计划对儿童智力和心理发育极为重要。（2）儿童早期发展投资的经济回报高且能降低社会成本。幼儿教育能够提高学习愿望和能力，从而提升后续教育的回报率，提高其成年时的劳动生产率及收入水平，故儿童早期发展投资可以减少后续公共福利开支需求，还可大幅度降低与留级、青少年犯罪和吸食毒品相关的社会和财政成本。（3）实现更大程度的社会平等。综合性幼儿计划能够削弱性别不平等带来的负面影响，比如，参加幼儿开发计划的女童会为学校生活做好充分准备，从而提升学校教育效果。（4）提高其他投资的效益。较早介入儿童健康和营养的计划可以增加儿童存活概率；较早介入教育计划可使儿童为上学做好准备、提高成绩、减少留级。（5）援助母亲。由于越来越多的母亲外出工作，提供安全的儿童保育可促进妇女有更多时间和精力参加教育与培训，学习新技能，获得更好的工作和生活。

2. 促进儿童早期发展的项目内容

世界银行围绕促进儿童早期发展提出了五项政策内容。（1）培训家长实施儿童早期开发。家长是儿童最早的老师，促进母亲刺激、鼓励儿童学习能为其长大获得成就打下良好的基础。为了削弱从生命开始因贫困造成的不平等，世界银行援助多个国家实施促进贫困家长了解儿童早期发育知识的培训项目。比如，在以色列开展家长培训帮助家长教育幼儿，训练家长成为儿童的第一位老师；在土耳其探索最佳保育模式；在墨西哥引导社区教育工作者与家长协作教育幼儿。（2）培训保育人员，训练幼儿教师基于实际情况实施教育改革的能力以提升儿童早期发展项目的实施效果。比如，在特立尼达和多巴哥扩大教师培训计划，在肯尼亚满足日益增长的托儿需求。（3）向儿童提供营养、保健和教育服务以应对社会资源短缺。世界银行在发展中国家实施了多个帮助贫困儿童健康成长的大规模综合服务项目，比如，"印度综合儿童开发服务""哥伦比亚社区保育和营养计划"等。（4）将学前教育纳入正规教育体系。（5）利用媒体扩大儿童早期开发培训的受益范围，比如，将幼儿早期教育制作成教学录像带，可在国家电视台播放，或在培训、保健中心和家长讨论中使用。①

（二）《儿童早期发展：从测量到行动》：科学设计有效实施儿童早期发展项目

2005 年 9 月，世界银行在美国华盛顿特区举行研讨会"儿童早期发展：可持续经济增长和公平的优先事项"，并发布《儿童早期发展：从测量到行动》（Early Child Development from Measurement to Action），倡议实施"儿童早期发展项目"（Early Child Development，ECD）以衡量、监测和确保所有儿童早期发展项目的有效性，并利用这些研究数据激励国家为儿童早期发展政策和项目提供支持。ECD 项目聚焦于制定促进儿童早期发展的措施，将保健和营养、护理和养育以及刺激相结合，促进儿童健康和良好成长以发挥其出生时所具有的潜力，有助于为所有入学前的儿童创造公平的竞争环境，缩小贫困和弱势儿童与正常儿童之间的差距。1990 年以来，世界银行对"儿童早期发展项目"的投资额度从 1.26 亿美元增至 2006 年的 17 亿美元。在世界银行的支持下，各类儿童早期发展项目均得到了各国政府的大力支持。

---

① World Bank Group. Early Child Development：Investing in the Future ［M］. Washington：The World Bank，1996.

"儿童早期发展项目"主要提供如下服务：（1）为特定的儿童早期发展项目提供资金；（2）收集和分享有关儿童早期发展的知识；（3）提高社区和公众对儿童早期发展相关服务和福利的认识；（4）敦促建立本国的儿童早期发展计划；（5）向实施儿童早期发展项目的政府、组织和项目提供技术援助等。"儿童早期发展项目"包含多个子项目，内容涵盖如下六个方面：（1）为儿童提供早期发展服务；（2）为父母提供教育与支持；（3）教师和保育员的培训与发展；（4）促进社区发展；（5）吸纳更多机构的资源提升儿童早期发展工作的实施能力；（6）利用大众媒体提高对儿童早期发展的认识，并提供育儿知识和实践案例。

世界银行 2007 年以后 5 年间的儿童早期发展行动计划主要聚焦如下七个方面。（1）增加资金。增加公共和私人资金、吸纳其他资源，用于促进儿童早期发展的干预行动。目前主要通过全球联盟（Global Coalition）实施动员，通过世界银行的"儿童早期发展千年基金"（Bank's Millennium Fund for Early Child Development）实施赠款。（2）制定国家政策和计划。促进各国政府制定国家级的儿童早期发展政策和计划，将儿童早期发展作为终身学习和人的发展的第一步。（3）鼓励创新性举措。激励私营（营利性和非营利性）团体、民间组织和地方政府参与制定儿童早期发展计划，提倡政策创新。（4）发挥政府作用。促进各国政府将儿童早期发展的工作重点从提供服务转向协调、培训和评价，并支持社区、非正规机构和私营部门制定儿童早期发展计划。（5）提供多种儿童早期发展选项。为惠及所有儿童必须确保提供可获得的、成本效益高的儿童早期发展方案。（6）开展研究以确保儿童早期发展项目的公平性并提升质量。研究能够评估儿童早期发展是否存在公平差距以及差距大小的方法，并提升所有儿童早期发展项目的质量。（7）监测和评估结果。通过对儿童早期发展项目的效果进行监测以确保项目的实施质量。①

（三）"取得更好教育成果的系统方法"：提高学前教育质量

世界银行将儿童早期发展列为卫生、营养和社会保护战略的重要组成部

---

① World Bank Group. Early Child Development, From Measurement to Action: A priority for Growth and Equity [M]. Washington: The World Bank, 2007.

分，其在《教育战略2020》中确立了实现全民学习目标的三个支柱：及早投资、明智投资、全民投资，其中及早投资倡议投资于儿童早期发展，实现"人人学习"的目标。2011年，人类发展网络（Human Development Network）启动"取得更好教育成果的系统方法"（Systems Approach for Better Education Results，SABER），旨在帮助各国系统地审查教育政策，其确定的具体教育政策领域均涵盖从儿童早期发展到进入劳动力市场的全生命周期跨度，具体领域包括：幼儿发展，教育管理信息系统，私营部门参与，公平和包容，金融、信息和通信技术，学习标准，学校自主权和问责制，学校卫生和学校供餐，学生评估，教师和高等教育等。

"取得更好教育成果的系统方法：儿童早期发展"（Systems Approach for Better Education Results – Early Childhood Development，SABER – ECD）是SABER中专门针对幼儿发展领域的政策描述，强调全面的儿童发展观，倡议通过监督和评估认证持续提高学前教育质量。[①] SABER–ECD 支持针对早期儿童发展建立完善的法律法规体系，共涵盖七个方面：（1）孕妇卫生与保健；（2）儿童卫生与保健；（3）保障和促进孕妇及儿童必需的营养消费；（4）如何保障儿童早期发展以及促进孕妇、新生儿母亲、儿童父母及儿童照料者为儿童提供适当的保育；（5）为儿童提供免费学龄前教育；（6）如何建构儿童保护与服务政策；（7）如何建构社会保护与服务政策。

（四）《加强儿童早期发展：投资于幼儿以获得高回报》：儿童早期发展全面干预

2014年，世界银行发布《加强儿童早期发展：投资于幼儿以获得高回报》（Stepping up Early Childhood Development：Investing in Young Children for High Returns），指出儿童早期人力资本投资的回报高于生命后期人力资本投资的回报，且社会收益性强，投资幼儿是各国最佳人力资本投资之一，它为解决不平等、打破贫穷循环和改善未来生活提供了机会。该报告确定了25项最基本的儿童早期发展干预措施，涵盖教育、保健、营养、水、环境卫生和

---

① World Bank Group. What Matters Most for Early Childhood Development：A Framework Paper [M]. Washington：The World Bank，2013.

社会保护等多个方面，对应五套一揽子措施：家庭救助一揽子措施、怀孕一揽子措施、生育一揽子措施、儿童健康和发展一揽子措施以及学前教育一揽子措施。（1）家庭援助一揽子措施（Family Support Package），主要包括对脆弱家庭父母的支持和对家庭的健康、营养和卫生的支持。对脆弱家庭父母的支持包括：计划家庭规模，对母亲的教育，关于早期刺激、成长和发展的教育，育儿假和适当的儿童保育，父母抑郁的预防和治疗，社会救助转移支付项目。对家庭的健康、营养和卫生的支持包括：获得保健，获得安全用水，足够的卫生设施，卫生/洗手习惯培养，微量营养元素的补充和强化等。（2）怀孕一揽子措施（Pregnancy Package），主要包括产前保健，铁和叶酸补充，关于适当饮食的咨询等。（3）生育一揽子措施（Birth Package），主要包括生育，纯母乳喂养，出生登记。（4）儿童健康和发展一揽子措施（Child Health and Development Package），主要包括疫苗接种，预防和治疗急性营养不良，免费喂养和充足营养及安全饮食等。（5）学前教育一揽子措施（Preschool Package），主要包括：学前教育，制定儿童早期发展的初步计划，推行优质小学教育。①

（五）"早期研究员计划"：为儿童早期发展配备专业人员

除了对贫困国家给予资金援助，世界银行同时很关注在教育机会扩张中提升教育质量。为此，2017 年，世界银行管理信托基金"早期学习伙伴关系"（Early Learning Partnership）设立了"早期研究员计划"（Early Years Fellowship），聚焦于教育援助的能力建设，首批遴选了 20 名非洲青年进行儿童早期发展教育项目的从业训练，旨在培养"儿童早期发展项目"（ECD）的短期顾问。该项目主要目标如下：增加有经验的专业人员数量以促进儿童早期发展教育项目的执行和质量的提升，培训当地青年从事儿童早期发展项目工作以减少对世界银行的依赖，提升青年对儿童早期发展的认知。②

---

① Amina D. Denboba, Rebecca K. Sayre, Quentin T. Wodon, Leslie K. Elder, Laura B. Rawlings, Joan Lombardi. Stepping up Early Childhood Development: Investing in Young Children for High Returns [EB/OL]. Washington: The World Bank, 2014.

② World Bank Group. Early Years Fellowship [EB/OL]. (2021-11-12) [2022-02-04]. https://www.worldbank.org/en/topic/education/brief/apply-now-early-years-fellowship.

（六）《好工作与好未来：投资于儿童保育以建立人力资本》：通过儿童保育促进女性就业

各国为消除贫困致力于促进妇女公平接受教育和公平就业，通过增加妇女在正式和非正式部门的就业机会、提升其劳动生产率，在改善就业机会和提升就业能力的基础上提高收入水平以拥有美好的未来。但是，该政策必须配套儿童保育政策为职场妇女解决后顾之忧。由于缺乏负担得起的托儿服务，妇女往往无法进入劳动力市场，或在分娩后无法重返劳动力市场，这严重限制了妇女获得高质量的就业机会以赚取更多收入，从而影响了家庭经济安全、性别平等以及经济增长。因此，改善女性就业和受教育机会的政策必须配套对应的儿童保育政策，优质的托儿服务可促进更多妇女从事更好的工作。事实上，妇女往往会将就业收入用于支持子女健康、教育和家庭整体福利，更有利于儿童成长。但是，低收入和中等收入国家尚有 40% 的幼儿没能获得托管服务。

2020 年，世界银行发布《好工作与好未来：投资于儿童保育以建立人力资本》（Better Jobs and Brighter Futures：Investing in Child Care to Build Human Capital），指出投资优质、负担得起的幼儿托管服务是减贫的关键。该报告面向政府提出了为所有有需要的家庭提供高质量、负担得起的儿童保育服务的五项关键政策目标。（1）提供多种类型的管理和服务以增加儿童保育机会，从而满足不同家庭的需要。主要类型包括：①政府直接提供；②对家庭的财政援助；③非国家提供的激励，如社区；④雇主支持的托儿政策。（2）优先为最脆弱家庭提供托儿服务，并确保提供低成本和免费的选择机会。支持低收入或其他弱势家庭的策略包括：①制定专门针对低收入家庭的托儿服务；②为弱势家庭预留托儿服务名额；③为低收入父母提供额外的经济支持，例如，提供额外的免费托儿时间或有额外补贴的托儿时间；④将儿童保育作为对家庭的额外支持；⑤设计注重公平和文化敏感性的项目，比如，聘用当地社区成员作为工作人员、解决残疾问题等；⑥在工作地点或社区附近为非正式工人提供服务场所。（3）分配足够资金使家庭能够负担得起优质的托儿服务。世界银行提供的托儿融资方案包括：国家预算范围内的拨款，个人所得税或工资税征收的特定儿童保育税收，个人通过社会保障制度缴纳的一般费用，雇主通过雇主税收或强制支出提供的资金支持。（4）确定明确、可行、协调一致的制度安排，包括：设置领导机构，聚焦促进儿童早期发展，确保在从出生到小学入学年龄的整个范围内所有利益攸关方参与其中以保证政策的连续性和连贯性。（5）通过健全的质量保证体系和胜任的工作人员确保儿童处于安全、刺激的环境中。比如，规定明确的注册和认证要求，制定全面一致的质量标准，设立监督系统，赋予家长参与权，开展高质量培训，建立保育工作者职业考核标准等。①

二、初等教育和中等教育

教育是消除贫困、促进共享繁荣以及改善健康、促进性别平等、实现和平与稳定的最重要驱动力之一，保障接受基本教育的人权即确保所有儿童和青年都能接受学校教育，但增长、发展和减贫取决于青年获得的知识和技能，而非简单的受教育年限。在低收入国家，有相当数量的青年在完成初等教育后未能获得基本识字和计算技能；在中等收入国家，许多学生未能掌握雇主期望的基本工作技能。因此，全球各国都面临着提高教育质量的问题。20世纪60年代至20世纪70年代，世界银行的教育贷款主要用于中等教育，特别是中等职业教育；20世纪70年代，世界银行开始援助初等教育，至20世纪80年代末，初等教育贷款占比位居第一，且一直延续至2021年；中等教育贷款占比逐渐后移至第二位。可见，世界银行相当重视各国初等和中等教育的发展。

（一）初等和中等教育援助政策

1.《援助发展中国家教育：政策选择探索》：公共资金从高等教育转向初等教育

1986年7月，世界银行出台《援助发展中国家教育：政策选择探索》（Financing Education in Developing Countries：An Exploration of Policy Options），指出教育是一项经济和社会生产性投资，应由政府提供资金和服务。但是，

---

① Amanda E. Devercelli, Frances Beaton‑Day. Better Jobs and Brighter Futures：Investing in Childcare to Build Human Capital ［M］. Washington：The World Bank，2020.

该报告同时指出了当前初等教育资金分配中存在的问题：一是投入不足，宏观经济条件不利、公共资金的部门间竞争均会降低政府扩大教育的能力，再加上家庭教育投资不足，初等教育入学率呈下降趋势；二是公共教育支出资源配置不合理，即便有证据表明初等教育的平均美元回报是高等教育的两倍，很多国家仍然以牺牲初等教育为代价而大力补贴高等教育。该报告针对上述问题提出三点建议：（1）公共教育支出从高等教育转向初等教育；（2）发展教育信贷市场，促进家庭投资于教育；（3）下放公共教育管理权，鼓励私立和社区学校发展。由于不同国家的经济发展水平不同，所以政策侧重点也不同：初等教育入学率低的撒哈拉以南非洲国家致力于扩大初等教育机会；初等教育覆盖足够多人口的国家，可以扩大中等教育和高等教育；亚洲和拉丁美洲等初等教育质量较高的地区，财政资金可向中等教育和高等教育倾斜①。

2. 《初等教育：世界银行政策文件》：初等教育机会公平

初等教育主要培养识字和计算能力并为后续教育奠定基础。但发展中国家的教育系统尚未实现上述目标：一是学生未能获得核心技能；二是未能为所有学龄儿童，尤其是女童提供受教育机会。1990 年 9 月，世界银行出台《初等教育：世界银行政策文件》（Primary Education：A World Bank Policy Paper）提出了促进初等教育发展的两个目标：一是增加儿童参与学校教育的机会，促进大多数入学儿童完成小学教育；二是为所有学龄儿童提供入学机会。该文件指出，改善发展中国家的初等教育需要在三个方面做出努力：改善学习环境；提高教师水平和积极性；加强教育管理。

（1）改善学习环境。改善学习环境的投资主要涵盖如下五个方面：①改进课程，制定连贯、节奏适当、有序的教学计划以提升儿童读写能力、计算能力和解决问题的能力；②提供足够数量的教学材料使每个儿童都能获得教科书和其他阅读材料；③增加教学时间以确保核心科目的教学时间不少于880学时；④通过在职培训、无线电教学和编制好的学习材料改善课堂教学；⑤通过弱势群体学前教育、在校保健营养干预措施提高学生学习能力。

（2）提高教师水平和积极性。有效教学的三个关键因素是学科知识、教

---

① George PsacharopouIos, et al. Financing Education in Developing Countries：An Exploration of Policy Options ［M］. Washington：The World Bank, 1986.

学技能和教学动机，据此针对教师能力和素养提升以及激发积极性实施以下改革：①将未来准备从事初等或中等教育工作的教师从教师培训学院转移到普通中学；②缩短教师职前培训、集中提升教学技能；③通过改善薪酬政策、就业机会和工作条件提升教师积极性。

（3）加强教学管理。只有在管理能力和管理体制较强的情况下，改善学习条件和提高教师水平的措施才能成功地提高学生成绩。世界银行倡议的教学管理改革包括：①组织机构改革，重新调整中央部委、中级组织和学校之间的权力和职能，给予学校管理人员必要的权力和资源以管理和改进教学；②加强成绩测试监测，研究和收集有关入学、考勤、投入和费用的数据，建立信息系统；③提高管理能力，增加专业机会和奖励，明确界定职业道路，并建立业绩评估制度。

在国际上，世界银行是支持教育贷款的最大来源，它为教育提供了总援助资金的 15%，为初等教育提供了约 30% 的援助。世界银行对初等教育的贷款始于 1970 年，重点用于如下三个方面：①优先考虑旨在促进儿童学习和小学毕业的措施；②在支持扩大入学机会的同时，应明确优先考虑在入学方面存在显著性别差异的女童；③长期支持低收入国家的初等教育发展计划。①

3. 《教育优先事项与战略》：提高教育入学率

1995 年，世界银行发布《教育优先事项与战略》（Priorities and Strategies for Education），再次强调中小学教育入学率影响着发展中国家的稳定发展，在技术变迁和经济结构变迁中，初等教育对经济发展和减贫至关重要，故发展中国家中小学教育更需要公共经费支持，大学生应当为高等教育支付学费。世界银行将初等教育界定为至少 6 年的学校教育，列为发展中国家的优先事项，特别强调女童享有同男孩平等的受教育机会。

（二）初等和中等教育援助项目

1. "肯尼亚中等教育质量改进项目"

2017 年 9 月，世界银行批准实施"肯尼亚中等教育质量改进项目"

---

① LOCKHEED, MARLAINE E, et al. Primary Education：A World Bank Policy Paper ［M］. Washington：The World Bank, 1990.

（Kenya-Secondary Education Quality Improvement Project，SEQIP），该项目为期6年，世界银行批复的贷款额度达2亿美元，关涉30个县的7852所小学和2147所中学，他们在经济上和教育上均处于不利地位，有120多万学生受益。"肯尼亚中等教育质量改进项目"旨在改善教育的可及性、质量和公平性，提高中等教育学生学习质量，促进从小学教育向中学教育过渡，实现肯尼亚"2030年愿景"，促进教育机构技能供给与市场需求相匹配。该项目由四个部分组成：（1）提高教学质量，包括消除教学和学习的供应瓶颈，比如，减少教师短缺，促进教师专业发展，提供教科书；（2）提高小学高年级的留校率和向中学过渡，比如，改善学校基础设施，提高贫困和弱势学生在小学高年级的留校率和向中学过渡；（3）面向肯尼亚经济社会发展需求和"2030年愿景"设置新课程，比如，设置基于能力的课程，加强国家学习监督和国家考试监测系统；（4）支持有效的项目管理并为其提供资金，比如，项目管理、协调及监测与评价。①

2. "突尼斯强化学习基础项目"

世界银行于2018年实施"突尼斯强化学习基础项目"（Tunisia-Strengthening Foundations for Learning Project），该项目有四个组成部分，旨在改善公立学前班和小学的学习条件，并增加选定地区接受公立学前教育的机会。（1）提高教育质量，增加公共学前教育供给。该项目在突尼斯31个贫困地区增加公立幼儿园入学机会，面向所有5岁儿童提供优质学前教育服务，为其小学及以后的成功做准备。主要措施有：①制定公立学前教师专业发展方案；②为学前班提供教学材料；③实施学前教育质量保障机制；④增加选定地区公立学前班教室供给。（2）改善公立小学学习条件，即改善一系列直接影响小学学习的因素：①提高学校领导能力；②提高未经过培训的小学教师的技能和知识；③提高教师教学质量，改善学校物质环境；④支持小学督学和教学辅导员的专业发展；⑤建立识字丰富的课堂环境等。（3）提高教育部门管理水平，主要措施：①中央教育部和区域办事处改善初等教育的学习条件；

① World Bank Group. Kenya Secondary Education Quality Improvement Project［EB/OL］.（2017-09-15）［2022-02］. https：//projects. worldbank. org/en/projects-operations/project-detail/P160083? lang=en.

②提升教育部门管理能力；③管理小学教师的专业发展，推行及利用学习评估以促进教学。①

三、高等教育

20 世纪 90 年代之前，世界银行重视职业教育与培训对就业的促进作用，看重基础教育对经济的回报率大于高等教育，故未将高等教育列为优先领域，而是列为支持序列的第三位：20 世纪 60 年代，世界银行教育贷款中高等教育占 12%，位居第二；20 世纪 70 年代，高等教育贷款占 20.1%，仍位居第二，但占比高于 20 世纪 60 年代；至 2021 年，高等教育贷款占 14.4%，位居第三。按照世界银行的观点，接受过高等教育的人更容易就业、从业的工资水平更高，且能更好地应对经济冲击。进入 20 世纪 90 年代，随着各国向知识经济转型，世界银行调整了教育投资战略，开始关注通过高等教育培养经济发展尤其是未来经济发展所需的人才。

（一）改革高等教育资金投入模式

1.《教育政策报告》：减少高等教育公共支出

1980 年，世界银行公布了第一份以政策命名的《教育政策报告》（Education Sector Working Paper），提出了发展高等教育的基本框架：减少对高等教育的公共投入，增加私人投入，鼓励私营机构介入高等教育。② 该报告的制定依据有两点：其一，大学毕业生失业现象引发了各国对教育的成本效益的分析，研究发现，大学毕业生失业并非单纯由课程不匹配或学校管理不善导致，而是因为过度需求，考虑到高等教育的私人需求强烈且私人收益更高，应由个人承担更多教育费用，高等教育实行教育收费政策，减少政府对非教学成本的投入；其二，考虑到初等教育的较高回报率以及各国政府公共财政资金的总量制约，支持各国政府将公共财政资金重新配置，减少对高等教育的投入，增加初等教育投入。降低高等教育成本最好的方法就是提高效率，

---

① World Bank Group. Strengthening Foundations for Learning Project［EB/OL］.（2018-04-27）［2022-02-27］. https://documents.worldbank.org/en/publication/documents-reports/documentdetail/100221526873433650/tunisia-strengthening-foundations-for-learning-project.

② 赵芳. 世界银行高等教育援助活动研究［D］. 上海：上海师范大学，2017.

世界银行鼓励发展高等教育中的非大学模式，即通过设置和增加新的大学课程来应对经济社会的人才需求，提出"为满足对合格技术人员的需求以及协调技术人员和研究人员之间的平衡，需要建立技术学院、社区学院和开放大学"，该建议旨在促进高等教育人才供给与市场需求相匹配。

2.《高等教育：经验与教训》：投资多元与质量提升

1994 年 5 月，世界银行发布《高等教育：经验与教训》（Higher Education：The Lessons of Experience），首次审视了以往的高等教育资助政策，并总结了经验教训：（1）倡导多元投资，促进私人部门参与；（2）基于市场需求促进高等教育机构多样化，比如，发展职业学院、理工学院等；（3）向社会地位较低、经济收入较差的学生提供经济支持；（4）倡导分权管理以确保各机构的管理自主权；（5）倡导不论性别或社会经济地位，所有学生都能接受高质量的高等教育；（6）发展中国家在保证高等教育质量和规模的同时，要注意保持小学、中学和高等教育之间资源分配的平衡，不同层级的教育之间在社会回报率方面形成互补。

此间，世界银行越来越重视面向提高教学和研究质量实施教育投资，主要包括：（1）提高全体教师素质；（2）创新教学方法、学术课程内容和学生评价方法；（3）支持院校自我完善的改革，改善教学设施和教学资源的数量和质量；（4）完善考试和选拔制度；（5）建立合理的考核制度；（6）深入有关毕业生培训、员工生产力和质量的研究。①

数据显示，在整个教育体系中，从私人收益看，高等教育的投资回报率最高，大学生的收入每年可增加 17%，但小学只有 10%；从社会收益看，高等教育培养的高技能人才无疑是一个国家创新能力和经济长期增长的先决条件。但是，各国政府由于预算紧张难以满足经济发展对高等教育的需求，特别是最贫穷、最边缘化地区的青年还缺乏接受高等教育的机会。基于此，世界银行所支持的高等教育改革与创新的重点内容有：（1）促进高等教育的公平性；（2）提高项目的相关性和质量以提升毕业生就业能力；（3）为基于公共资源高效利用的改革提供资金，促进大学和职业技术院校整合；（4）支持

---

① World Bank Group. Higher Education：The Lessons of Experience ［M］. Washington：The World Bank，1994.

公私合作；（5）改善高等教育机构与雇主关系；（6）基于未来需求将学生培养成为专业人士。为达成上述目标，世界银行支持雇主与政府、大学、技术学院和培训机构合作，基于地方经济的发展需求制定人才培养项目。

（二）促进发展中国家向知识经济转型

随着各国向知识型经济转型，高等教育在减贫中的作用越来越显著。以技术和知识驱动的经济发展对劳动力的技能提出了新的要求，全球化和技术附加值的提升使得那些缺乏向数字化转型的国家在全球激烈的竞争中远远被甩在后面。因此，如何通过高等教育赋予劳动力获取现有知识的能力，为贫困学生提供更好的就业机会以实现公平，促进发展中国家建构知识型社会从而实现经济转型，成为世界银行关注的重点。

1. 《发展中国家的高等教育：挑战与机遇》：政府引导下契合国情的高等教育改革

2000 年，世界银行发布《发展中国家的高等教育：挑战与机遇》（Higher Education in Developing Countries：Peril and Promise），指出世界上近一半的高等教育学生都生活在发展中国家，而发展中国家普遍面临着高等教育长期发展资金不足问题，各国不应照搬发达国家模式，而应依据各自国情制定高等教育发展与改革计划，聚焦于增加教育资源、提高教育资源使用效率。世界银行围绕高等教育系统、高等教育管理、科学技术、通识教育阐述了发展中国家高等教育面临的问题。（1）高等教育系统。促进政府对高等教育进行引导、实施积极监督：①确保高等教育为公共利益服务；②确保高等教育能够提供市场所不能提供的知识和技能；③提高高等教育公平性；④支持高等院校开展基础研究；⑤确保高等教育财政的透明度和公平性；⑥高等教育财政资金由公共资金和私人资金组成。（2）高等教育管理。高等教育管理遵循如下原则：学术自由、共同治理、责权明晰、精英选择、财政稳定、责任、定期检测标准、院校内部密切合作等。（3）科学技术。高等教育是科技进步的基础和必要支撑，鉴于科学技术的公共产品属性，发展中国家必须大力发展科技教育，加强区域间和国别合作，改革国际知识产权制度。①在科学发展战略方面，加强地区合作，密切关注科学领域内的优先问题，提高公众科学修养；②促进大学与产业合作。（4）通识教育。促进各国基于"受过教育的人"（educated people）设计适合自己国家高等教育系统的结构和价值观的通识教育课程。① 通识教育能够激发学习热情、促进人类发展，有利于培养领导者、受教育的公民、政府工作人员和各类专业人员，有利于发展公民权利和义务、道德行为。故世界银行认为，发展中国家的高等院校不能单一地专注于专门的技术性科目，不提倡在不同文化中普遍采用某一特定课程或教学方法，而是鼓励各国基于各自国情设置通识教育课程。

2.《构建知识型社会：高等教育的新挑战》：向知识经济转型的高等教育改革

2002年，世界银行发布《构建知识型社会：高等教育的新挑战》（Constructing Knowledge Societies：New Challenges for Tertiary Education），总结了其在2000年以前高等教育政策的经验教训，指出了全面系统的高等教育改革的重要性。报告指出，一个国家的初等和中等教育的表现取决于其高等教育体系，因为高等教育体系负责提供训练有素的教师、课程设计人员、学校领导和教育研究人员。该报告为世界银行的后续发展指明了方向，主要内容有：（1）利用世界银行作为国际组织的地位促进国家层面的政策对话，将世界银行的资源作为公共产品向全球推出；（2）通过高等教育改革促进发展中国家向知识经济转型，必须承认其与发达国家的差距，提出有针对性的建议，加强初等和中等教育，提高教师和校长持续的专业发展能力，培训合格的专业人员，将投资用于经济转型领域的高级研究和培训；（3）对低收入小国，促进其与邻国建立分区域伙伴关系以发展高等教育机构网络，促进学生跨国流动和项目互认，比如，2014—2018年实施"非洲卓越中心项目"（Africa Centers for Excellence），致力于在科技领域促进高校建立跨国和跨部门伙伴关系，从而促进区域专业化、提供高质量培训和应用研究、提升大学科研能力、促进非洲经济社会转型、实施基于成果的融资等。②

---

① 蒋凯. 从"奢侈品"到"生存的必需"——世界银行关于发展中国家高等教育的新观点［J］. 全球教育展望，2002，31（06）：65-69.

② World Bank Group. Constructing Knowledge Societies：New Challenges for Tertiary Education［M］. Washington：The World Bank，2002.

（三）聚焦发展中国家的高等教育质量

在知识经济时代，要提升发展中国家的竞争力，必须为高等教育发展创造有利环境并促进高等教育提升质量，同时面向发展中国家的偏远和被忽视地区培养技术技能人才，以满足国家和地区的经济发展需求。

1. "技术教育质量改进项目"

从 2002 年开始，世界银行在印度实施了为期 15 年的"技术教育质量改进项目"（Technical Education Quality Improvement Project，TEQIP），旨在提高印度工程教育的质量和公平性，该项目分三个阶段实施，2002—2009 年为第一阶段，2010—2015 年为第二阶段，2016 年开始第三阶段。该项目以印度250 多个工程学院和数千名教职员工为对象，通过实施以机构自治和问责制为导向的教育改革促进教育质量的提升，培养更高质量、就业能力强的工程师，满足印度经济发展的需求。世界银行驻印度局局长 Onno Ruhl 指出："高等教育和技术教育可帮助青年获得世界一流技术劳动力所需的技能，为劳动力市场做好准备。""技术教育质量改进项目"同时支持工程学院和技术大学，目标是培养 300 万名本科生和研究生，其中有 30% 女性，20% 来自种姓和部落，超过 10 万名教职员工从中受益。此外，该项目还致力于促进这些高等院校发展研究生教育、科学研究与创新。

"技术教育质量改进项目"在第三阶段重点关注工程教育较弱的州，旨在于印度全国不同地区公平地分配技能，促进来自不同区域的劳动力能够公平进入劳动力市场。数据显示，印度约 50% 的人口生活在低收入州、丘陵州和东北部各州，贫困率接近 48%。这些地区工程类高等教育学生占比为 16.8%，远低于其他州的 28.4%，故而贫困家庭的学生很难获得工程教育机会，即便有机会入学也大多数面临学习困难问题。为改善贫穷地区的工程教育质量，需要赋予工程学院自主权、提供全职教职员工、增加研究投入，提升工程学院和技术大学向学生传授经济所需技能的能力，培养学生解决问题的技能、创造力和灵活性。基于此，世界银行与国家级工程学院合作，提供为期 25 年且包括 5 年宽限期的教育贷款帮助印度实施工程教育改革，主要内容如下。

（1）在高等院校层面，该项目聚焦于培训教职员工，投资尖端硬件和软件，提高学生非认知技能，关注学生的职业咨询和安置；增加与行业互动，鼓励跨学科、跨机构合作，改善学校治理。[1]（2）在制度层面，该项目支持设计和实施学生评估系统，制定可持续教师招聘计划，提高考试系统效率，创新技术驱动教育模式，以及更好地管理和使用数据。[2]

2. "高等教育机会与质量计划"

2017 年 1 月，世界银行发布"高等教育机会与质量计划"（Program for Higher Education Access and Quality），旨在提升哥伦比亚高等教育质量，增加机会以缩小社会经济和区域机会差距，特别是提升高质量高等教育中贫困学生的入学率和毕业率，促进哥伦比亚成为受教育程度最高的国家。[3]该计划涵盖两方面内容：一是为高等教育中处境不利的学生提供贷款；二是为其进入世界一流大学学习发放"科学护照"（Passport to Science），即为其学习硕士和博士课程提供赠款。世界银行为"高等教育机会与质量计划"提供了 1.6 亿美元贷款，资助了 28.7 万名哥伦比亚高等教育学生。此外，世界银行还在越南投入 1.55 亿美元加强越南国立农业大学、河内科技大学和胡志明市工业大学的研究、教学和组织能力、信息管理系统使用，惠及近 80 万师生。[4]

（四）提升高等教育服务韧性

COVID-19 危机使 2.2 亿名高等教育学生（占全球受影响学生总数的13%）的学业终止或严重中断，故而高等教育要加强适应性管理，提升其敏捷性、有效性和可持续发展能力，增强其服务供给的韧性。2021 年 9 月，世

---

[1] 在项目第一、第二阶段，世界银行促进项目涵盖的所有州立学院与高水平工程学院结成对子以促进知识交流、优化资源利用和建立长期战略伙伴关系。

[2] World Bank Group. Technical Education Quality Improvement Project（TEQIP III）［EB/OL］.（2016－06－24）［2022－02－14］. https：//www. worldbank. org/en/news/press－release/2016/06/24/world－bank－approves－us－20150－million－for－improving－the－quality－of－engineering－education－in－select－indian－states.

[3] World Bank Group. Program for Higher Education Access and Quality［EB/OL］.（2017－01－31）［2022－02－16］. https：//www. worldbank. org/en/news/press－release/2017/01/31/apoyo－del－banco－mundial－beneficiara－a－cerca－de－300000－estudiantes－al－ano－en－colombia.

[4] World Bank Group. Higher Education－Result［EB/OL］.（2021－10－22）［2020－02－04］. https：//www. worldbank. org/en/topic/tertiaryeducation#3.

界银行发布报告《高等教育转型：应用人工智能的韧性系统》（Steering Tertiary Education：Toward Resilient Systems that Deliver for AI），旨在支持发展有效、公平、高效和有韧性的高等教育系统和机构的做法，① 并针对教育公平和促进绿色增长提出了五项基本原则：建立多元化系统，投资新技术，促进教育机会和融资公平，提高资源利用效率，提高服务供给韧性以促进继续学习。（1）建立多元化系统。促进高等教育机构形式和范围的多样化，面向所有学生提供学习的机会。①在支持传统研究型大学之外，探索多元化高等教育机会的改革，将技术和职业教育机构、短期课程、在线教育和私立教育纳入其中；②高等教育不但要促进经济增长、提升国家竞争力，还要促进社会凝聚和人文发展；③将高等教育视为一个独立的、综合的生态系统，提供二次选择机会，支持终身学习以满足雇佣双方的需求。（2）使用新技术促进教育和研究发展。①技术为高等教育带来了创新性变革，但基于使用新技术扩大入学机会必须充分认识公平和质量的重要性，关注国家之间和国家内部的数字鸿沟；②投资于国家研究和教育网络（National Research and Education Networks，NRENs），为技术驱动的教学和研究提供结构框架和资源、提升拓展能力，使整个高等教育系统的所有机构和利益相关者均能受益。（3）促进教育机会和融资公平。①基于公平原则制定横向和纵向的干预措施，面向高等教育整个系统、不同类型教育机构和所有学术领域增加机会；②明确国家间和地区间高等教育系统差距，并制定相匹配的干预措施；③基于公平制定创新措施。（4）提高资源利用效率。①完善信息系统，根据事实实施管理；②以目标为导向设计和部署治理、融资和质量保证工具，多元化资金来源并有效利用资源，减少对单一资金来源的依赖。（5）提升高等教育提供服务的韧性、敏捷性以及可持续性，使之能对危机迅速反应且不断适应，为学习者提供继续学习的机会。②

　　21 世纪，世界银行支持高等教育改革与发展的主要工作领域如下。（1）加强劳动力市场与高等教育的联系。为促进高等教育机构的教学和研究

---

① 李倩. 世界银行：建立弹性高等教育系统［EB/OL］.（2021-10-25）［2022-01-31］. https：//www. sohu. com/a/497170435_ 121123998.

② World Bank Group. Steering Tertiary Education：Toward Resilient Systems that Deliver for All ［M］. Washington：The World Bank，2021.

活动与劳动力市场需求保持同步，世界银行支持各国发展公私伙伴关系，例如，与私营部门的利益相关方合作建立课程咨询和审查委员会，制定激励措施以加强产业界与大学的联系，提供将教育机构学习与企业实践相结合的学习机会。（2）促进发展科学、技术、工程和数学教育（STEM）。为了满足经济转型对管理和工程人力资本的需求，世界银行鼓励高等教育机构实施 STEM 项目。（3）拓展融资促进高等教育的公平性和效率。为给贫困和弱势学生提供高等教育机会，必须拓展高等教育的融资渠道。（4）发展一体化高等教育体系。促进大专院校的发展，比如，社区学院、理工学院和技术培训机构，提升其社会地位，改变人们对技术和技能的认知，建构多元化、灵活的高等教育体系。（5）重视项目的毕业和就业等成果，提高项目的透明度。（6）优化高等教育竞争环境。为了提供高质量的高等教育机会，世界银行支持各国政府监管高等教育发展，目标是提升高等教育的质量、可及性和市场相关性。①

四、职业教育与培训

（一）促进技能供需匹配

世界银行自成立之初就将职业教育与培训作为其人力资本投资的主要形式之一，其在 1963 年发布的首个教育政策提案中就将职业教育与培训作为优先事项，凸显出世界银行对职业教育与培训在反贫困中作用的高度认可。从 20 世纪 60 年代开始，世界银行主要推动职业教育与培训培养经济发展所需的劳动力，到 20 世纪 70 年代，开始重点促进中等职业教育发展。

1. 《教育政策提案》：储备训练有素的人力资源

1963 年 10 月，世界银行发布《教育政策提案》（Proposed Bank/IDA Policies in the Field of Education），这是其在教育领域第一个援助项目，指出各级职业技术教育与培训以及中等教育是其教育融资的重点领域，旨在促进各国

---

① World Bank Group. Higher Education Needs to Chance to Meet the Demands of a Fast-Changing World［EB/OL］.（2018 - 10 - 01）［2022 - 02 - 18］. https：//documents1. worldbank. org/ curated/en/610121541079963484/pdf/131635 - BRI - higher - PUBLIC - Series - World - Bank - Education - Overview. pdf.

为经济发展储备训练有素的人力资源。世界银行重视职业教育与培训的主要原因如下：（1）通过贷款和技术援助资金引导发展中国家重视教育、投资于教育；（2）为发展中国家制定并实施教育计划提供资金支持；（3）联合国教科文组织的援助项目效果很好，启迪世界银行援助发展中国家发展教育。

世界银行和国际开发协会倡议的教育援助领域主要有：（1）扩大各级技术和职业教育与培训，包括技术学校、农业学校以及商业和工商管理学校；（2）扩大普通中等教育，为政府、工业、商业和农业提供中级管理人员，为高等教育和专业性职业培训提供更多候选人，为小学培养更多教师①。

2.《教育工作文件1971》：发展非正规教育与培训应对技能供需不匹配

进入20世纪70年代，发展中国家劳动力就业市场人力资源配置出现新的问题，在重视工业、商业和农业培训的情况下，无论是学校的正规技术教育与培训，还是非正规的在职培训培养的技能均与就业需求脱节，导致越来越多的劳动力失业、劳动技能与职业不匹配。针对上述情况，1971年9月，世界银行发布《教育工作文件1971》（Education：Sector Working Paper 1971），对职业教育与培训的援助重点重新定位，提出增加对初等教育和非正规培训的投资，针对正规教育系统以外的儿童、青年和成人开展非正规教育与培训。主要工作目标如下：（1）通过非正规培训降低教育成本；（2）实施课程改革，推广使用广播、电视等新型教育技术；（3）提高教育效率和生产性；（4）探索新的资金来源；（5）教育系统改革聚焦于管理和规划。② 其间世界银行的援助资金使用去向有技术贷款、农业贷款、教师培训、改进的普通中学等，同时会开辟全新的援助领域，如管理培训。世界银行实施了如下教育援助项目：肯尼亚和坦桑尼亚的农民培训中心、索马里和坦桑尼亚的流动培训单位、智利的工业培训计划、支持一些国家建立职业培训中心。

3.《教育工作文件1974》：发展促进生产的教育项目

1974年9月，世界银行发布《教育工作文件1974》（Education：Sector

---

① World Bank Group. Proposed Bank'IDA Policies in the Field of Education［EB/OL］.（1963-10-31）［2022-02-16］. https：//documents1. worldbank. org/curated/en/149071468338353096/pdf/729770WP00PUBL0ector0working0papers. pdf.

② World Bank Group. Education：Sector Working Paper 1971［M］. Washington：The World Bank，1971.

Working Paper 1974），进一步明确了将教育援助资金优先投放到促进生产的教育项目，特别是与受援国经济发展计划相关的教育项目，以培训经济发展所需的各类人才。20 世纪 70 年代，世界银行实施教育援助的工作战略如下。（1）面向贫困群体的教育发展战略。失业和就业困难的群体通常是弱势阶层，绝大多数贫困人口从事自给自足的农业生产，教育援助要基于最大化利用现有资金和人力资源，致力于对贫困群体实施职业能力开发。（2）培训经济发展所需的技能。由于发展中国家教育系统供给的技能与生产实践所需技能错位，教育援助要促进发展中国家制定人力资源发展规划，增加对职业技能短缺领域的职业教育与培训。（3）增加农村人力资本。世界银行的教育政策聚焦于帮助发展中国家完善农村地区正规教育的内容与方法，将非正规培训计划作为正规教育的平行或替代计划，实施识字教育计划以帮助贫困人口提升人力资本水平。世界银行的技能政策同时面向城市和农村，有针对性地培养技能，为现代和传统部门培养匹配的人才。基于此，世界银行引导发展中国家制定大规模农村人力培训方案。其中，"实用识字项目"（Functional Literacy Program）是农村教育赋能人力资本的例子，该项目是与联合国教科文组织联合实施的"世界实验扫盲计划"（World Experimental Literacy Program）的一部分，旨在促进功能性扫盲，提升功能性读写能力（Functional literacy），即将阅读和计算能力列为工作技能培训的内容。①

（二）激活培训市场提升劳动力应对市场变迁的能力

世界银行认为，发展中国家要在经济和技术迅速变化的环境下不断提升竞争力，无疑需要提高其整个经济领域的生产力，即不仅要有足够的资本投入，还需要劳动力具备应对经济和职业结构变化的能力，具备为新工作获得新技能的适应性，提升动态获得技能的韧性。因此，技术工人和技术人员的能力水平及其应对劳动力市场变迁的韧性对发展中国家的竞争力提升至关重要。《世界发展报告1980》（World Development Report 1980）的"职业教育与培训"部分指出，严重依赖学校职业技能开发通常效率低下，而那些提供具

---

① World Bank Group. Education：Sector Working Paper 1974［M］. Washington：The World Bank，1974.

有广泛适用性、能作为后续在职培训或短期课程的培训机构更可能成功,① 职业培训与技术教育系统是年轻人以及成人，尤其是弱势群体接受培训和再培训的重要资源。② 1991 年 5 月，世界银行发布《职业技术教育与培训政策文件》（Vocational and Technical Education and Training：A World Bank Policy Paper），旨在激活发展中国家的教育与培训市场，增加其职业教育与培训供给，训练拥有较高技能和适应变迁能力的劳动力。

该文件针对职业教育与培训阐述了三个工作理念。（1）将职业教育融入中小学教育。作为普通教育，中小学教育对提升劳动者生产力的贡献最大，促进发展中国家在中小学教育中融入职业教育，将特定职业技能培训置于基础教育的通识教育基础之上，能够增加贫困人口和弱势群体未来获得职业培训和有薪就业的机会。（2）激励私营部门提供职业培训。通过改善私营部门的职业培训环境激励雇主提供培训，扩大私营部门职业培训的供给量。政府通过减少私营部门培训监管、放松私营部门进入培训市场的限制改善私营部门的职业培训环境，比如，适度规定官方培训课程、允许私营机构自主制定学费标准等。（3）鼓励政府创造良好的培训政策环境。鼓励政府制定经济补贴政策和社会保障政策以提升社会培训率，比如，取消学徒最低工资限制，通过补贴来降低雇主和工人的培训成本。

发展中国家大多数贫困人口在农村和城市非正规部门就业，提高生产率进而提高收入是帮助其摆脱贫困的主要途径。世界银行在此基础上提出了面向贫困群体的职业教育与培训工作思路。（1）提高初等教育和中等教育的受教育年限。普通教育中的初等教育和中等教育是贫困人口和弱势群体提高生产力和收入的基础，也是其职前和职后获得职业教育与培训的基础，故而要改变其贫困状态首先要提高普通教育的受教育年限，即至少需完成小学课程，完成初中课程更好。世界银行将确保以完成初等教育、扩大女性和贫困人口接受中等教育的机会作为优先事项，并通过发展非正规基础教育和实施扫盲计划为其接受职业教育与培训奠定基础。提高初等教育和中等教育的受教育

---

① World Bank Group. World Development Report 1980 ［M］. Washington：The World Bank，1980.

② 唐智彬，王池名. 全球贫困治理视域下世界银行推动职业教育发展路径与逻辑 ［J］. 比较教育研究，2021（06）：11-18.

年限，为参与职业培训、获取职业技能奠定了基础，可以有效促进其从自雇佣转为从事有工资的工作，从而提高收入水平。（2）开展面向农村和城市的个体经营培训。农村的个体经营主要指农业生产，因为农村商业发展最终取决于农村消费者的购买力，因此要发展农村商业个体经营，必须先提升农业生产力，进而提高其收入。世界银行通过促进基础教育和农业推广帮助农民获得并应用新的信息和技能，从而提高其生产力和收入，为发展农业个体经营奠定经济基础。（3）改善女性获得有薪就业的机会。发展中国家大部分女性的就业机会来自电子组装行业和职业技能水平低的服务行业，为促进其脱离贫困，世界银行通过减少就业歧视和降低培训机会成本鼓励女性参与职业教育与培训，通过提升职业技能去获取更高生产率的就业机会。（4）消除就业歧视。很多发展中国家存在就业方面的立法歧视，尤其是对女性存在很强的就业歧视，这在制度上造就了被歧视者就业机会不公平，从而阻碍了人力资源的最大化利用。世界银行致力于消除各国就业歧视政策以实现就业机会公平。（5）降低培训成本。发展中国家的贫困学生很少能够负担得起3—4年的全日制教育与培训，女性因承担家务和照顾孩子在时间上无法承担全日制教育与培训。世界银行为促进贫困者和弱势群体尽可能多地获得教育与培训，聚焦于降低全日制教育与培训的直接成本和机会成本，大力支持各国发展短期密集性培训课程、晚间培训、在便利地点提供培训等。[①]

（三）促进职业教育与培训的机会公平

2000年9月，世界银行发布报告《经济转型国家教育面临的潜在挑战》（Hidden Challenges to Education Systems in Transition Economies），分析了低教育水平与低收入的因果关系、贫困群体的特殊教育需求以及相关建议对贫困人群的实际影响。经济合作与发展组织的一组调查数据佐证了劳动者个人的人力资本水平对其未来的就业、收入和培训均有深远影响。（1）预期就业年限。1996年的调查数据显示，25—64岁男性完成高等教育的群体在其经济生命周期内的就业年限比未完成中等教育的同年龄段男性多5.6年。（2）工资

---

① Middleton John, et al. Vocational and Technical Education and Training [M]. Washington: The World Bank, 1991.

收入水平。2000 年的调查数据显示，近年来识字率呈上升趋势，在每个识字率水平上，25—65 岁人口（即收入最高的 60% 人口）占比在稳步提升，表明识字率促进了工作收入的增长。[①]（3）接受雇主培训的可能性。2000 年的调查数据显示，受过良好教育的人更容易接受雇主培训，而接受过较多培训者会获得较高工资，[②]且随着识字率的上升，16—65 岁人口参加成人教育与培训的占比越来越高。[③]农村人口和弱势群体的入学率低是其贫困的主要致因，故世界银行聚焦于通过促进职业教育与培训发展、提供教育援助资金实现教育机会公平来消除贫困。

世界银行促进职业教育与培训工作、促进实现教育机会公平的主要措施有三类。（1）重塑高中教育。由于雇主更青睐于雇佣具有扎实基础技能和高水平职业技能的工人，因此，高中教育必须同时培养青年的基础技能和职业技能。世界银行的做法是：提升高中教育入学率让更多青年习得基础技能，创新中等职业技术教育课程以匹配劳动力市场需求的变化。（2）促进劳动者获得非传统性别的职业培训以缩小男女工资差距。世界银行发现，一方面，基于性别的职业偏好带来了对女性的工资歧视，导致女性从事低收入工作，特定职业的女性是贫困的；另一方面，传统性别的职业压抑了女性（男性）对传统男性（女性）职业培训的需求。故而确保男女均能获得非传统性别的职业培训会有助于减少男女两性间的工资差异。（3）增加成人再培训机会。劳动力在结束基础教育后的整个经济生命周期内会面对诸多市场技能需求变迁，为促进劳动力不断更新技能以避免结构性失业，世界银行旨在推动各国政府增加学校教育后的再培训供给。

在撒哈拉以南的非洲地区，青年失业者占未就业人口的 60%，70% 的青少年生活在每天 2 美元的贫困线以下。世界银行将职业教育与培训视为促进青年获得和发展就业技能的重要途径，并于 2008 年实施了"技术和职业教育

---

① ROGERS A. OECD 2000. Literacy in the Information Age: Final Report of the International Adult Literacy Survey [J]. International Review of Education, 2000, 46 (05): 467-473.

② MINCER J. Job Training, Wage Growth, and Labor Turnover [J]. NBER Working Papers, 1988.

③ ROGERS A. OECD 2000. Literacy in the Information Age: Final Report of the International Adult Literacy Survey [J]. International Review of Education, 2000, 46 (05): 467-473.

券计划"（The Technical and Vocational Vouchers Program，TVVP），随机向肯尼亚1000多名学生发放代金券，为其提供接受职业教育与培训的机会，旨在填补肯尼亚的技能供需缺口。"技术和职业教育券计划"还包括评估定向技术和职业教育券（restricted vouchers）和非定向技术和职业券效果的职能，其中定向技术和职业教育券将职业教育的选择限制在公立学校，而非定向技术和职业教育券允许学生自主选择在公立或私立学校就读。从2009年初开始，该计划鼓励女性进入传统上由男性主导、利润日益增加的职业教育和培训领域，约78%的参与者选择两年制课程，近20%的参与者选择一年制课程。"技术和职业教育券计划"实施的结果表明：领取技术和教育券从而接受职业教育与培训的学生获得的报酬高于未参与者；领取代金券的人群中，女性生产力提升最有效果，其获得的经济回报高于男性。[①] 该计划证实了在职业教育与培训中促进性别平等可以降低劳动力市场分割程度，从而减少就业歧视引发的贫困风险。

此外，世界银行还支持多个促进青年培训和就业的项目，比如，在多美尼加向38000多名贫穷的高危青年推出职业和生活技能培训以及在职实习；在斯里兰卡推出技能发展项目，覆盖83万青年；2016年，在哈萨克斯坦推出改善就业成果与劳动力技能项目；2016年，在肯尼亚为28万青年改善就业机会。[②]

（四）提升劳动力技能以应对学习贫困

1. 构建技能提升框架

2014年，世界银行发布《提升技能：更多就业机会和更高生产力》（Upgrading Skills：More Job Opportunities and Higher Productivity），基于发展中国家工人技能与企业需求不匹配、低效管理及缺乏激励机制、培训体系运行效率

---

① World Bank Group. The Technical and Vocational Vouchers Program [EB/OL]. [2022-02-16]. https：//documents1. worldbank. org/curated/en/657811468088157439/pdf/755610BRI 0ARGP00Box374337B00PUBLIC0. pdf.

② World Bank Group. World Bank Approves US $150 Million Support for Kenya's Youth [EB/OL]. (2019-09-18) [2022-02-04]. https：//www. worldbank. org/en/news/press-release/2016/05/20/world-bank-approves-us150-million-support-for-kenyas-youth.

低下等现实问题，围绕促进就业和提高生产力阐释了提升技能框架，即"就业与生产力技能框架"（Skills Toward Employment and Productivity，STEP），旨在通过技能提升提高劳动力的就业能力和劳动生产力，进而提升国家竞争力，促进经济转型。"就业与生产力技能框架"期待通过培养高素质劳动力的人力资本投资以促进形成良性循环：高质量的技能促进生产力提升、吸引外国直接投资，进而促进经济增长并创造更多高质量就业机会，教育与培训系统的投资增加，进一步促进就业，提升劳动生产力。

"就业与生产力技能框架"本着包容性发展、减少贫困、提高生产力的理念提出了促进劳动力技能提升的五方面建议。（1）儿童早期基本技能培养。儿童早期发展是人力资本形成的基础，该阶段培养的技能是其未来在工作场所学习的能力基础。儿童早期发展主要强调营养、刺激和基本认知技能，发展有助于在工作环境中具有高生产力和灵活性的技术、认知和行为技能，有效的儿童早期开发项目回报率很高，反之亦然。（2）确保所有学生都能学习基本技能。基本的认知和社会情感技能对一生的学习、发现和创新能力至关重要，学校教育要帮助学生获得基本的技能和能力，帮助其获得建立社会关系网络、做出正确人生决策、自主创业的能力。基于此，各国要建立具有明确学习标准、优秀教师、充足资源和适当监管环境的教育系统以确保所有学生都能学习基本技能。（3）训练与工作匹配的技能。世界银行 2010 年的企业调查结果显示，技能不足制约了企业发展。然而，在低收入和许多中等收入国家的城市和地区，相当一部分劳动力从事低技能和低收入工作，或在非正规部门就业。通常就业前培训与劳动力市场技能需求错位，而终身学习机会缺乏又降低了劳动力对职业培训的可及性。世界银行鼓励国家制定终身学习计划、增加职业培训供给，培训职业相关技能并为劳动力在经济生命周期内不断拓展、更新技能提供机会；鼓励国家针对就业前和在职培训项目及相关机构发展制定有效的激励框架，建立更具适切性和反应性的培训体系。（4）鼓励创新创业。创造鼓励知识和创新投资的环境，促进特定创新技能的发展，通过加强大学与企业的合作，促进新思想的创新利用。[①]（5）促进技能供需

① 李玉静. 世界银行发布技能框架：《提升技能：实现更多就业机会和更高生产力》[J]. 职业技术教育，2014，35（09）：15.

匹配。促进形成灵活、高效、安全的劳动力市场，加强收入保护、避免过度就业保护，面向企业和劳动者提供信息等中介服务以消除信息不对称，① 从而促进技能转化为实际就业和生产力，即实现技能供需匹配。②

2. 实施劳动力技能监测与评估

2014 年 6 月 20 日，世界银行发布"STEP 技能评估计划"（Skill Towards Employ Ability and Productivity（STEP）Measurement Program），这是世界上第一个监测中低收入国家技能的计划，通过观测劳动力市场的技能要求，技能获取与教育成就、个性和社会背景之间的联系，以及技能获取与生活水平之间的联系，旨在减少不公平和贫困，促进包容性增长。STEP 计划包括家庭调查和雇主调查。（1）家庭调查涵盖三个模块：经济合作与发展组织成人能力国际评估（PIAAC）中阅读能力得分；关于个性、行为、时间和风险偏好信息的自我报告；劳动力拥有或在工作中使用的与工作相关的技能。（2）雇主调查涵盖五个模块：评估劳动力结构；认知技能、行为和个性特征以及目前使用的与工作相关的技能；雇主在雇佣新员工时的技能需求；雇主提供培训和补偿的情况；劳动力教育与技能培训的满意度。

2014 年，世界银行基于八个国家的家庭调查数据发现如下事实：（1）与缺乏儿童早期教育的成年人相比，有儿童早期教育经历者在适龄接受小学教育的可能性更高，成人后具有更高水平的阅读和写作能力；（2）社会经济地位与社会交往技能的发展相关，高质量的教育体系可以减缩技能差距；（3）计算等基础技能在就业中的使用率非常高，男女在基础技能中存在差异；（4）认知和社会情感技能是发展工作相关技能的先决条件，教育系统、培训计划和学徒计划应加强这类技能培训。

根据上述调查结果，世界银行确定了能够促进劳动力实现就业、提升生产力的相关技能内容，主要包括：（1）认知技能，包括理解复杂想法、敏捷

---

① World Bank Group. Skill Towards Employability and Productivity（STEP）Measurement Program [EB/OL].（2014-06-20）[2022-02-16]. https：//www. worldbank. org/content/dam/Worldbank/Feature%20Story/Education/STEP%20Snapshot%202014_ Revised_ June%2020%202014%20（final）. pdf.

② World Bank Group. Skills Toward Employment and Productivity [M]. Washington：The World Bank，2010.

适应环境、从经验和理性中学习，具体指基础读写素养、计算能力、创造力、批判性思维、解决问题的能力；（2）社会情感技能，即有效驾驭人际和社会环境的能力，包括领导力、团队合作、自制力和毅力；（3）技术技能，即完成特定任务所需的基础知识和专业知识，包括掌握所需的材料、工具或技术；（4）数字技能，即访问、管理、理解、集成、通信、评估和创建信息的能力。

3. 实施教育改革以应对学习贫困

世界银行通过开展学习评估发现，全球的受教育机会较比以往有所增加，但青年，尤其是处于贫穷或社会边缘的青年，甚至尚未掌握生活所需的基本技能，发展中国家劳动力的技能水平还偏低。2018 年，世界银行在《学习以实现教育的承诺》（Learning to Realize Educations Promise）中指出，全球面临着学习贫困，学生接受教育却未学到知识，更未习得认知技能、社交情感技能和技术技能，这不仅浪费了资源，也是对儿童和青年的不公平。学生应掌握的技能是多维的、动态的和互动的，可以在学校和工作场所习得，也可以通过特定的职业教育与培训习得，但学校无疑是技能习得的重要场所。为了应对全球的学习贫困，世界银行制定了如下发展策略：实施学习评估；采用典型经验促进学校为学习者提供完善的服务；促进包括学习者、教师、政府及其他组织和机构在内的教育与培训参与主体协调发展。具体实施情况如下。

（1）实施学习评估。通过建构、评估学习指标，促进教师了解学生的学业水平，帮助学校更好地分配资源，激励政府制定教育规划、实施教育改革。为此，要制定一系列配套的、相辅相成的测量工具服务于不同的学习评估目标。（2）促进学校更好地为学习者服务。典型经验和实践操作之间往往存在差距，要促进政策制定者找出典型经验背后的共性，并运用其改善学校服务，可借鉴人类行为理论模型分析法，注重分析规律，了解典型经验成功所需的支撑条件。（3）培养有准备、有动力的学习者。儿童早期教育的坚实基础支撑着其人生所有的学习和技能的发展，故低质量的基础教育意味着学习者从高等教育或技术培训中获得高级技能的基础薄弱，从而影响其技能提升。为培养对未来有准备、有强烈学习动力的学习者，可从以下三方面着手：①提供早期营养、护理、激励和学习机会，促进儿童的认知和社会情感发展；②使用激励措施提高儿童学习动力，降低入学成本，增加儿童入学机会；③

针对缺乏基本技能的青年实施补救措施，通过继续教育与培训促进其习得技能。（4）培养有职业技能、有教学动力的师资队伍。掌握良好教学技能、有教学动力的教师是决定学习质量的最基本要素，但是在许多发展中国家，特别是在贫困地区，教师的学科素养较低。建议从三方面着手提升教师素养：①提供个性化教师培训，并动态跟踪指导；②因材施教；③对教学成果好的教师进行激励。（5）政府制定职业技能培训计划。全世界很多青年过早结束学业，因缺乏基本技能而被局限在低工资、不稳定、非正规的就业领域，且缺乏接受技能培训的机会和学习基础，因而暴露在失业和贫困的风险中。政府须制定帮助青年提升技能、改善职业发展路径的职业技能培训计划，涵盖职前培训、短期工作培训和职业教育与技术培训。①职前培训。这类培训面向未接受任何教育或培训的直接就业者，鼓励通过非正式学徒制实施培训，让学习者在一段时期内跟随经验丰富的技工工作，实现在短期内掌握必备技能的目标。②短期工作培训。青年参加正式的职业教育与技术培训课程，培养特定领域或职业所需的技能课程，并取得正式的技术资格或获得行业认证。③职业教育与培训（TVET）。职业教育与培训为推迟进入劳动力市场者提供了接受培训、提升技能的机会，但必须促进学校、学习者与雇主合作才有效。①

成功的职业教育与培训计划应该具有如下特征。（1）培训方案不是单一地促进学习者实现就业，更重要的是让学习者了解职业发展路径，明确某一职业发展所需的职业资格，并主动实施职业生涯规划，学习者基于长期职业发展通过学习取得资格证书。（2）将课堂学习与工作场所学习紧密结合。建议采用正规学徒制，通过"干中学"促进学习者技能提升。学徒制项目周期通常为1—3年，可在中学实施，或替代高中教育，学习者须在受到行业监督的工作场所进行实践。（3）遴选匹配的师资。卓著的职业教育与培训师资应首先具备扎实的行业专业知识，同时能够因材施教，为学习者量身制定培训方案。（4）面向学习者制定职业教育计划和职业规划，帮助学习者识别职业机会、完成课程学习、顺利进入职场、规划职业生涯。职业教育计划旨在为

---

① 世界教育信息. 全球教育面临的"学习危机"与主要战略——基于《2018年世界发展报告：学习以实现教育的承诺》［EB/OL］. 搜狐［2018-08-09］. https://www.sohu.com/a/246110032_ 670057.

学习者提供选课指导，职业规划是以个体为目标的咨询指导。①

（五）促进职业教育与培训系统应对 COVID-19 危机

2020 年 5 月 14 日，世界银行发布《职业教育与培训系统对 COVID-19 的回应》（TVET Systems' Response to COVID-19：Challenges and Opportunities），阐述了职业教育与培训在 COVID-19 危机中的关键作用。在 COVID-19 危机中，包括卫生保健专业人员、儿童和老人护理人员、杂货店员工、后勤工作人员和信通技术支持人员等在内的许多服务工作显得非常重要，职业教育与培训注重实用技能，通过提供短期、有针对性和模块化的培训课程能迅速提高关键部门所需的应急响应技能。职业教育与培训对 COVID-19 危机的积极应对可从如下三方面实施。（1）在学校关闭期间减少学习损失，通过职业教育与培训来训练应急响应技能。在学校关闭期间倡导提供远程学习，开展基于工作的实践学习（现场或在线）。培训学生、失业工人和培训师习得应急响应技能，能够胜任卫生工作、护理、基本服务工作。（2）随着学校和企业逐步开放恢复学习，将卫生技能融入课程、与雇主合作为基于工作的实践学习调整工作安全条件、提供心理支持、为弱势学生提供个性化支持。（3）与雇主合作改善现有计划、制定新计划以迅速回应新的技能需求，比如，提供灵活的（模块化、兼职、夜间）学习形式、实施模块化培训、促进终身学习、为失业工人提供简单和模块化的技能培训、建立远程学习基础设施和技能。②

五、弱势群体教育援助与促进

（一）女性教育与培训促进

女性教育的目标不仅仅是为其提供接受各级教育的机会，更要确保其能

---

① World Bank Group. World Development Report 2018：Learning to Realize Educations Promise [M]. Washington：The World Bank，2018.

② World Bank Group. TVET Systems' Response to COVID-19：Challenges and Opportunities [EB/OL]. (2020-05-14) [2022-02-14]. https：//openknowledge. worldbank. org/bitstream/handle/10986/33759/TVET-Systems-response-to-COVID-19-Challenges-and-Opportunities. pdf？sequence=1&isAllowed=y.

够掌握知识和技能、能够参与劳动力市场竞争、适应不断变化的环境所需的社会情感和生活技能。受过良好教育的女性更了解营养和医疗保健有助于促进儿童养育、能够获得高收入工作，因此女性教育是帮助其反贫困的有效路径之一，世界银行一直将女童教育列为战略优先事项。

1. 促进女性参与发展

1977 年，世界银行设立女性参与发展顾问（Advisor Women in Development）职位，负责监测教育项目对女性地位产生的或可能产生的影响，标志着世界银行首次正式关注女性教育问题。女性参与发展顾问负责提供相关咨询服务：教育项目怎样满足女性需求并充分利用其能力，教育项目能否为女性提供参与和分享利益的机会，女性当前的社会经济角色是什么等等，旨在促进教育项目设计充分考虑女性需求和特征。

1979 年 10 月，世界银行发布《认识女性参与发展的重要性：世界银行的经验》（Recognizing the Invisible Woman in Development：The World Bank's Experience），旨在增加女性参与发展的机会、消除限制女性参与经济和社会发展的障碍。该报告提出正式和非正式的教育与培训是促进女性参与发展的重要因素，建议设立专门项目提高女性的教育水平。世界银行在巴布亚新几内亚设立了第一个女性教育促进项目：利用无线电节目宣传促进女性接受教育的积极态度。世界银行促进女性参与发展的内容聚焦如下三方面：（1）加强教育机构和社区的联系，雇佣家长更易接受的当地教师；（2）教师招聘和培训以女性为主；（3）增加农村地区女教师数量，促进女性获得有薪工作，作为女性参与经济社会活动的示范。

世界银行的女性教育援助注重与其他国际组织和其他领域政策的协调与合作：（1）为促进女企业家有效利用小型工业信贷提供技术援助；（2）开展女性领导能力培训，提升女性参与活动的积极性；（3）根据村庄和社区自身情况与变化分析其对女性的影响；（4）为女性团体提供设备和其他支持；（5）支持当地研究和开发用于女性工作且节省劳力的工具、设备和工艺（如谷物碾磨机、节能炉灶、食品烘干方法等）。①

---

① World Bank Group. Recognizing the "Invisible" Woman in Development：The World Bank's Experience [M]. Washington：The World Bank，1979.

1987 年，世界银行发布《撒哈拉以南非洲教育政策：调整、振兴和扩展》（Education Policies for Sub-Sahara：Adjustment，Revitalization and Expansion），针对撒哈拉以南非洲地区爆炸式人口增长、财政紧缩、政府管理能力低下造成的严重教育问题提供灵活多样的教育发展策略，特别关注解决女性教育问题、加强母亲教育等。

1995 年，世界银行发布《教育优先事项和发展战略：世界银行的回顾》（Priorities and Strategies for Education：A World Bank Review），强调教育在公共秩序、公民身份、持续增长的经济和减贫中的重要作用，重点阐释了教育财政、机构管理、入学情况、教育结果等内容，其中减少贫困、生育与健康、教育机会公平等章节都有针对女性问题的专题。①

2. 促进性别平等

2008 年，世界银行实施"21 世纪女童教育项目"（Girls' Education in the 21st Century），通过资金援助和智力支持改善女童教育，主要措施包括：（1）向女孩提供津贴和有条件的现金转移支付；（2）开展评估性别不平等问题的科学研究；（3）实施社区行动解决女童教育面临的文化和社会制约因素，比如，性别歧视、性别暴力和冲突等；（4）提升女童受教育水平和教育质量；（5）鼓励政府面向女童教育实施财政激励。② 该项目实施以来，奖学金、津贴、有条件现金转移支付、招聘女教师等措施直接提高了女童入学率，低收入国家初等教育女童入学率从 1990 年的 87% 上升至 2004 年的 94%，极大缩小了性别差距。

2015 年，世界银行发布《世界性别战略（2016—2023）》［World Bank Group Gender Strategy（FY16-23）］，旨在缩小各国在教育方面存在的性别差距，提出了促进女童和青年女性教育的措施，包括使用助学金提升小学和中学教育完成率、支持技能发展项目、发展具有性别包容性和响应性的教学及学习、招聘和培训女教师、建立包容性的学校。③④ 2016 年，世界银行宣布在

---

① 刘颖. 世界银行教育性别平等政策的文本分析［D］. 金华：浙江师范大学，2019.

② Mercy Tembon, Lucia Fort. Girls' Education in the 21st Century：Gender Equality，Empowerment，and Economic Growth［M］. Washington：The World Bank，2008.

③ World Bank Group. World Bank Group Gender Strategy（FY16-23）：Gender Equality，Poverty Reduction and Inclusive Growth［R］. Washington：The World Bank，2015.

④ 丁瑞常，康云菲. 世界银行对推动实现可持续发展教育目标的承诺与行动［J］. 比较教育研究，2021（11）：12-21.

2020 年底前投资 25 亿美元促进 12—17 岁女童教育，主要面向失学女童数量最多的撒哈拉以南的非洲地区和南亚地区。① 2018 年 6 月，世界银行承诺在 5 年内投资 20 亿美元用于脆弱国家和冲突地区的女童教育。②

促进性别平等是世界银行消除极端贫困、促进共同繁荣的核心要素，实现男女平等以增加女性参与社会的机会、获得资源分配的权利和选择权是实现可持续发展不可或缺的。2017 年，世界银行实施"性别平等、减贫和包容性增长项目"（Gender Equality，Poverty Reduction，and Inclusive Growth），旨在确保女孩在贫困和弱势家庭中不会遭受痛苦，在危机时期提升青年女性的技能、增加女性就业机会。该项目的具体措施有：提供有条件的现金转移支付、津贴或奖学金；预防女性暴力；结束女童早婚；增加公平的受教育机会（包括缩短上学距离）；增加使用 WASH 设施的机会，促进月经卫生管理；为女性建立安全、包容的学习环境；确保提供有关性别的课程；提供生活技能培训机会；支持女性参加 STEM 学习方案；招聘和培训合格女教师。③

（二）残疾人教育与培训促进

促进残疾人机会公平是世界银行建设可持续、包容性社区工作的核心，与世界银行消除极端贫困和促进共享繁荣的目标一致，故世界银行将残疾问题纳入其广泛的业务领域，包括基础设施和社会服务、康复、技能发展、创造经济机会，并与残疾人组织合作解决残疾人中最脆弱群体（妇女和儿童）问题。

1. 促进残疾人包容性发展

2018 年 6 月，世界银行发布首个残疾人援助文件《残疾人包容与问责框架》（Disability Inclusion and Accountability Framework），主要聚焦两个方面：

---

① World Bank Group. World Bank Group to Invest ＄2.5 Billion in Education Projects Benefiting Adolescent Girls ［EB/OL］. （2016－04－13）［2022－02－04］. https：//www.worldbank.org/en/news/press-release/2016/04/13/world-bank-group-to-invest-25-billion-in-education-projects-enefiting-adolescent-girls.

② World Bank Group. Half of the Population does not have the Chance to Achieve their Full Potential ［EB/OL］. （2020－08－26）［2022－02－04］. http：//documents1.worldbank.org/curated/en/9244715410799772899/pdf/131634-BRI-girls-PUBLIC-Series-World-Bank-Education-Overview.pdf.

③ World Bank Group. Girls' Education ［EB/OL］. （2022-02-10）［2022-03-07］. https：//www.worldbank.org/en/topic/girlseducation#2.

一是将残疾人问题纳入世界银行的政策、业务等工作中；二是加强内部能力建设以支持制定包容残疾人的发展计划。2018 年 7 月，世界银行就教育、数字发展、数据收集、性别、灾后重建、交通、私营部门投资和社会保护等关键领域促进全球残疾人包容性发展做出了十项承诺：（1）至 2025 年，确保世界银行资助的所有教育计划和项目均涵盖残疾人；（2）确保世界银行资助的所有数字开发项目均关涉针对残疾人的话题，包括使用通用设计和制定无障碍标准；（3）扩大残疾数据的收集和使用，例如，使用华盛顿小组的残疾问题简集（Washington Group's Short Set of Questions on Disability）；（4）在商业和法律调查中覆盖残疾女性以明确残疾女性的经济赋权；（5）至 2020 年，确保为灾后公共设施重建提供的资金涵盖残疾人问题；（6）至 2025 年，世界银行资助下的城市交通和铁路等公共交通服务项目均涵盖残疾人；（7）加强对国际金融公司（IFC）资助的私营部门项目在残疾人包容方面的尽职调查；（8）至 2025 年，世界银行资助的社会保护项目中有 75% 包容残疾人；（9）增加世界银行残疾工作人员人数；（10）在世界银行工作人员中推广《残疾人包容与问责框架》以支持世界银行新的环境与社会框架（ESF）。①

2. 发展全纳教育应对残疾儿童学习贫困

世界银行 2018 年的数据显示，在全球 6500 万小学失学儿童中，近一半是残疾儿童，即便残疾儿童进入学校接受教育也往往存在学习障碍，只有 5% 的残疾儿童能顺利毕业。② 可见，残疾儿童不但面临教育机会排斥，还存在严重的学习贫困。世界银行提出到 2025 年在所有教育项目中融入残疾儿童发展目标以促进残疾儿童接受教育，主要干预措施有：消除阻碍入学的有形障碍，加强教师全纳教育培训，创新全纳教育方法，增强学校的包容性等。③ 世界银行通过加强与其他国际组织的合作联合推出多个促进残疾儿童全纳教育发展的基金项目：与美国国际开发署等机构合作推出"非洲残疾—全纳教育项目

---

① World Bank Group. Disability Inclusion ［EB/OL］. （2021 - 10 - 10）［2022 - 02 - 19］. https：//www. worldbank. org/en/topic/disability#2.

② World Bank Group. The Missing Piece：Disability - Inclusive Education ［EB/OL］. （2018 - 06 - 12）［2022 - 02 - 04］. https：//blogs. worldbank. org/education/missing - piece - disability - inclusive - education.

③ World Bank Group. Inclusive Education ［EB/OL］. （2018 - 11 - 09）［2022 - 02 - 04］. https：//www. worldbank. org/en/topic/education/brief/inclusive - education.

信托基金"（Disability-Inclusive Education in Africa Program Trust Fund）①；2019 年，与挪威开发合作署、英国政府国际发展部合作推出"全纳教育倡议"（Inclusive Education Initiative，IEI）信托基金，协调全纳教育规划、改善残疾儿童受教育机会和质量、提供财政和技术支持、收集信息等。②

（1）"全纳教育倡议"。"全纳教育倡议"于 2019 年启动，是由世界银行监督实施的信托基金，旨在促进发展技术专长和知识资源，支持各国发展包容残疾儿童的全纳教育。"全纳教育倡议"在全球和国家层面开展工作，促进各国加快发展全纳教育，提升教育的包容性，以确保残疾儿童获得公平的受教育机会并从学校学习中受益。③ 基于此，它帮助利益相关者和政府筹集资金并制定全纳教育发展计划，促进各国开发用于改善残疾儿童教育机会和教育质量的公共产品，在国家层面发展合作伙伴关系为全纳教育计划提供资金和技术援助，支持与残疾人有关的分类数据收集。

（2）《每个学习者都重要：应对残疾儿童学习贫困》。2019 年 6 月，世界银行发布《每个学习者都重要：应对残疾儿童学习贫困》（Every Learner Matters：Unpacking the Learning Crisis for Children with Disabilities），针对残疾儿童面临的学习贫困提出四项工作理念：对残疾儿童参与教育进行循证评估；建立残疾学生学习成绩档案；评估学习成果评价机制是否具有足够包容性；促进残疾人获得全纳教育机会，确保残疾儿童不落后。

世界银行促进残疾儿童应对学习贫困的主要措施如下。

①促进残疾儿童享有受教育的机会。促进各国制定面向残疾儿童发展全纳教育的政策，增加资金额度，促进社会认可全纳教育是教育质量和公平的关键；建立国家教育管理和信息系统（National Education Management and In-

---

① 非洲残疾-教育项目信托基金是通过在埃塞俄比亚、加纳、莱索托、利比里亚、塞内加尔、冈比亚和赞比亚投资区域诊断和方案干预措施，通过技术学习课程和知识产品培养从业者能力。

② World Bank Group. Inclusive Education Initiative：Transforming Education for Children with Disabilities［EB/OL］.（2019-04-12）［2022-02-04］. https：//www. worldbank. org/en/topic/socialdevelopment/brief/inclusive-education-initiative-transforming-education-for-children-with-disabilities? fbclid = IwAR2kAZTuy1Jf - 6lK8kA6vYMSaNUKv774fRbHO9EQpSNJD7_ XHUcpfJfMCzs.

③ World Bank Group. Inclusive Education Initiative［EB/OL］.［2022-02-19］. https：//www. inclusive-education-initiative. org/who-we-are.

formation Systems，EMIS）全面追踪残疾儿童入学情况、向学前教育过渡、上学期间学习进展；激励利益相关者参与全纳教育，确定期望的学习成果内容并确定优先顺序，例如，促进残疾儿童的父母和家庭理解子女接受教育的价值、测量学习成果。

②促进教育参与。改善学习和教学环境以消除基于残疾的教育排斥，并实现预期学习成果；为所有儿童制定个性化教育计划；加强基于全纳教育的教师职前和在职培训以提升教师技能和能力，如全纳教育学、课堂管理、材料和技术使用、差异化评估、在课堂上解决学习者多样性带来的社会和学术问题等。

③提升学习成绩。促进对学习成果的全面理解，批判性地反思学习成果（短期和长期）；研发包容性的大规模学习评估，关注儿童的学习成果、教育需求和学习风格，同时实施环境的包容性评估。①

3. 促进残疾人职业教育与培训的包容性发展

IDA19 一揽子融资计划（IDA19 Financing Package）是世界银行面向最贫困人口设立的基金，在贫困地区实施有针对性的残疾人援助项目。世界银行在尼泊尔实施了"加强职业教育与培训项目"（Enhanced Vocational Education and Training Project），专门针对包括残疾人在内的弱势群体实施职业教育与培训，为 16—40 岁人群提供短期培训，残疾人培训费用报销比例达 100%（高于其他群体的报销比例）。尼日利亚的残疾人包容工作被纳入多个项目，"农产品加工、提高生产力和改善生计项目"（Agro-Processing, Productivity Enhancement and Livelihood Improvement Support Project）为残疾女性、青年和农民提供支持。伊巴丹的"城市洪水管理项目"（Ibadan Urban Flood Management Project）在基础设施建设中采用通用设计原则，将残疾人需求纳入洪水预警系统设计中。圭亚那的"教育改革项目"（Education Sector Improvement Project）通过与社会发展专家合作，就课程改革、教师培训、无障碍学习材料和监测指标等问题与利益攸关方充分协商，解决残疾人教育与培训问题。②

① World Bank Group. Every Learner Matters：Unpacking the Learning Crisis for Children with Disabilities［M］. Washington：The World Ban, 2019.

② World Bank Group. Disability｜International Development Association［EB/OL］.（2022）［2022-02-19］. https：//ida. worldbank. org/en/topics/cross-cutting/disability#.

此外，世界银行还特别关注促进脆弱、冲突与暴力环境、突发危机对教育的冲击，以消除极端贫困，在脆弱和不利环境下建立包容性、面向错失教育与培训机会的各年龄段人口提供学习或教育机会，改善流离失所者的教育服务和机会、在 COVID-19 危机中促进教育公平与质量等。①②

六、教师教育

数据显示，全世界约有 8500 万名教师，其中学前教育 940 万名，小学 3030 万名，初中 1810 万名，高中 1400 万名，大学 1250 万名。到 2030 年，还将需要为中小学增聘 6900 万名教师（4900 万名用于补充退休教师空缺，2000 万名用于中小学入学机会扩张）。此外，全球儿童保育教师还需增加 3200 万名以缩小儿童保育差距。教师素质是决定儿童学习和成长的关键要素，优秀教师对学生一生的幸福感、学业成绩、劳动力市场表现至关重要。然而，尚有很大一部分儿童无法接触到高素质教师。一项关于撒哈拉以南非洲 6 个国家的调查结果显示，师资缺乏导致学生每天只接受 2 小时 50 分钟的教学，略高于预定时间的一半；84% 的 4 年级教师尚未达到其所教授课程所需的最低知识水平；仅有不足 1/10 的教师教学表现尚可，能够定期检查学生的学习结果并提供反馈。因此，世界银行一直致力于提高教师质量，20 世纪 60 年代，世界银行的教育贷款有 12% 用于师资培育课程；20 世纪 70 年代用于师资培育的贷款占 12.1%（普通教育师资培育占 11.1%，职业教育与培训的师资培育占 1%）；2016—2018 年，世界银行 2/3 的教育项目中均纳入了教师在职培训内容。③

（一）提高教师质量

世界银行对教师教育的关注始于其 1963 年 10 月发布的《教育政策提案》

---

① 2020 年 7 月，世界银行发布《COVID-19：教育受到的冲击与政策应对》（The COVID-19 Pandemic：Shocks to Education and Policy Responses），重申对可持续发展教育目标的追求。

② 丁瑞常，康云菲. 世界银行对推动实现可持续发展教育目标的承诺与行动［J］. 比较教育研究，2021（11）：12-21.

③ World Bank Group. Teach［EB/OL］.（2019-09-18）［2022-02-04］. http://wbgfiles. worldbank. org/documents/hdn/ed/saber/Teach/Brief/132206-WP-PUBLIC-Teach-Brief-English. pdf.

（Proposed Bank/IDA Policies in the Field of Education），该文件不是阐释教师教育政策的专门文件，但提出了培养更多初等教育教师以促进各国教育发展。根据该文件，世界银行在突尼斯援建一所师范学院，此后世界银行开始着手从提升教师质量支援各国教育发展。①

1994 年，世界银行在《高等教育：经验与教训》中指出，许多国家公立高校教师的工资偏低，很难吸引和留住合格的教师，导致教师严重缺乏。世界银行针对提升高校教师吸引力提出如下政策：（1）提升高校师资质量、责任感和事业心以及待遇，防止人才外流；（2）充分保障办学条件，如仪器设备、校舍和图书等；（3）促进教师国际交流；（4）完善教师评价机制，建立健全自我评价与外部评价相结合的制度等。在世界银行的引导下，高校改变了只侧重于职业教育和基础教育的教师培训政策，开始关注高校教师发展问题。②

（二）实施教师培训和教师政策评价

1. 实施教师培训效果评估

1974 年，一项关于"拉丁美洲教师培训是否能够决定学生成绩"的课题研究表明：与大学毕业直接上岗的教师相比较，接受过培训的教师教的学生同样优秀。世界银行委托第三方于展了"培训教师能否有效提升学生学习成绩"的研究，结果表明，发展中国家经过培训的教师能使学生成绩发生变化，教师的任职资格、经验和知识储备皆与学生成绩息息相关。基于此，世界银行结合各发展中国家的具体国情，制定适合的教师教育政策，不仅关注教师培训，更注重对教师培训效果进行评估以确保教师培训质量，进而提升教师质量。③

---

① World Bank Group. Proposed Bank/IDA Policies in the Field of Education ［EB/OL］.（2021-10）［2022-02-15］. https://documents1. worldbank. org/curated/en/644321468175436466/pdf/714580BR0FPC190C0disclosed070260120. pdf.

② World Bank Group. Higher Education：The Lessons of Experience ［M］. Washington：The World Bank，1994.

③ 孔令帅，洪硕. 世界银行教师教育政策的演变、现状及偏差 ［J］. 比较教育研究，2015，37（05）：74-79.

2. 实施教师政策评估

2011 年，世界银行发布"取得更好教育成果的系统方法：教师政策"（Systems Approach for Better Education Results-Teachers Policies，SABER-Tp）分析框架，旨在为各国提供广泛的基于证据的分析、评估教师政策的方法。2011 年，世界银行着手开发包括 SABER-Tp 在内的 13 个政策领域的分类评估标准。2013 年，世界银行重点聚焦早期儿童发展、学生评价、教师、学校财政、高等教育和教育管理信息系统 6 个领域，并将教师政策作为优先领域。SABER-Tp 框架包括两个子项目：政策映射（Policy Mapping）和政策指引（Policy Guidance）。政策映射提出教师政策设计的核心领域，为政策制定者和利益相关者提供政策分析的知识基础，回答"在教师政策方面应关注哪些议题"。政策指引负责为高效的教师政策提供引导，回答"教师政策设计和实施的现状是什么样""教师政策改革如何确定优先议题"，即在参照核心框架、了解现状的基础上制定适合的政策，确保政策的科学性。①

（三）聚焦教师专业发展

2019 年，世界银行启动了"成功教师全球平台"（Global Platform for Successful Teachers），旨在通过技术咨询、财政支持以及资源支持帮助各国改善教师政策，改进教学和学习。"成功教师全球平台"制定了五项工作原则：提升教学吸引力；改善职前教育；完善教师选择、分配、评价和反馈机制；提升教师和学校管理者的专业水平；高效使用技术。该平台以帮助政府改善政策来推动变革。（1）提升教学吸引力，根本原则是提升教师教育的专业地位以吸引优秀人才进入教育领域。世界银行帮助各国建立教师职业生涯发展结构，并通过奖励绩效、改善教师工作条件、提高教师地位吸引高素质人才进入教育行业。（2）改善职前教育，根本原则是确保教师具备教育能力。世界银行支持各国完善学员遴选、密切联系高等教育机构、为参训人员提供实践培训，促进教师候选人习得教学技能、课堂管理技能，能够根据实际教学反馈改进教学。（3）完善教师选择、分配、评价和反馈机制，旨在提高师资队

① 江夏，张世义. 世界银行教师政策框架结构、特点及启示 [J]. 外国中小学教育，2017 （04）：47-53.

伍质量。世界银行支持各国实施教师精英选拔，通过试用期以提高师资队伍素质；基于生师比、地区差异合理配置教师；构建评价和反馈机制。（4）提升教师和学校管理者的专业水平以提升学生的学习体验感。世界银行支持各国鼓励在职教师提升专业发展水平、为教师提供详细的培训课程计划、完善学校领导选拔和专业发展机制。（5）高效使用技术，通过整合技术提高各国支持教师培养与发展的能力。

此外，世界银行还支持各国基于学生的学习需求定制学习过程，根据教师需求定制教师专业发展计划，将技术与学生发展、教师发展内容相融合，并完善教学团队管理。世界银行致力于教师的专业发展，制定了以下项目：（1）"教学计划"（Teach）。2019年，世界银行推出"教学计划"（Teach），这是为帮助各国监测课堂教学实践而开发的开放式课堂观察工具，涉及数据收集、分析和反馈等功能。目前Teach已在全球20个国家的10000多间教室中使用。① （2）"教练计划"（Coach）。世界银行于2019年发布"教练计划"（Coach），促进各国面向在职教师专业发展（Teacher Professional Development，TPD）量身定制实用且可持续的项目，旨在通过促进在职教师专业发展促进教学。为实现上述目标，世界银行一方面为各国提供技术支持和指导，与政府合作完善在职教师专业发展机制；另一方面研发并免费提供工具和资源等形式的全球公共产品，指导和支持各国在职教师专业发展改革。（3）"教学的技术"（Technology for Teaching）②。世界银行于2019年发布"教学的技术"，旨在通过使用技术促进各国不断推进教师专业发展改革。基于此，世界银行发起了一项全球运动，利用世界各地的技术为各国教师专业发展提供可扩展的解决方案，为各国实施教学实践和学习成果改善的改革提供支持，比如，经验和典型案例等。③ （4）"教育技术计划"（EdTech）。2020年12月，世界银行发布"重构人际关系：世界银行的教育技术与创新"（Reimagining Human

---

① World Bank Group. Teach [EB/OL].（2019-09-18）[2022-02-04]. http：//wbgfiles. worldbank. org/documents/hdn/ed/saber/Teach/Brief/132206-WP-PUBLIC-Teach-Brief-English. pdf.

② 教学的技术：基于技术制定解决方案以增强和扩大教师专业发展机会。

③ World Bank Group. Teachers [EB/OL].［2022-02-22］. https：//www.worldbank. org/en/topic/teachers#3.

Connections Technology and Innovation in Education at the World Bank），旨在与各国政府和相关组织分享创新项目和前沿的研究成果，在教育系统应用信息和通信等教育技术（EdTech），为全世界减贫作贡献。世界银行"教育技术计划"的工作内容如下：①教育技术指硬件、软件、数字内容、数据和信息系统在教育中的应用，用 EdTech 支持和丰富教学和学习，并改进教育管理和学习成果。②使用 EdTech 在教师、学生、父母和更广泛的社区之间建构新的学习网络，故投资于教育技术能够改进教育供给方式，并提升教育系统面对未来冲击的韧性。③支持 EdTech 在各级教育中适当、经济高效地使用，支持各国扩大课堂内外的入学机会、提高教学质量，使教育惠及所有学生。④提出应用 EdTech 的五项原则：侧重实现教育目标；面向所有学习者；赋予教师权力；建立合作伙伴生态系统；动态收集并使用教学数据、审视现有策略存在的问题、提升学习效果。①

2021 年 12 月，世界银行发布《在职教师专业发展项目监测与评估：技术指导说明》（Monitoringand Evaluation for In-Service Teacher Professional Development Programs：Technical Guidance Note），旨在为在职教师专业发展项目的监督与评估提供技术指导，促进在职教师专业发展。报告指出，低收入和中等收入国家的教师往往缺乏提高学生成绩的知识，具体表现为认知技能薄弱和无效的教学实践。促进教师专业发展项目是提升其综合能力的一个重要组成部分，各国要在教育系统改革中持续嵌入促进教师专业发展的政策，为实现"人人学习"目标提供高质量师资。②

---

① World Bank Group. Reimagining Human Connections Technology and Innovation in Education at the World Bank [EB/OL]. （2020-12）[2022-02-22]. https：//documents1. worldbank. org/curated/en/1209001620280592255/pdf/Reimagining-Human-Connections-Technology-and-Innovation-in-Education-at-the-World-Bank. pdf.

② 教育资讯. 世界银行关注在职教师专业发展 [EB/OL]. （2022-01-26）[2022-02-24]. https：//www. sohu. com/a/519248089_ 121123998.

第三节 世界银行教育反贫困的特征

世界银行的使命即消除极端贫困、促进共同繁荣，它通过国际复兴开发银行向中等收入国家的各级政府提供资金支持、技术支持和专业知识等综合服务以促进其实现可持续发展；通过国际开发协会向世界最贫困国家提供援助贷款旨在减少贫困、促进经济增长、减少不平等和改善生活条件；通过国际金融公司促进发展中国家私营部门发展旨在为穷人和弱势群体创造更多就业机会，通过教育模式创新促进青年就业，将发展基于技能的学习以促进国家经济繁荣列为优先事项。

一、教育反贫困政策理念

世界银行教育反贫困的政策理念经历了两次转变。（1）从援助基础设施建设反贫困到援助教育反贫困的理念转变。世界银行成立之初的工作理念是通过基础设施建设和社会融资促进贫穷国家发展生产力以消除贫困，故当时并未将教育投资列入经济发展战略中。随着 20 世纪五六十年代西方国家逐渐承认发展教育、促进人力资本投资对经济增长的促进作用，世界银行在 1963 年发布了第一个教育文件《教育政策提案》，标志着正式启动教育扶贫政策。（2）不同教育层级反贫困作用的理念转变。世界银行教育反贫困的政策理念在不同发展时期也有差异，并外显于教育贷款结构调整。

（一）关注教育的就业功能

20 世纪 60 年代，世界银行的政策重视教育对就业的促进作用，期望通过教育与培训提高劳动力的职业技能水平以促进经济发展。此间其教育贷款主要用于促进各国发展中等教育特别是中等职业教育与培训，贷款在各教育层级间的分布为：中等教育占 84%，高等教育占 12%，非正规教育占 4%。虽然教育贷款分配给非正规教育的比例仅为 4%，但其在其他教育层级中援助的课程类型聚焦于学生的职业技能提升，其中对技术、商业、农业课程的援助占 54%。

20 世纪 70 年代，世界银行进一步认识到职业教育与培训提升职业技能的作用，继续保持了重视职业教育与培训的惯性。世界银行的教育贷款中职业教育与培训占据大半壁江山：职业教育与培训占 50.8%，普通教育占 42.5%；普通中等教育占 20.3%，中等职业教育占 22.6%；普通高等教育占 3.9%，高等职业教育占 16.2%。除了关注职业教育与培训，此间世界银行开始认识到初等教育对经济增长的贡献率并不比职业教育与培训以及其他普通教育的贡献率低，故开始援助初等教育，但其对初等教育的援助尚处于起步阶段，教育贷款在各教育层级的分布为：初等教育占 5.9%，中等教育合计占 42.9%，高等教育合计占 20.1%。综上，20 世纪 70 年代，世界银行教育援助政策对各级教育的关注度从高到低依次为中等教育、高等教育、初等教育，且对职业教育与培训的援助高于普通教育。

（二）兼顾基础教育的劳动力素质提升功能与高等教育和职业教育的就业功能

从 20 世纪 70 年代开始援助初等教育至 20 世纪 80 年代以来，世界银行充分认可了基础教育提升劳动力素质的经济社会收益，即初等教育（及中等教育）的回报率高，从长期看，其可为后续教育奠定知识基础、提高劳动力基本技能、提升国家生产力和竞争力。故此间世界银行不断提高教育贷款中对初等教育的援助比例，且对中等教育的贷款援助保持在稳定的第二位占比。数据显示，至 20 世纪 80 年代末，世界银行对初等教育的贷款占比曾高达 27.8%，2021 年回落至 22.7%，但仍是所有教育层级贷款占比中最高的；2015—2021 年，中等教育贷款占 19%，位居第二；高等教育贷款占 14.4%，位居第三；公共管理（教育）贷款占 14%，位居第四；职业教育占 9.5%，位居第五。此间世界银行对高等教育援助贷款占比的回落反映了其将公共资金更多投入到初等和中等教育的援助理念；公共管理（教育）贷款占比仅次于高等教育，反映出世界银行在对各国进行教育硬件援建的基础上，更加重视教育管理水平和教育质量的提升。虽然世界银行修正了教育援助理念，重视初等教育和中等教育的发展，对职业教育的援助开始放缓，但它还是认可教育的就业功能，此间职业教育与成人、继续教育和其他教育贷款合计占比仍为 19.9%，高等教育占比保持在 14%。可见，20 世纪 80 年代以来，世界银行的教育援助理念是同时重视基础教育的劳动力素质提升与职业教育和高等教育的就业功能。

二、教育反贫困战略

1999—2011 年，世界银行先后发布了《教育战略 2000》《教育战略 2005》《教育战略 2020》和《教育 2030 行动框架》，其教育援助的目标经历了从全民教育目标聚焦于扩大教育机会到全民学习目标关注学习效果再到终身学习目标以实现可持续发展的跃升。

（一）扩大教育机会：高质量全民教育

1999 年，世界银行发布《教育战略 2000》，确定教育援助的长期目标是促进每个人都能完成适当质量的基础教育，获得包括识字、计算、推理和社会技能（如团队合作）等在内的基本技能，且享有终身学习高级技能的机会。《教育战略 2000》的战略愿景是促进发展高质量的全民教育：一是全民教育目标，主要是援助各国发展、普及初等教育，要特别为最贫困人口、女童提供公平接受初等教育的机会；二是高质量教育目标，援助各国提升基础教育质量，包括引入远程教育、开放学习和使用教育技术等教学创新，实施系统性教育改革，促进建立合作伙伴关系以改善教育投资状况等。为实现联合国"千年发展目标"（MDGs），世界银行就普及初等教育和促进两性平等问题再次强调了"人人受教育"的教育援助目标，基于人的全面发展实施教育援助，旨在通过教育反贫困。2005 年，世界银行发布《教育战略 2005》，倡导将教育纳入国家经济发展战略，教育体系改革要回应向知识经济社会转型的需求，在延续前述全民教育目标的基础上，提出促进中等和高等教育发展，发挥教育的就业促进功能。

（二）提升学习效果：全民学习

2011 年，世界银行发布《教育战略 2020》，提出了全民学习的战略愿景，从倡导"人人有学习机会"转向"人人会学习"，旨在应对发展中国家普遍面临的初等教育中儿童的"学习贫困"，在促进人人接受一定年限教育的基础上，提升学校学习效果，一是促进儿童掌握学校基本知识和技能，提升阅读和计算能力；二是促进儿童掌握额外的技术和就业技能，比如，社交、沟通、团队合作、解决问题的能力，劳动力市场上与特定职业有关的技术技能以及应对劳动力市场和技术变迁的能力。全民学习目标虽然是针对初等教育中儿童学习贫困现象提出的，但《教育战略2020》为消除贫困的根源，将全民学习的对象扩展至包括在校学生和辍学青少年；将教育供给的范围拓展至包括学校教育、幼童营养健康状况和认知能力发展以适应学校学习，倡导学校、其他教育机构、本国乃至国外政府、社会组织及相关部门通力合作，实现教育供给。综上，"及早投资"（Invest early）、"明智投资"（Invest smartly）和"对所有人投资"（Invest for all）是《教育战略2020》的三大支柱。

（三）促进可持续发展：终身学习

2015年，世界银行发布《教育2030行动框架》以回应联合国《2030可持续发展议程》提出的教育可持续发展目标：促进发展包容性、公平的优质教育，全民享有终身学习机会。该目标聚焦于如下关键点：一是教育要具有包容性和公平性，将弱势群体纳入教育体系，为其提供公平的教育机会；二是要提升教育质量，既要关注受教育年限，更要关注教学效果和学习成果；三是建立完善的终身学习体系，促进发展终身学习的能力，提升技能水平并能够对经济需求做出迅捷反应，实际上是要通过教育促进人的可持续发展。相应地，世界银行的教育援助重点转向普及中等教育、促进高等教育机会公平、实现可持续发展与终身学习、发展信息和通信技术教育等。2019年，世界银行在其发布的《终结学习贫困：需要做什么？》中正式引入学习贫困的概念，制定了到2030年将学习贫困率至少降低50%的发展目标。

三、普通教育反贫困

（一）儿童早期发展

儿童早期（从出生至上小学之前）的经验对大脑发育有着深远的影响，

且影响未来的学习、健康及其他行为，并最终影响生产力和收入，即影响贫困风险的大小。为促进儿童早期发展、创造学前公平的竞争环境、缩小贫困和弱势儿童与正常儿童之间的差距，世界银行通过资金资助、政策咨询、技术支持以及在国家、区域和全球开展各级伙伴关系活动，加大对世界各地儿童早期发展的支持以促进各国关注儿童早期人力资本投资，促进儿童为学校学习做好准备。目前世界银行在全球 39 个国家/地区建立了 50 个与儿童早期发展相关的项目，共投入 11 亿美元，占其教育总投入的 7%。① 援助各国的儿童早期发展实际上是世界银行社会支持计划的部分内容，相应地，儿童早期发展援助的内容并非仅局限于提供优质的学前教育机会，而是涵盖教育、保健、营养、水、环境卫生和社会保护的一揽子措施，旨在为解决不平等、打破贫困不利循环和改善未来生活提供机会。2014 年，世界银行在《加强儿童早期发展：投资于幼儿以获得高回报》中阐述了涵盖家庭援助一揽子措施、怀孕一揽子措施、生育一揽子措施、儿童健康和发展一揽子措施以及学前教育一揽子措施在内的援助计划。综上，世界银行促进儿童早期发展的反贫困理念如下：一是促进儿童接受优质的学前教育机会和保育机会，为未来的学校学习和技能训练奠定能力基础，促进其在成人后发挥最大的潜能，打破贫困的不利循环，消除贫困的根源；二是援助贫困、脆弱家庭，为儿童提供相对安全、具有一定质量的生活环境，促进健康成长；三是通过优质的学前教育机会和儿童保育服务让贫困、脆弱家庭的父母从家务中解脱出来，有更多的时间接受学习和职业技能训练，能够融入劳动力市场，降低父母辈的贫困风险，同时为儿童提供殷实的成长环境以降低贫困的代际传递风险。

（二）初等教育和中等教育

世界银行援助初等教育和中等教育的出发点有三个。（1）在经历了初期通过职业教育与培训、高等教育的就业功能实现反贫困后，充分认识到初等教育和中等教育在劳动力素质提升中的作用以及对经济增长的较高贡献率，其教育贷款的结构调整为初等教育占比第一、中等教育占比第二，通过兼顾

---

① 丁瑞常，康云菲. 世界银行对推动实现可持续发展教育目标的承诺与行动 [J]. 比较教育研究，2021（11）：12-21.

教育的基本素质提升功能和就业功能，实现两个路径下的教育反贫困。典型的工作文件是其 1987 年发布的《援助发展中国家教育：政策选择探索》，充分阐释了减少政府对高等教育的公共资金投入，转而配置在初等教育领域。（2）促进教育机会公平，为弱势群体、贫困儿童（特别是女童）等特殊群体提供公平接受初等教育的机会，通过起点公平打破贫困的不利循环。1990 年，世界银行在《初等教育：世界银行政策文件》中阐释了教育机会公平的目标：一是增加儿童参与学校教育的机会，促进大多数入学儿童完成小学教育；二是为所有学龄儿童提供入学机会。1995 年，世界银行在《教育优先事项与战略》中再次强调在技术变迁和经济结构变迁中初等教育对经济发展和减贫至关重要，要提高入学率，普及至少 6 年的学校教育，特别关注女童与男童受教育机会的平等。（3）提升教育质量，一是改善学校的硬件资源状况以促进儿童能在安全、适宜的学习环境中学习；二是提升学校软件资源质量，比如，通过加强教学管理提升教师工作积极性、改善学习效果评价等，在受教育机会公平的基础上让学生学会学习。2017 年，世界银行批准实施"肯尼亚中等教育质量改进项目"（SEQIP），旨在改善教育的可及性、质量和公平性，提高中等教育学生学习质量、促进从小学教育向中学教育过渡，促进教育机构技能供给与市场需求相匹配，具体方案涵盖提高教学质量、提高小学高年级的留校率和促进向中学过渡、面向肯尼亚经济社会发展需求和"2030 年愿景"设置新课程等内容。2018 年，世界银行实施"突尼斯强化学习基础项目"，旨在改善公立学前班和小学的学习条件，并增加选定地区接受公立学前教育的机会。

（三）高等教育

世界银行认为，高等教育的个人收益率高于初等教育和中等教育，但社会收益低于后者，因此倡导各国减少在高等教育领域配置的公共资金额度，主张私人为高等教育付费，其教育贷款结构从最初援助职业教育与培训和高等教育逐渐转向重点援助初等教育和中等教育。但是，世界银行并非不重视高等教育发展，而是将其列为第三位支持的教育层级，主要理由有如下三方面。其一，高等教育的私人收益率最高，其就业功能较强，故促进高等教育发展无疑是减贫的有效手段。世界银行在 1994 年发布《高等教育：经验与教训》，提出发展中国家因预算紧张难以满足经济发展对高等教育的需求，最贫穷、最边缘化青年更缺乏接受高等教育的机会，故支持高等教育的发展首先要促进教育机会公平。其二，世界银行 2002 年发布《构建知识型社会：高等教育的新挑战》，提出初等和中等教育的质量取决于高等教育，因为高等教育负责为其提供师资、教学设计人员、学校领导和教育研究人员，重视初等和中等教育的发展必须同时重视高等教育发展。其三，高等教育是科技进步的基础和必要支撑，也是一国提高国际竞争力的关键，发展中国家在向知识经济转型中必须重视高等教育的发展。

世界银行在《高等教育：经验与教训》（1994 年）中提出其高等教育的援助目标是使所有学生都有机会接受高质量的高等教育。其一，促进各国高等教育机会公平。2017 年，世界银行发布"高等教育机会与质量计划"，旨在提升哥伦比亚高等教育质量、增加机会以缩小社会经济和区域机会差距，特别是提升高质量高等教育中贫困学生的入学率和毕业率。该计划为高等教育中处境不利学生提供贷款；为其进入世界一流大学学习发放"科学护照"，即为其学习硕士和博士课程提供赠款。其二，提升高等教育质量。从 2002 年开始，世界银行在印度实施了为期 15 年的"技术教育质量改进项目"（EQIP），旨在提高印度工程教育的质量和公平性，面向印度 250 多个工程学院和数千名教职员工实施教育改革，培养更高质量、就业能力强的工程师，满足印度经济发展的需求。该项目同时支持工程学院和技术大学，目标是培养 300 万名本科生和研究生，其中特别关注教育机会公平，受益对象 30% 为女性，20% 来自种姓和部落，另有超过 10 万名教职员工从中受益。其三，促进高等教育依据国家经济转型需求实施改革。《发展中国家的高等教育：挑战与机遇》（2000 年）提出通过高等教育提升公众科学修养，促进大学与产业合作，强调各国根据自己的国情实施高等教育改革，反对不同国家复制同一教育模式。其四，提升高等教育的服务韧性，培育可持续发展能力。《高等教育转型：应用人工智能的韧性系统》（2021 年）针对 COVID-19 危机中高等教育学生学业终止或严重中断，提出高等教育要加强适应性管理，提升其敏捷性、有效性和可持续发展能力、增强服务供给的韧性。其五，促进高等教育机构多元化发展。《高等教育：经验与教训》（1994 年）提出根据市场需求促进高等教育机构多元化，大力发展职业学院和理工学院；《高等教育转型：应用人工智能的韧性系统》（2021 年）提出在支持传统研究型大学之外，探索高等教育机会多元化改革，将技术和职业教育机构、短期课程、在线教育和私立教育纳入其中，促进终身学习与满足雇佣双方需求。其六，加强劳动力市场与高等教育的联系。为促进高等教育教研活动与劳动力市场需求保持同步，鼓励建构战略合作伙伴关系，一方面促进高等教育发展资金来源的多元化，另一方面供给将教育机构学习与企业实践学习相结合的高质量学习机会。通过鼓励在高等教育实施 STEM 教育，满足经济转型对管理和工程人力资本的需求；通过促进高等院校发展研究生教育、科学研究与创新提升国家竞争力。

四、职业教育反贫困

世界银行自实施教育援助政策伊始就将职业教育与培训列为优先事项，关注其促进就业的功能，期待通过提升职业技能促进劳动力融入劳动力市场以摆脱贫困。20 世纪 60 年代至 20 世纪 70 年代，世界银行的教育政策旨在通过教育与培训实施劳动力技能开发，通过提升人力资本水平促进劳动力的职业技能与工作岗位相匹配，从而促进就业，满足发展中国家经济社会发展对人才的需求。教育政策反贫困主要借助于职业教育与培训开发贫困人口的职业技能来实施，基于减贫而实施的教育投资从减贫出发，最终落脚在促进就业和经济增长。世界银行援助职业教育与培训以反贫困主要通过两个路径实现：将职业教育融入普通教育和促进职业教育与培训机会公平。

（一）将职业教育融入普通教育

世界银行认为，普通教育中的中小学教育对提升劳动者生产力的贡献最大，促进发展中国家在中小学教育中融入职业教育，将特定职业技能培训置于基础教育的通识教育基础之上，能够增加贫困人口和弱势群体未来获得职业培训和有薪就业的机会。早在 20 世纪 60 年代，世界银行就在各教育层级中援助了多种职业技能提升类课程，其中对技术、商业、农业课程的援助占教育援助贷款的54%。2009年，世界银行在《经济转型国家教育面临的潜在挑战》中阐释了较高受教育年限对预期就业年限、工资收入水平和接受雇主培训可能性的正向作用，提出重塑高中教育，由于雇主更青睐于雇佣具有扎实基础技能和高水平职业技能的工人，故高中教育必须同时培养青年的基础技能和职业技能：提升高中教育入学率让更多青年习得基础技能，创新中等职业技术教育课程以匹配劳动力市场需求的变化。

（二）促进职业教育与培训的机会公平

世界银行促进职业教育与培训机会公平主要体现在两方面：关注重点人群与关注重点领域。《教育工作文件1974》提出面向贫困群体制定教育发展战略，对贫困群体实施职业能力开发；指出农村是职业技能短缺的领域，关注提升农村人力资本，除了发展正规教育，同时将非正规教育作为替代计划，通过"实用识字项目"有针对性地为农村培养匹配的技能人才，配合扫盲计划为女性和贫困人口接受职业教育与培训奠定基础。《职业技术教育与培训政策文件》（1991年）旨在激活发展中国家的教育与培训市场，增加职业教育与培训供给，提出开展面向农村和城市的个体经营培训；为改善女性长期处于职业技能水平低的服务行业的贫困状况，为女性提供更多职业教育与培训机会，通过提升职业技能去获取更高生产率的就业机会。《经济转型国家教育面临的潜在挑战》（2000年）提出促进劳动者获得非传统性别的职业培训以弱化基于性别的职业偏好，通过消除职业歧视缩小男女工资差距，进而帮助女性摆脱贫困；考虑到劳动力在结束基础教育后的整个经济生命周期内会面对诸多市场技能需求变迁，应该增加学校后的再培训供给促进劳动力不断更新技能以弱化失业风险。为促进青年掌握就业技能，世界银行于2008年推出"技术和职业教育券计划"（TVVP），面向1000多名肯尼亚学生发放代金券，为其提供接受职业教育与培训的机会以弥补技能缺口；鼓励女性进入传统上由男性主导、利润日益增加的职业教育与培训领域，旨在通过在职业教育与培训中促进性别平等降低劳动力市场的分割程度，减少就业歧视引发的贫困风险。

（三）建构技能提升框架促进就业、提升生产力

世界银行在《提升技能：更多就业机会和更高生产力》（2014 年）中针对发展中国家工人技能与企业需求不匹配提出了"就业与生产力技能框架"，秉承包容性发展、减少贫困、提高生产力的理念，旨在通过提升劳动力就业能力和劳动生产力促进各国实现经济转型。该框架建构在一系列调查结果基础上：缺乏儿童早期教育的成人接受后续教育的可能性较低、阅读和写作能力较差；高质量的教育体系可以减缩技能差距，进而缩小社会交往技能差距；计算等基础技能在就业中的使用率非常高；认知和社会情感技能是发展工作相关技能的先决条件。需要特别指出两点：一方面，"就业与生产力技能框架"并非仅仅局限在工作场所技能，而是涵盖了影响工作场所技能的其他基础技能在内的全面技能框架，包括认知技能、社会情感技能、技术技能和数字技能；另一方面，该框架对技能的促进涵盖了职业教育与培训关注的工作技能，同时涵盖整个经济生命周期的基础技能提升，包括儿童早期基本技能培养、确保所有学生都能学习基本技能、训练与工作匹配的技能、鼓励创新创业、促进技能供需匹配等，旨在增加终身学习的机会促进劳动力在经济生命周期内不断拓展、更新技能，形成应对市场变迁的韧性。

五、弱势群体教育反贫困

通过教育援助促进弱势群体摆脱贫困是世界银行的核心工作之一，具体到其援助的不同国家，弱势群体的内涵和外延会有所变化，但普遍看来，世界银行最关注青年、妇女和儿童、残疾人等几个主要弱势群体。青年的技能提升与就业扶持在前述普通教育和职业教育与培训中均有阐述，此处不再赘述。

（一）女性教育与培训促进

受过良好教育的女性更加了解营养和医疗保健，从而有助于儿童养育，能够获得较高收入的工作不会让儿童生活在贫困中，故消除女性贫困能够切断儿童贫困的根源，基于此，世界银行制定了一系列文件支持女性教育与培

训。《认识女性参与发展的重要性：世界银行的经验》（1979 年）提出正式和非正式的教育与培训是打破女性参与经济和社会发展性别障碍的关键要素。2008 年，世界银行实施"21 世纪女童教育项目"，通过资金援助和智力支持改善女童教育。2015 年，世界银行发布《世界性别战略（2016—2023）》［World Bank Group Gender Strategy（FY16-23）］，旨在缩小各国教育中的性别差距，提出了促进女童和青年女性教育的措施，包括使用助学金提升小学和中学教育完成率、支持技能发展项目、发展具有性别包容性和响应性的教学及学习、招聘和培训女教师、建立包容性的学校等。2017 年，世界银行实施"性别平等、减贫和包容性增长项目"，旨在促进性别平等，确保女童在贫困和弱势家庭中不会遭受痛苦，在危机时期提升青年女性的技能、增加女性就业机会等。

（二）残疾人教育与培训促进

世界银行在其发布的首个残疾人援助文件《残疾人包容与问责框架》（2018 年）中提出将残疾人问题纳入其所有业务领域，特别关注残疾女性救助问题。针对残疾儿童占失学儿童 50% 的事实，以及接受教育的残疾儿童普遍面临学习障碍，世界银行提出了到 2025 年所有教育项目中融入残疾儿童教育援助的目标。2019 年，世界银行启动"全纳教育倡议"，旨在促进各国发展全纳教育以提升教育的包容性，确保残疾儿童获得公平的受教育机会并从学校学习中受益。同年，世界银行在《每个学习者都重要：应对残疾儿童学习贫困》中提出了应对残疾儿童学习贫困的主要措施：促进残疾儿童享有受教育的机会，促进残疾儿童的教育参与；提升残疾儿童学习成绩。为促进残疾人职业教育与培训的包容性发展，世界银行面向最贫困人口设立了 IDA19 一揽子融资计划，在贫困地区实施有针对性的残疾人援助项目，比如，"加强职业教育与培训项目"面向尼泊尔 16—40 岁人群提供短期培训，其中残疾人培训费用报销比例达 100%；尼日利亚的"农产品加工、提高生产力和改善生计项目"为残疾女性、青年和农民提供支持；等等。

第四章 欧盟的教育反贫困

第一节 欧盟及其贫困测量

一、欧盟概况

欧洲联盟（European Union，EU；简称欧盟）的发展经历了四个阶段：初期阶段（1945—1957 年），《罗马条约》（Treaty of Rome）（1957—1992 年），《马斯特里赫特条约》（Maastricht Treaty）（1992—2007 年），《里斯本条约》（Lisbon Treaty）（2007 年至今），目前它由 27 个欧洲成员国组成。欧盟下设七个决策机构：欧洲议会（European Parliament）、欧洲理事会（European Council）、欧盟理事会（Council of the European Union）、欧盟委员会（European Commission）、欧盟法院（Court of Justice of the European Union）、欧洲中央银行（European Central Bank）和欧洲审计院（European Court of Auditors）。

在欧盟的各级各类机构中，与就业、教育与培训、反贫困、社会融入相关的机构主要有欧洲经济和社会委员会（European Economic and Social Committee，ESC），就业、社会事务与融入部（Employment，Social Affairs and Inclusion），社会保障委员会（Social Protection Committee），就业委员会（Employment Committee，EMCO），教育委员会（Education Committee），欧洲职业

培训发展中心（European Centre for the Development of Vocational Training, Cedefop），欧洲培训基金会（European Training Foundation, ETF）。欧洲经济和社会委员会是 1957 年根据《罗马条约》成立的欧盟咨询机构，目前下设七个部门，其中就业、社会事务和公民事务部主要负责教育、反贫困、社会融入相关工作。

就业、社会事务与融入部负责制定和执行欧盟委员会关于就业、社会事务及教育与培训政策，包括就业政策、社会事务、技能、劳动力流动和相关的欧盟资助计划。该部门积极支持的领域包括：（1）通过欧洲就业战略和欧洲社会基金创造就业机会；（2）工人自由流动和社会保障协调，赋予成员国公民在任何一个欧盟国家工作和生活的权利；（3）社会融入，支持消除贫困和社会排斥，改革社会保障制度，评估新的人口和社会发展趋势；（4）就业、社会事务和融入部年度管理计划中列出的优先事项。①

社会保障委员会的政策涵盖社会保障和社会融入、养老金、医疗保健和长期护理等，采用社会开放协调方法（OMC）作为主要政策框架。该委员会的任务：（1）监测成员国和欧盟的社会状况及社会保障政策发展；（2）促进各国政府和委员会协调政策；（3）应理事会、委员会要求或自行编写报告、提出意见或开展其他工作；（4）在"欧洲学期"背景下组织讨论社会保障制度、提出国别建议。②

就业委员会成立于 2000 年，在《欧洲就业战略》（European Employment Strategy）的政策框架下运行，负责协调欧洲及国家层面的就业及劳工市场政策。除 7、8 月外，每月举行会议，定期与欧洲国家及社会伙伴（工会和雇主）、PES 网络和组织（如经合组织和欧洲发展组织）开展讨论和政策交流。就业委员会（EMCO）的核心工作是为部长们提供有关就业、技能和"欧洲学期"的社会政策建议，监测各国实施"青年保障计划"的进程。

教育委员会负责准备欧盟教育部长会议研讨内容、撰写相关教育倡议和

---

① European Commission Employment, Social Affairs and Inclusion About Us ［EB/OL］. ［2022-01-19］. https：//ec. europa. eu/info/departments/employment-social-affairs-and-inclusion_en.

② European Commission Employment, Social Affairs and Inclusion Social Protection Committee ［EB/OL］. ［2022-01-19］. https：//ec. europa. eu/social/main. jsp？catId=758.

方案等，业务领域涵盖从幼儿教育和义务教育再到职业培训、高等教育和成人教育的各级教育与培训，其具体工作内容包括：教师教育，创新教学、数字化学习和开放教育资源，提高读写水平和其他基本技能，促进高等教育现代化，提高职业教育培训吸引力，加强成人学习等。①

欧洲职业培训发展中心成立于 1975 年，负责提供欧盟职业教育与培训政策的基础数据，制定和实施欧盟职业培训政策，监测劳动力市场发展趋势。它将欧盟委员会、欧盟国家等决策者与雇主组织和工会、培训机构、教师和培训师以及各年龄段学习者等利益相关方整合到一起，促进政府组织和行业分享专业知识、创造学习和工作机会，促进培训与劳动力市场需求相匹配。欧洲职业培训发展中心的具体工作包括：（1）帮助青年从学校向劳动力市场过渡；（2）帮助早辍学者重返教育与培训；（3）帮助失业或未充分就业的成人回归学习；（4）提供具有全欧盟视野的指导和咨询人员；（5）帮助欧盟公民"携带职业资格"在不同国家和制度间流动；（6）帮助欧盟国家改革学徒制度；（7）帮助欧洲、国家和地区决策者制定明智的职业教育与培训决策。②

欧洲培训基金会旨在推动职业教育与培训和劳动力市场制度改革，帮助各国发挥潜能。该基金会支持 29 个伙伴国家（东南欧和土耳其、东欧、地中海南部和东部以及中亚）的人类发展，主要工作内容包括：（1）促进政策（方案）的设计、实施和评估，旨在促进社会流动和社会融入；（2）改革教育与培训体系，促进其与劳动力市场需求匹配；（3）组织专家参与欧盟行动的设计、实施、监测和评估，向伙伴国家提供欧盟援助。欧洲培训基金会的受益方包括：（1）训练有素、技术熟练的工人，使其在本国更易就业、不受社会排斥、摆脱贫困、减少非正常迁移；（2）伙伴国，促进繁荣和稳定发展、创造更多贸易和投资机会；（3）欧盟国家，为其提供合格工人以填补人口结构变化造成的技能缺口。

---

① European Council, Council of the European Union［SG］. Education Committee［EB/OL］.［2021-12-15］. https：//www. consilium. europa. eu/en/council-eu/preparatory-bodies/education-committee/.

② European Union［SG］. European Centre for the Development of Vocational Training（Cedefop）［EB/OL］.［2022-01-19］. https：//european-union. europa. eu/institutions-law-budget/institutions-and-bodies/institutions-and-bodies-profiles/cedefop_ en.

二、欧盟贫困的界定及衡量指标

(一) 贫困的界定

欧盟在描述贫困时通常使用绝对贫困和相对贫困两个概念，2010 年以来还使用了贫困风险或社会排斥的复合概念，将相对货币贫困、物质匮乏和劳动力市场排斥结合在一起描述贫困。① (1) 绝对贫困 (Absolute poverty)，或极端贫困，指人们缺乏基本的生存必需品，例如，饥饿，缺乏净水、适当的住房、充足的衣服或药物，并为生存而挣扎。(2) 相对贫困 (Relative poverty)，指生活方式和收入远低于所在国家或地区的平均生活水平，人们努力挣扎着期待过上正常的生活，且能参与普通的经济、社会和文化活动。相对贫困因国家而异，取决于大多数人的生活水平。欧盟的社会融入进程 (European Union's Social Inclusion Process) 使用了相对贫困的定义，"如果人们的收入和资源不足，无法达到社会所公认的生活水平，那么就生活在贫困中，他们因贫困而面临多重不利条件，包括失业、低收入、住房差、保健不足以及在终身学习、文化、体育和娱乐等方面面临障碍，他们常被排斥和边缘化，无法参与常规活动 (经济、社会和文化)，获得基本权利的机会受限。"② (3) 面临贫困或社会排斥风险 (At Risk of Poverty or Social Exclusion，AROPE)。2010 年，欧盟通发布《欧洲 2020 战略》，旨在引导欧盟向智慧型、可持续和包容性经济转型，首次提出减贫目标：减少 2000 万面临贫困或社会排斥风险的人。AROPE 指标涵盖三个层面：①面临贫困风险 (at risk of poverty，AROP)，或收入贫困，即低于相对货币贫困阈值；②存在严重物质匮乏 (severe material deprivation，SMD)；③生活在工作强度很低的家庭，即失业或准失业家庭 (jobless or quasi-jobless households)。

---

① EAPN [SG]. Poverty: What is It? [EB/OL]. [2022-01-19]. https://www.eapn.eu/what-is-poverty/poverty-what-is-it/.

② European Commission [SG]. Joint Report on Social Inclusion 2004 [EB/OL]. [2022-01-19]. https://ec.europa.eu/employment_social/social_inclusion/docs/final_joint_inclusion_report_2003_en.pdf.

（二）面临贫困和社会排斥的测量指标

目前测量欧盟收入分配和社会融入的统计工具是 2003 年确定的欧盟收入和生活条件统计工具（EU statistics on income and living conditions，EU-silc）①。EU AROPE 是由三个子指标构成的综合指标。（1）面临贫困风险（AROP）指标，指总等值可支配收入低于国家设定阈值（即国家等值可支配收入中值的 60%）。（2）严重物质匮乏（SMD）指标，指在指定的 9 类情况中，至少负担不起其中 4 类。这 9 种情况包括：①无法面对意外支出；②负担不起一周的假期；③无法避免拖欠（抵押贷款或租金、水电费或分期付款）；④负担不起每隔一天吃一顿有肉、鸡、鱼或类似素食的饭；⑤不能保持家里足够温暖；⑥没有汽车或货车供私人使用；⑦买不起洗衣机；⑧买不起彩色电视机；⑨买不起电话。物质匮乏的标准指家庭负担不起其中的 3 种支出；若负担不起 4 种及以上的支出，则达到严重物质匮乏标准。（3）欧盟（准）失业（QJ）（生活在工作强度很低的家庭）指标。欧盟（准）失业（QJ）指标指成人（18—59 岁，不包括 18—24 岁的学生）在过去 12 个月中工作时间低于总潜在工作时间的 20%，② 这类家庭成员（0—59 岁）即生活在工作强度很低的家庭中。

三、欧盟教育反贫困的历史沿革

欧盟教育反贫困的历史轨迹也是欧盟政策发展的历史沿革，大致分为三个阶段。（1）教育与培训反贫困的探索期（1957—1993 年）。1957 年《罗马条约》签订之后至 1993 年签订《马斯特里赫特条约》欧盟正式成立，共同体的政策主要以经济、原子能合作为主，教育领域的合作以促进流动、消除障碍为主，同时关注反贫困。（2）教育与培训反贫困的全面发展期（1994—2013 年）。1994 年欧盟成立之后至 2013 年第四期凝聚政策结束，欧盟成员国

---

① Eurostat［SG］. Eurostat Yearbook 2004-The Statistical Guide to Europe［EB/OL］.（2004-10-01）［2022-01-19］. https：//ec. europa. eu/eurostat/web/products-statistical-books/-/ks-cd-04-001.

② Guio，A. -C.，Marlier，E.，Nolan，B.（eds）. Improving the Understanding of Poverty and Social Exclusion in Europe［M］. Luxembourg：Publications Office of the European Union 2021：26.

数量不断增加，缩小区域间差距始终是凝聚政策的根本目标，凝聚政策重点据此不断调整，分为"巩固和加倍努力""使扩大成功""聚焦增长和就业"三个阶段，明确了通过教育与培训增加就业岗位、消除社会排斥、减少贫困、促进经济和社会凝聚的教育反贫困政策理念。（3）教育与培训反贫困的可持续发展期（2014 年至今）。2014 年以来是欧盟推动实现"欧洲 2020 战略"的关键阶段，此间欧盟推出了一系列教育与培训政策以减少贫困和打破贫困循环、增加就业，尤其关注对青年的教育与培训以应对失业。2014—2020 年的凝聚政策聚焦于为智慧型、可持续和包容性增长的经济培养匹配人才，2021—2027 年的凝聚政策目标为建立智慧、绿色、更加包容、更有竞争力的欧洲。

第二节　欧盟成立之前的教育反贫困：初步探索（1957—1993 年）

1957 年，《罗马条约》（Treaty of Rome）明确了欧洲区域政策（Regional Policy）的目标是"缩小国家间差距、改变欠发达地区落后现状"，至 20 世纪 70 年代初，欧共体才最终确立区域政策。1988 年，欧洲理事会将欧盟结构基金纳入经济和社会凝聚政策（Economic and Social Cohesion Policy）范畴，凝聚政策从此成为欧盟最重要的政策之一。1992 年签订的《马斯特里赫特条约》（Treaty of Maastricht）将经济和社会凝聚政策列为核心目标之一，成立了凝聚基金（Cohesion Fund）资助较贫穷成员国的基础设施建设（希腊、爱尔兰、西班牙和葡萄牙）。从 1999 年开始，欧盟每 7 年制定一次凝聚政策方案，确定资金分配和优先事项，具体阶段划分如下：2000—2006 年，2007—2013 年，2014—2020 年，2021—2027 年。

一、区域政策阶段（1957—1987 年）

（一）区域政策概略

欧洲经济共同体成立之初将促进"经济活动和谐发展"以缩小成员国之

间的差距列为主要工作目标之一，利用欧洲社会基金提供专业培训和就业支持以增加就业机会（"工作"因素），利用欧洲投资银行支持欠发达地区创造新资源（"资本"因素）帮助企业向现代化转型。区域政策是一项投资政策，支持创造就业、提升竞争力、促进经济增长、提高生活质量和促进可持续发展。1975年，共同体为配合区域政策建立了欧洲区域发展基金（European Regional Development Fund，ERDF）。1986年，欧洲经济共同体发布《欧洲单一法案》（Single Act），旨在推动形成内部市场（1993年完成），废除阻碍货物、人员、服务和资本自由流动的障碍，并将欧洲经济共同体更名为欧洲共同体。经济和社会凝聚政策是《欧洲单一法案》的配套政策，通过包括欧洲农业指导和保障基金（EAGGF）、欧洲社会基金（ESF）和欧洲区域发展基金（ERDF）在内的结构基金（Structural Funds）以及欧洲投资银行（EIB）和其他工具缩小成员国间差距，改变欠发达地区落后现状。①

（二）教育与职业培训政策

1963年12月，欧洲经济共同体成立职业培训咨询委员会（Advisory Committee for Vocational Training，ACVT），这是其第一个有社会伙伴参与的三方委员会。1963年，《理事会关于职业培训咨询委员会规则的决定》围绕共同职业培训政策制定了16项原则，为未来合作制定了共同框架，成为各成员国合作制定职业培训政策的基础。② 该决定规定职业培训咨询委员会由36名代表组成：每个成员国2名政府代表、2名行业工会代表、2名雇主组织代表。职业培训咨询委员会（ACVT）的职能如下：（1）协助共同体拟定立法建议和政策措施；（2）协助共同体执行职业培训政策；（3）与成员国协调、交换意见等。该咨询委员会至今仍定期召开会议，为制定共同职业培训政策

---

① European Commission [SG]. History of the Policy [EB/OL]. [2021 - 12 - 15]. https：//ec. europa. eu/regional_ policy/en/policy/what/history/.

② The Council of the European Economic Community [SG]. Council Decision Rules of the Advisory Committee on Vocational Training [EB/OL]. (1963 - 12 - 18) [2021 - 12 - 15]. https：//op. europa. eu/en/publication - detail/-/publication/f007a6f9 - 2596 - 4c38 - b609 - f86e0674e98e/language-en.

提供支持。①

1967 年，经济合作与发展组织教育研究与创新中心（Center for Educational Research and Innovation，CERI）成立，致力于促进成员和合作伙伴实现全民高质量的终身学习，从而实现个人发展、可持续经济增长和社会凝聚。该中心的主要目标：（1）提供和促进国际比较研究、创新以及关键指标；（2）探索教育和学习的前瞻性和创新性方法；（3）创造教育研究、创新和政策制定之间的桥梁。②

20 世纪 70 年代，石油危机冲击下严重的失业促使欧洲经济共同体在职业培训和教育领域达成合作共识：各国教育部长于 1971 年达成了教育合作的一般准则；1974 年提出共同工作领域和未来合作的基本原则；1975 年成立欧洲职业培训发展中心（Cedefop）促进各国实施职业培训合作；1976 年通过了共同体行动方案（Community Action Programme）。20 世纪 70 年代是实施共同体行动方案的第一阶段，主要工作聚焦于试点项目、相关研究、访问学习和联合学习项目等。

1987 年 6 月，欧洲共同体在 1981—1986 年试点学生交换项目的基础上启动学生交换项目——伊拉斯谟计划（Erasmus Programme）③，促进大学生在欧洲共同体内实现跨国学习。数据显示，该项目已为 1000 多万人提供了在国外学习、培训、当志愿者或获得工作经验的机会。④

二、凝聚政策（1988—1993 年）：从项目到方案

（一）1988—1993 年凝聚政策概略

20 世纪 70 年代，欧洲青年失业日益严重，欧洲委员会优先为 25 岁以下

---

① European Commission［SG］. Advisory Committee for Vocational Training（X01803）［EB/OL］.（2021-06-21）［2021-12-15］. https：//ec. europa. eu/transparency/expert-groups-register/screen/expert-groups/consult？ do=groupDetail. groupDetail&groupID=1803.

② OECD［SG］. OECD Centre for Educational Research and Innovation［EB/OL］.［2021-12-15］. https：//www. oecd. org/education/ceri/brochure. pdf.

③ Wikipedia［SG］. Erasmus Programme［EB/OL］.（2022-01-17）［2022-01-19］. https：//en. wikipedia. org/wiki/Erasmus_ Programme.

④ European Union［SG］. History of the European Union 1980-89［EB/OL］.［2022-01-19］. https：//european-union. europa. eu/principles-countries-history/history-eu/1980-89_ en.

人群提供服务，促进男女就业平等，特别支持缺乏技能和重返工作岗位的女性。20 世纪 80 年代的能源危机、经济衰退和创新高的失业率使欧洲面临新的挑战。1988 年 6 月，欧洲理事会将欧盟结构基金纳入经济和社会凝聚政策范畴，将欧洲社会基金预算扩大到社会凝聚层面以支持失业率高的贫穷地区。①1988—1993 年凝聚政策的主题是：从项目到方案（From Projects to Programs），制定多年连续方案、通过多个项目落实凝聚政策目标。

1988—1993 年凝聚政策共设定 5 个优先目标。目标 1：促进落后地区发展和结构调整；目标 2：关注受工业衰退严重影响的转型地区；目标 3：消除长期失业；目标 4：促进青年融入职业；目标 5：（a）加快农业结构调整，（b）促进农村发展。其中目标 3 和目标 4 针对具体目标群体实施积极劳动力市场政策，通过教育与培训提升劳动力特别是青年群体职业能力以实现更好就业。凝聚政策的实施效果相当不错：（1）目标 1 各地区人均 GDP 与欧洲共同体均值的差距缩小了 3 个百分点；（2）结构基金在希腊、爱尔兰、葡萄牙和西班牙创造了 60 万个就业机会，人均 GDP 从欧盟平均水平的 68.3% 上升至 74.5%；（3）91.7 万人通过欧洲社会基金接受了职业培训；（4）目标 2 地区获得援助的中小企业达 47 万家。

（二）教育与职业培训政策

1985—1992 年，欧洲共同体的教育与培训工作卓有成效，通过了科米特计划（Comett，1986）、伊拉斯谟计划（Erasmus，1987）、佩特拉计划（Petra，1988）、聆果计划（Lingua，1989）、福斯计划（Force，1991）、田普斯计划（Tempus，1990）。1992 年通过的《马斯特里赫特条约》是欧洲共同体教育合作的重大转折点，整个教育部门得到承认，条约第 126 条专门阐述教育内容、第 127 条专门阐述职业培训内容。②

---

① European Commission ［SG］. EU Cohesion Policy 1988—2008：Investing in Europe's future ［EB/OL］. ［2021-12-15］. https：//ec. europa. eu/regional_ policy/sources/docgener/pan-orama/pdf/mag26/mag26_ en. pdf.

② Luce Pépin. The History of EU Cooperation in the Field of Education and Training：How Lifelong Learning Became a Strategic Objective ［J］. European Journal of Education，2007，42（01）：121-132.

1. 科米特计划

1986 年 7 月，欧洲委员会通过了"共同体技术教育与培训行动方案"（Community Action Programme for Education and Training for Technology，COMETT），又称科米特计划，先后拆分成三年行动计划（1987—1989 年）（COMETT I）和五年行动计划（1990—1994 年）（COMETT II），旨在促进先进技术教育与培训方面的跨国大学和产业合作。该计划由四个系列组成。A 系列：大学—企业培训合作伙伴（UETPs），这是一个高等教育机构、企业和相关组织的联盟，以区域或部门为基础运营；B 系列：跨国流动计划，涵盖学生在企业和其他国家的就业安置、毕业生长期就业安置、高校人员赴企业交流和企业人员赴高校交流；C 系列：培训计划，涵盖短期培训课程、联合培训项目、大型试点培训项目；D 系列：补充措施，如调查、评估和监测等。COMETT II 执行结束时取得了如下成果：（1）建立 200 多个大学—企业培训伙伴关系，几乎覆盖欧洲所有地区，关涉许多技术和领域；（2）组织约 4 万人次跨国学生、毕业生和人员开展交流；（3）组织近 10000 个高级培训课程，约 25 万欧洲人参加；（4）开发培训教材 4500 余册，其中软件或视频教材占 1/3 以上。上述活动关涉 19 个欧洲国家的 3 万多家机构，包括整个高等教育部门、2 万多家公司（其中超过 3/4 是中小企业）和约 5000 家其他类型的机构，几乎涵盖所有技术和相关领域的培训需求。[①]

2. 伊拉斯谟计划

1987 年，欧洲联盟启动伊拉斯谟计划（Erasmus Programme），这是一个促进大学生跨国流动的学生交换项目。该计划在 1994 年和其他独立计划一起并入苏格拉底计划（Socrates），后来 2007—2013 年终身学习计划取代苏格拉底计划并成为 2014 年"伊拉斯谟+"（Erasmus+）的整体框架，[②] 涵盖欧盟所有教育、培训及青年领域的学生交换计划。

---

① European Commission［SG］. COMETT II：The Final Evaluation Report. COM（96）410 Final［EB/OL］.（1996 - 09 - 16）［2021 - 12 - 15］. https：//eur - lex. europa. eu/legal - content/EN/TXT/PDF/？uri＝CELEX：51996DC0410&qid＝1642471769872&from＝EN.

② Wikipedia［SG］. Erasmus Programme［EB/OL］.（2022 - 01 - 17）［2022 - 01 - 18］. https：//en. wikipedia. org/wiki/Erasmus_ Programme.

3. 佩特拉计划

欧盟于 1988—1994 年实施佩特拉计划（Petra Program, PETRA），旨在促进青年参与职业培训，为成年生活和工作做好准备。佩特拉计划聚焦于初始职业培训（initial vocational training），确保所有青年都有机会接受一年、两年或两年以上的职业培训，从而获得公认的资格。佩特拉计划（PETRA）支持四种行动。行动一：促进青年在欧盟另一成员国学习和就业，为参加初始职业培训的青年、青年工人和青年失业者以及参加高级项目的青年提供帮助，1992—1994 年共有 33719 名青年参加了行动一。行动二：支持跨国合作，将来自不同成员国的创新培训项目，包括青年激励项目（Youth Initiative Projects），连接到欧洲培训伙伴关系网络。1988—1994 年约有 1000 个项目加入该网络。行动三：建立共同体国家联络点网络和培训共同体指导顾问/专家库支持国家间交流职业指导数据、经验及典型范例，1992 年以来，为促进国家间合作制定了更加结构化的共同体框架。行动四：补充措施，包括跨国合作研究青年职业培训问题，为成员国提供技术援助以执行、协调和评价该方案。佩特拉计划促进了成员国职业培训政策发展，提高了职业培训参与度（促进男女平等、关注弱势群体），[①] 提高了职业培训质量并促进其不断适应变化的环境，加强了跨国合作。该计划落脚在研究和建立网络，共建立了五组网络：国家协调组网络（NCUs）；行动 I 网络（安置）；行动 II 网络（培训伙伴关系及其成果和产品）；行动 III 网络（职业指导）；研究网络。

4. 聆果计划

聆果计划（Lingua）于 1989 确定，在 1990—1994 年实施，促进共同体学习 9 种官方语言和 2 种非官方国家语言，主要工作目标如下：（1）促进提高语言学习和教学质量，促进评估语言需求和现有语言技能；（2）普及语言学习的益处，鼓励使用多样化语言，促进使用欧洲联盟中的少数语言。在项目执行期间，约 19000 名教师参加了其所教授语言国家的在职培训课程，约

---

① European Commission [SG]. Final Report on the Implementation of the PETRA Programme Action Programme for the Vocational Training of Young People and their Preparation for Adult and Working Life [EB/OL]. (1997-07-22) [2021-12-15]. https://eur-lex.europa.eu/legal-content/EN/TXT/PDF/? uri = CELEX：51997DC0385&qid = 1642473144854&from = EN.

83000 名青年和 8000 多名教师参与约 4000 所学校间合作开展的联合教育项目；建立了 800 多家合作伙伴关系以提升语言教师的在职培训质量；实施约 900 个校际合作项目，关涉约 4300 个合作伙伴，帮助 32000 多名学生实现跨国流动。①

5. 福斯计划

欧洲共同体于 1991—1994 年实施福斯计划（Force），聚焦继续职业培训（continuing vocational training），主要行动包括：（1）交流计划，促进继续职业培训创新迅速传播；（2）实施跨国职业培训试点项目；（3）与社会专业团体、工人、雇主团体及其他有关团体交流经验；（4）促进跨国专家合作；（5）分析和预测资格和职业的需求趋势。②

6. 田普斯计划

欧洲共同体理事会于 1990 年 5 月决定启动田普斯计划（Tempus），促进大学制定跨国流动计划，主要面向符合条件的中欧和东欧国家；改革高等教育结构、机构和管理体制；促进转型国家跟上先进技术发展。③ 田普斯计划（Tempus）分五个阶段实施：Tempus I（1990—1994），Tempus II（1994—1998），Tempus II ibis（1998—2000），Tempus III（2000—2007），Tempus IV（2008—2013）。该计划的具体业务目标：促进教学员工、培训员的交流和流动；增加聆果计划下语言教学和学习机会；促进共同体国家学生实现跨国学习或实习。④ 该计划开展的具体业务活动包括：（1）开发新课程，试验新的教学计划，开展联合教学培训行动，提供教师进修和短期培训，开展远距离

---

① European Commission［SG］. Lingua Program 1994 Activity Report［EB/OL］. （1995 - 10 - 09）［2021 - 12 - 15］. https：//eur - lex. europa. eu/legal - content/EN/TXT/PDF/？uri = CELEX：51995DC0458.

② Nolan，Brian；Marlier，Eric；Guio，Anne-Catherine［SG］. Vocational Training：Calls for Applications for the FORCE Programme［EB/OL］. （1991 - 05 - 06）［2021 - 12 - 15］. https：// cordis. europa. eu/article/id/308 - vocational - training - calls - for - applications - for - the - force - programme.

③ 欧盟终身学习计划［EB/OL］.［2022 - 01 - 12］. http：//www. doczj. com/doc/51ca8b5a4 3323968011c92a2. html.

④ Council of the European Communities［SG］. Council Decision of 7 May 1990 Establishing a Trans-European Mobility Scheme for University Studies（Tempus）［EB/OL］. （1990 - 05 - 07）［2021 - 12 - 15］. https：//eur - lex. europa. eu/legal - content/EN/TXT/PDF/？uri = CELEX：31990D0233&qid = 1642491995382&from = EN.

教育；（2）制定高等教育改革措施以提升其能力，特别是改进高等教育管理体系；（3）促进大学与社会机构、企事业单位开展联合行动；（4）通过网络广泛传播该计划取得的成果。① 1994 年以来，田普斯计划资助了 87 个以上的项目，极大促进了共同体高等教育国际化进程以及大学间的长期合作。从 2014 年 1 月 1 日起，类似于田普斯计划的教育能力建设内容全部并入"伊拉斯谟+"计划以执行终身学习计划和能力建设。

7.《马斯特里赫特条约》第 126 条和第 127 条

《马斯特里赫特条约》第 126 条规定了共同体在教育方面的行动目标：（1）通过语言教学在教育层面推动欧洲维度（European Dimension）发展；（2）促进文凭和学习学期互认以鼓励学生和教师跨国流动；（3）促进教育机构合作；（4）就成员国教育系统的共同问题开展信息和经验交流；（5）促进青年交流和社会教育指导者交流；（6）促进发展远程教育。

《马斯特里赫特条约》第 127 条规定了共同体在职业培训方面的行动目标：（1）通过职业培训和再培训促进人们适应产业变化；（2）改善初始和继续职业培训以促进职业融入和重新融入劳动力市场；（3）提高职业培训的可及性以促进教员和受训人员特别是青年流动；（4）促进教育或培训机构与公司合作实施培训；（5）就成员国培训制度的共同问题开展信息和经验交流。②

---

① 欧盟终身学习计划［EB/OL］.［2022-01-12］. http：//www. doczj. com/doc/51ca8b5a43323968011c92a2. html.

② The Twelve Member States：Belgium，Denmark，Germany，Ireland，Greece，Spain，France，Italy，Luxembourg，Netherlands，Portugal，United Kingdom［SG］. Treaty on European Union［EB/OL］.（1992-02-07）［2021-12-15］. https：//eur-lex. europa. eu/legal-content/EN/TXT/PDF/? uri＝CELEX：11992M/TXT.

第三节 欧盟教育反贫困政策：全面发展（1994—2013 年）

一、凝聚政策（1994—1999 年）：巩固和加倍努力

（一）1994—1999 年凝聚政策概略

1993 年，欧盟设立凝聚基金（Cohesion Fund）和区域委员会支持凝聚政策落地实施，将 1994—1999 年凝聚政策主题定为巩固和加倍努力。1995 年 1 月，随着奥地利、芬兰和瑞典加入欧盟，凝聚政策在原有 5 个优先事项的基础上设置了有利于芬兰和瑞典人口极少地区的目标 6。欧洲社会基金为目标 3 和目标 4 拨款约 152 亿欧洲货币单位，占其预算额度的 9.1%，用于劳动力市场行动和社会包容发展。此间凝聚政策的实施效果如下：（1）1994—1999 年间结构基金提高了各国实际 GDP，其中葡萄牙增长 4.7%，新德国增长 3.9%，爱尔兰增长 2.8%，希腊增长 2.2%，西班牙增长 1.4%，北爱尔兰增长 1.3%；（2）结构基金和凝聚基金的 68% 用于目标 1，主要受益国有西班牙、德国、意大利、葡萄牙、希腊和法国，覆盖欧盟总人口的 24.6%；（3）共创造 70 万个净就业岗位，其中葡萄牙增加约 4%，希腊增加约 2.5%，新德国连德勒（Länder）、意大利南部和西班牙增加了 1%—2%；（4）为 80 万家中小企业提供直接投资援助，其中目标 1 地区 50 万家；（5）目标 2 地区增加了 56.7 万个工作岗位，失业率从 11.3% 降至 8.7%。

（二）就业、教育与职业培训政策

欧盟于 1997 年 11 月启动"欧洲就业战略"（European Employment Strategy，

EES），旨在协调各国就业政策①以创造更多更好的就业机会②。20 世纪 90 年代，欧盟在教育与培训领域的项目不断扩张，实施了苏格拉底计划（Socrates Programme）和莱奥纳多·达·芬奇计划（Leonardo da Vinci Programme）。

1. "欧洲就业战略"

1997 年 11 月，卢森堡就业峰会推出"欧洲就业战略"，围绕就业能力、创业精神、适应能力和平等机会四大主题确定优先事项，并通过成员国年度国家就业行动计划（National Action Plans on Employment，NAPS）贯彻实施。数据显示，1997—2002 年，"欧洲就业战略"中的各项改革提高了经济发展缓慢时期的就业弹性，增加了 1000 多万个就业岗位，失业率从 10.1%降至 7.4%（约 400 万人），长期失业率从 5.2%降至 3.3%。但是，要达到《里斯本战略 2010》中增加 1500 万个就业岗位的目标还有一定差距，故欧盟 2003 年提出，新的"欧洲就业战略"必须围绕充分就业、工作质量（更好的工作）和社会融入等里斯本目标制定政策，以适应老龄化人口需要、提高妇女劳动力参与率、创新经济改革途径，将充分就业和改善工作条件列为优先事项，旨在促进经济和社会凝聚。③

2. 综合教育：苏格拉底计划（1995—1999 年）

1995 年 3 月，欧盟审议通过第一个综合教育计划——苏格拉底计划（Socrates Programme），纳入了 Erasmus 计划和 Lingua 计划的大部分内容以及欧盟委员会此前针对学校教育的相关试点倡议，涵盖从幼儿教育到成人教育各层级教育的全部内容，旨在发展优质教育与培训，建立开放的欧洲教育合作区，这是欧盟在教育领域的行动纲领。苏格拉底计划为期 12 年（1995—

---

① Luce Pépin. The History of EU Cooperation in the Field of Education and Training：How Lifelong Learning Became a Strategic Objective ［J］. European Journal of Education，2007，42（01）：121-132.

② European Commission，Eurostat ［SG］. The Social Situation in the European Union 2008 New Insights into Social Inclusion ［EB/OL］. ［2021-12-15］. https：//ec. europa. eu/eurostat/documents/3217494/5715792/KE-AG-09-001-EN. PDF. pdf/7997829a-3882-4a63-ae57-07be88cd31a7？ t=1414774820000.

③ European Commission ［SG］. The future of the European Employment Strategy（EES）"A strategy for Full Employment and Better Jobs for All" ［EB/OL］. （2003-01-14）［2021-12-15］. https：//eur - lex. europa. eu/legal - content/EN/TXT/PDF/？ uri = CELEX：52003DC0006.

2006），分两个阶段实施：第一期计划为期 5 年（1995—1999 年），第二期计划为期 7 年（2000—2006 年）。

苏格拉底计划在总目标下分设 9 个子目标：（1）在各级教育中加强培育欧洲公民精神；（2）促进和普及欧盟语言知识以加强教育的跨文化发展；（3）促进成员国间各级教育机构深入合作以提升教学实力；（4）促进教师跨国流动以提升教师技能；（5）促进学生跨国学习；（6）促进欧盟学生交流以发展欧洲维度；（7）促进国家间文凭、学期和其他资格互认以打造开放的欧洲教育合作区；（8）促进发展开放和远程教育；（9）鼓励成员国教育制度多样化和特色化发展。从促进经济和社会凝聚角度看，苏格拉底计划通过加强成员国间各类教育合作促进教师、学生流动，普及欧盟语言知识，从而促进教育机会均等。

苏格拉底计划第一阶段（1995—1999 年）共支持了 7 个分计划。（1）高等教育——伊拉斯谟计划，面向高等教育，旨在促进教师和学生在欧洲成员国间流动，推广欧洲课程学分转换系统，采用联合备课、强化培训、专题联网等方式提升教师能力。（2）学校教育——夸美纽斯计划，面向学校教育，覆盖幼儿、小学、中学阶段教育和中等职业技术教育，主要内容包括：促进学校间建立校际伙伴关系；为教师提供在职培训、研讨会和课程等多种形式的继续教育；关注移民和少数民族子女的跨文化教育，面向流动工人子女、职业游民子女、游民子女和吉卜赛人子女设立跨国教育项目，促进其社会融入。（3）语言学习——聆果计划（Lingua），包括五个行动：欧洲语言教师培训合作方案、语言教师在职培训、未来语言教师助学金、制定语言教学或学习工具及评估语言技能、语言学习联合教育项目，旨在培养学习语言的愿望/意识并鼓励学习第二欧洲语言。（4）开放和远程学习。（5）成人教育。（6）教育体制和政策的信息和经验交流，包括四部分：共同关心的教育政策问题、尤丽黛丝（Eurydice）网络、阿里翁（Arion）和纳瑞克（Naric）网络。（7）补充措施。①

---

① European Commission［SG］. Final Report from the Commission on the Implementation of the Socrates Programme 1995—1999［EB/OL］.（2001 - 02 - 12）［2021 - 12 - 15］. https：//eur - lex. europa. eu/legal - content/EN/TXT/PDF/？ uri = CELEX：52001DC0075&qid = 1638924867233&from = EN.

　　苏格拉底计划第一阶段（1995—1999 年）取得了显著效果。（1）提升欧洲公民关键技能。促进欧盟国家间交流，反对文化偏见，强化欧洲公民概念。（2）促进教育跨文化发展。聆果计划（Lingua）促进了欧洲语言发展，每年约有 1500 所学校参与教育项目，其中职业教育占比很高；夸美纽斯计划资助了 350 个项目，包括在移民儿童占比高的城镇学校推广综合方法，为流动工人开发匹配的开放和远程学习工具，鼓励学校反对种族主义；格兰特威格计划促进教育跨文化发展，通过教学模式或社会融入途径为因族裔身份而面临被排斥风险者和处境不利的女性群体服务。（3）促进学生和教师在教育领域跨国流动。为 46 万名欧洲学生提供了跨国学习机会，比上一个五年增加了两倍；为欧洲 4 万多名大学教师提供学术交流机会；为 4 万人提供教师继续培训课程（语言领域）；为 3.8 万名中小学教师提供异地培训、参与交流活动；为 4 万名中小学生提供语言交流项目。（4）促进学校教学合作。首次为义务教育阶段学校提供参与欧洲教育合作的机会，此前的计划均局限于高等教育和语言领域。1995—1999 年，有 15000 所学校参与了近 3700 个欧洲教育合作项目，占欧盟会员国学校的 4%，其中 1/3 是小学。此外，为成人培训提供占总预算 2.7%的资金促进与学校和高等教育系统以外更为广泛的目标群体开放合作。（5）促进学历、学期和其他资格互认。通过 Erasmus 计划下的欧洲学分转换系统（ECTS）和 NARIC 网络，使用欧洲学分转换系统的高等教育机构（学院或部门）从 1989 年的 145 个增至 1999 年的 1200 多个（关涉 5000 个学院或部门）。此外，通过成人非正式学习成果和非正式学习系统促进技能和职业资格互认。（6）促进远程开放学习。发起 166 个试点项目实施远程开放学习，资助 14 个"教育多媒体"项目促进学校了解和使用信息技术。（7）促进信息和经验交流。共组织约 750 次研究访问，涉及约 8000 名参与者；自 1995 年以来，欧共体的教育信息网络 EURYDICE 与欧共体统计处合作发布 3 期"欧洲教育关键数据报告"、19 份比较研究报告和涉及广泛主题的基础文件，每年更新、出版"欧洲教育系统共同体数据库"（EURYBASE）。（8）促进优质教育培训。通过促进欧洲各国的校际合作提升教育与培训质量。（9）促进教育机会均等。促进男童和女童、男性和女性机会平等及"残疾儿童和青少年尽可能充分参与"。①

3. 职业教育与培训：莱奥纳多·达·芬奇计划（1995—1999 年）

《马斯特里赫特条约》第 127 条规定，欧洲共同体应实施职业培训政策，基于此，1995 年，欧洲委员会资助实施了第一个综合职业培训计划——莱奥纳多·达·芬奇计划（Leonardo da Vinci Programme，简称达·芬奇计划），重点关注职业教育与培训参与者的教学和培训需求，强调人力资本投资、终身学习、消除社会排斥，旨在帮助欧洲公民获得新的技能、知识和资格并得到跨国认可以提高在欧洲劳动力市场上的竞争力。达·芬奇计划的主要目标：促进职业融入，改进职业教育与培训质量和提供更多培训机会，通过培训促进改革。该计划分设 19 个子目标，主要包括：促进职业教育与培训体系改革以提升各国培训系统质量，促进终身学习，促进弱势群体培训，提供培训机会，促进语言学习，促进培训机会平等，增强职业资格透明度，实施开放和远程学习，促进职业指导及校企合作等。② 达·芬奇计划的服务对象包括个人、职业培训机构、研究中心、企业、行业组织、社会伙伴、地区行政机构和组织、非营利协会、自愿组织和非政府组织等。该计划为个人提供资金资助其在国外接受学习和培训以提升能力、知识和技能，也为组织、部门和国家间合作提供资金资助以提高职业培训质量和促进互认。③ 达·芬奇计划分两阶段执行：1995—1999 年为第一阶段，2000—2006 年为第二阶段。

达·芬奇计划的大部分预算拨款都用于跨国流动和试点项目：支持了 2569 个跨国教育改革试点项目，比如，以创新和质量为导向的课程、培训模块、网站、光盘等等；支持了 194 个语言培训试点项目、175 个调查和分析项目、20 个统计项目；吸纳 77 000 个伙伴组织参与支持跨国项目，形成稳定的

① European Commission［SG］. Final Report from the Commission on the Implementation of the Socrates Programme 1995—1999［EB/OL］.（2001-02-12）［2021-12-15］. https：// eur - lex. europa. eu/legal - content/EN/TXT/PDF/？uri = CELEX：52001DC0075&qid = 1638924867233&from = EN.

② European Commission［SG］. Final Report on the Implementation of the First Phase of the Community Action Programme Leonardo da Vinci（1995—1999）［EB/OL］.（2000-12-22）［2021-12-15］. https：//eur-lex. europa. eu/legal-content/EN/TXT/PDF/？uri = CELEX：52000DC0863&qid = 1638924867233&from = EN

③ Europa Training［SG］. Leonardo da Vinci - Vocational Education and Training［EB/OL］.［2021-12-15］. https：//www. europatrainingltd. com/LLP/index. cfm/Leonardo-da-Vinci/7.

跨国合作和跨国交流网络。达·芬奇计划资助 12.7 万人实现跨国工作或获得学习经验，促进其提升语言技能、了解异国文化、工作技能等，提升就业能力。该计划促进了各国加入职业教育与培训体系，至 1999 年底，共有 29 个国家参加该计划，有 1.1 万名教师和培训人员参与职业交流项目。[①] 达·芬奇计划跨国流动项目资金分配如表 4-1 所示，其对初始和继续职业培训类跨国流动项目支持力度最大，项目数量和受益者人数最多，资金分配量占跨国流动项目总资金额度的 60%。

表 4-1　1995—1999 年达·芬奇计划跨国流动项目资金分配

跨国流动类型	项目数量	受益者数量	欧盟委员会资金支持（百万欧元）
初始和继续职业培训 　　参与初始培训的青年 　　年轻工人/劳动力市场上的青年 　　教师或教员	6 516 *	83 300 * 51 000 21 500 10 800	162.5
大学/企业 　　参与大学培训的青年-青年毕业生-大学或企业员工-社会合作伙伴组织员工	845	40 600	105.1
语言流动 　　企业和语言学院的语言教师或语言指导教师	13	200	1.0
考察访问 　　工会、雇主组织、研究和培训机构以及公共服务的培训专家	不适用	3 200	6.0
总计	7 351	127 300	274.6

资料来源：European Commission ［SG］. Final Report on the Implementation of the First Phase of the Community Action Programme Leonardo da Vinci（1995—1999）［EB/OL］.

---

① European Commission ［SG］. Final Report on the Implementation of the First Phase of the Community Action Programme Leonardo da Vinci（1995—1999）［EB/OL］.（2000-12-22）［2021-12-15］. https：//eur-lex. europa. eu/legal-content/EN/TXT/PDF/？uri＝CELEX：52000DC0863&qid＝1638924867233&from＝EN

（2000-12-22）［2021-12-15］. https：//eur-lex. europa. eu/legal-content/EN/TXT/PDF/？uri=CELEX：52000DC0863&qid=1638924867233&from=EN.

注：数据由教育和文化总干事据与项目推广人签订的合同数字计算：1995年和1996年据最终报告计算；1997年和1998年据中期报告计算；1999年据运营计划估算。

＊指总量，下面没有星号的是分量。

二、凝聚政策（2000—2006年）：使扩大成功

（一）2000—2006年凝聚政策概略

欧盟启动"2000年议程"（Agenda 2000）后，至2004年又有10个新成员国加入，但其与欧盟差距较大，人均GDP不到欧盟平均水平的一半，只有56%的人口处于积极就业状态（欧盟为64%）。基于此，2000—2006年凝聚政策的主题定为使扩大成功（Making Enlargement a Success）：简化统一政策、扩大欧盟成员数量。此间凝聚政策将先前的6个优先目标缩减为3个：目标1，推动发展滞后地区进行结构调整；目标2，促进面临结构性困难的地区实现经济社会转型；目标3，促进教育、培训和就业政策与制度的调整及现代化。根据《里斯本战略2010》，凝聚政策向推动经济增长、促进就业和创新转变。

（二）教育与培训反贫困政策

1. 政策理念

（1）反贫困理念。2000年3月，欧盟理事会在里斯本达成如下共识："欧盟生活在贫困线以下和处于社会排斥状态的人数是不可接受的"，"新的知识型社会为减少社会排斥提供了巨大潜力"，各成员国消除社会排斥的政策应以开放的协调方法（Open Method of Coordination）为基础，结合欧盟共同目标、国家行动计划制定合作方案。《社会政策议程》（Social Policy Agenda）提出"防止和消除贫穷和排斥，促进所有人融入经济和社会生活"。2000年12月，欧盟理事会在尼斯达成了反对社会排斥和贫困的共同目标："促进所有人实现就业以及获得资源、权利、商品和服务；预防社会排斥风险；为最脆弱

的人提供支持；动员所有相关机构参与。"① 2002 年发布的《建立欧共体条约统一版》第 137 条将"反对排斥"列为欧洲社会政策的六个目标之一：第 137.1 条将促进被排斥在劳动力市场之外者融入社会列为成员国的重要工作领域；第 137.2 条提出欧盟需促进成员国间就增进知识和信息交流及创新展开合作以应对社会排斥。②

（2）终身学习理念。企业不愿为低技能和年长劳动力提供职业培训，为此，欧盟提出终身学习理念，促进成员国发展终身学习以提高就业质量、提升生产力水平。《建立欧共体条约合并版》第 150 条第 2 款指出："共同体行动应旨在……提高初始和继续职业培训以促进劳动力市场的职业融入和再融入；促进人们可便利地获得职业培训……促进教育或培训机构与企业就培训进行合作。"2001 年发布的《就业指南》（Employment Guidelines）要求成员国实施"全面而连贯的终身学习国家战略"以提升劳动力就业能力、适应能力并融入知识型社会。2001 年，欧盟委员会在《使欧洲地区的终身学习成为现实》（Making a European Area of Lifelong Learning a Reality）中将终身学习定义为"在一生中进行的所有学习活动，旨在提高个人、公民、社会和/或就业相关的知识、技能和能力"，并提出提高欧洲人参与终身学习活动的建议。2001 年，教育委员会向欧洲理事会提交报告"教育与培训系统的具体目标"。2002 年 5 月，教育/青年理事会通过了一项关于教育和终身学习的决议，提出将"使欧洲终身学习领域成为现实"与"教育与培训系统的具体目标"的工作方案结合起来以实现全面、连贯的教育与培训战略。为此，2002 年 11 月，31 个欧洲国家的教育部长和欧洲委员会通过了《关于加强欧洲职业教育与培训合作的哥本哈根宣言》（Copenhagen Declaration on Enhanced Cooperation in European Vocational Education and Training）。2003 年，欧盟委员会就欧洲就业

① European Commission，Eurostat［SG］. The Social Situation in the European Union 2008 New Insights into Social Inclusion［EB/OL］.［2021-12-15］. https：//ec. europa. eu/eurostat/documents/3217494/5715792/KE-AG-09-001-EN. PDF. pdf/7997829a-3882-4a63-ae57-07be88cd31a7？t=1414774820000.

② European Union［SG］. Consolidated Versions of the Treaty on European Union and of the Treaty Establishing the European Community（2002）［EB/OL］.（2002-12-24）［2021-12-15］. https：//eur-lex. europa. eu/legal-content/EN/TXT/PDF/？uri=OJ：C：2002：325：FULL&from=EN.

战略未来关注全面就业和所有人获得更高质量工作阐释了终身学习在提高工作质量和生产力中的关键作用，提出以终身学习促进劳动力参与率提升、实现社会包容性发展。① 欧盟委员会在"调动欧洲的智力：使大学能够充分为里斯本战略作贡献"（Mobilising the Brainpower of Europe：Enabling Universities to Make their Full Contribution to the Lisbon Strategy）中明确指出，与美国相比，欧盟存在高等教育投资缺口，倡导各国为高等教育投入更多资源，每年高等教育投资至少占 GDP 的 2%（当时为 1.3%）。②

（3）就业理念。欧盟认为，税收和财政政策是提高劳动力参与率的关键，《就业指南》（Employment Guidelines）、《广泛经济政策指南》（Broad Economic Policy Guidelines）和《联合报告》（Joint Report）的相关政策均认为要通过税收/福利制度促进劳动力获得有薪工作，且要从雇主和雇员双方予以激励。税收和财政政策促进就业的主要目标：其一，消除失业和贫困陷阱，鼓励女性在退出劳动力市场后重新就业，雇佣年长员工以延长就业时间；其二，减少对劳动力征税以增强就业吸引力，特别是减少对对低技能工人征税；其三，激励企业创造就业机会。③

2. 政策简况

（1）《里斯本战略 2010》与终身学习

2000 年 3 月，欧洲理事会在里斯本达成欧盟未来 10 年的经济和社会发展战略，即《里斯本战略 2010》，旨在通过促进劳动力实现终身学习以获得知识且能持续更新知识以应对持续失业（尤其是青年失业），促进各国在教育与培训领

---

① European Commission ［SG］. The Future of the European Employment Strategy （EES）"A Strategy for Full Employment and Better Jobs for All"［EB/OL］. （2003-01-14）［2021-12-15］. https：//eur - lex. europa. eu/legal - content/EN/TXT/PDF/？uri = CELEX：52003DC0006.

② European Commission，Eurostat ［SG］. The Social Situation in the European Union 2008 New Insights into Social Inclusion ［EB/OL］. ［2021-12-15］. https：//ec. europa. eu/eurostat/documents/3217494/5715792/KE-AG-09-001-EN. PDF. pdf/7997829a - 3882 - 4a63 - ae57 - 07be88cd31a7？t=1414774820000.

③ European Commission，Eurostat ［SG］. The Social Situation in the European Union 2008 New Insights into Social Inclusion ［EB/OL］. ［2021-12-15］. https：//ec. europa. eu/eurostat/documents/3217494/5715792/KE-AG-09-001-EN. PDF. pdf/7997829a - 3882 - 4a63 - ae57 - 07be88cd31a7？t=14147748200000.

域实现合作。2002 年达成的《教育与培训 2010 工作计划》（Education and Training 2010 Work Programme）以《关于加强欧洲职业教育与培训合作的哥本哈根宣言》关涉的教育与培训内容为指导，旨在落实《里斯本战略 2010》中关涉的教育与培训政策。2003 年，欧盟制定了至 2010 年教育与培训应达到的目标：早辍学人数平均不超过 10%，15 岁儿童中阅读成绩较低的人数比 2000 年减少 20%，至少 12.5%的成人（约 440 万人）应参与终身学习。2004 年，教育委员会要求所有会员国在 2006 年之前制定终身学习战略，并就非正式学习和非正式能力认定、职业培训质量保证、终身指导①、初始和继续职业培训吸引力提升等达成共识②。2006 年，欧洲理事会和欧洲议会提出了终身学习关涉的能力框架，通过了欧洲资格框架作为欧洲公民资格和能力认定的共同参考。

（2）《教育与培训 2010 工作计划》

2002 年 2 月，欧盟发布《教育与培训 2010 工作计划》，强调了欧盟改革教育与培训制度的重要性，确定采用开放式协调方法开展合作，并制定了三项战略目标：提高教育与培训体系的质量和效率、建构面向所有人的教育与培训体系、对全世界开放教育与培训系统。具体目标：①建设最高质量的教育与培训体系，成为全球标杆；②欧盟各国教育与培训体系互相兼容以促进公民在不同国家间流动；③欧洲公民在欧盟任何国家/地区获得的资格、知识和技能均可获得欧盟认可以促进劳动力基于欧盟范围制定职业生涯规划和终身学习规划；④欧洲公民在各年龄段均有参与终身学习的机会；⑤欧洲对世界其他地区开放，努力将欧洲建设成为全世界学生、学者、研究人员最向往之地。

3. 教育与培训项目

（1）苏格拉底计划第二阶段（2000—2006 年）

苏格拉底计划第二阶段设置了 8 个分计划：夸美纽斯计划（Comenius），

---

① European Commission［SG］. The Future of the European Employment Strategy（EES）"A Strategy for Full Employment and Better Jobs for All"［EB/OL］.（2003-01-14）［2021-12-15］. https://eur - lex. europa. eu/legal - content/EN/TXT/PDF/? uri = CELEX: 52003DC0006.

② Luce Pépin. The History of EU Cooperation in the Field of Education and Training: How Lifelong Learning Became a Strategic Objective［J］. European Journal of Education, 2007, 42（01）: 121-132.

伊拉斯谟计划（Erasmus），格兰特威格计划（Grundtvig），聆果计划（Lingua），密涅瓦计划（Minerva），观察教育体制、政策和创新计划（Observation of Educational Systems，Policies and Innovation），联合行动计划（Joint Actions），追踪测量计划（Accompanying Measures）。① 与第一阶段相比，第二阶段计划的格兰特威格计划将第一阶段的成人教育纳入其中，并拓展了"其他教育"项目；将第一阶段的开放和远程教育纳入密涅瓦计划，并拓展了"新技术教育"项目；第二阶段对教育体制、政策交流进行拓展，加入了"创新"项目；第二阶段新增了联合行动计划和追踪测量计划。格兰特威格计划面向成人教育和其他类型的继续教育，面向教育机构和各类非正规教育机构，比如，文化中心、妇女青年中心、图书馆、博物馆、协会及非政府组织等，在欧洲范围内开展项目合作、建立合作伙伴关系、组织流动性培训活动。密涅瓦计划中的新技术教育直面新技术带来的挑战，旨在借助信息技术提升教育质量、推广新的教育技术成果。观察教育体制、政策和创新计划旨在通过教育改革研究和试验提升教育质量，促进国家间相互借鉴、共享改革成果、实现学历互认。联合行动计划通过"认知欧洲运动"，包括教育计划、青年活动、政策研究等活动促进人们了解欧洲，它是一个涉及欧盟各部门、各学科的横向联合计划。追踪测量计划旨在调动共同体力量辅助实施苏格拉底计划，其中包括保证苏格拉底计划的公平性、多样性，使之覆盖各教育领域，避免歧视和种族主义倾向。② 2002 年欧盟在《苏格拉底计划——征集宣传活动的提案》中提出了教育与培训领域应关注的主题：包括基本技能在内的教育与培训，跨文化学习，针对吉卜赛人和游民、少数民族、流动职业者、种族主义和仇外心理者的教育，家庭教育/代际学习，社会边缘化群体的学习与培训，推广终身学习等。这些主题重点关注了贫困和弱势群体，旨在通过教育与培训改善、提升就业能力、建立稳定生计，从而摆脱贫困和社会排斥风险。

① European Commission ［SG］. Socrates Programme - Call for Proposals on Dissemination Activities ［EB/OL］. （2002-04-30）［2022-01-12］. https：//eur-lex. europa. eu/legal-content/EN/TXT/PDF/？uri=CELEX：C2002/103/08&from=EN.

② 欧盟终身学习计划［EB/OL］.［2022-01-12］. http：//www. doczj. com/doc/51ca8b5a 43323968011c92a2. html.

（2）达·芬奇计划第二阶段（2000—2006 年）

2000—2006 年间达·芬奇计划的目标是在欧盟建立促进终身学习的职业培训共同体，具体目标如下：①面向初级技术人员，尤其是青年实施职业培训和学徒制，通过提升能力和技能来提升就业能力；②增加持续职业培训机会、提升职业培训水平和质量，提供劳动力可终生获得资格和技能的机会，培养其对经济发展和技术变迁的适应能力；③强化职业培训体系对创新进程的贡献，提高竞争力和企业家精神。达·芬奇计划第二阶段特别关注劳动力市场上包括残疾人在内的弱势群体，旨在为其获得职业培训提供平等机会、反对歧视。其中重点关注青年职业技能和就业能力提升、跨国流动，该计划资助的21000 个项目中有 19000 个与跨国流动相关，共支持了 367000 人。

欧盟为达·芬奇计划第二阶段配套了几方面政策：①鼓励在欧洲受训者和培训组织实现跨国流动；②鼓励建立跨国伙伴关系进行职业培训试点以促进职业培训创新和质量提升；③鼓励提升语言技能（包括较少使用和教授的语言），通过职业培训了解不同文化；④促进建立传播职业培训先进经验的跨国合作网络；⑤统计并更新欧盟职业培训相关数据。①

达·芬奇计划第二阶段的预算及执行情况如下：跨国流动方面总预算约 3 亿欧元，实施约 7000 个就业项目和 2300 个交流项目，关涉 14.3 万名学生和青年工人、2.2 万名职业培训人员；职业培训试点总预算为 2.71 亿欧元，共支持 825 个试点项目，涉及 8000 多个组织；语言能力提升方面总预算为 2670 万欧元，共支持 88 个项目，涉及约 800 个组织；跨国网络建设总预算为 1310 万欧元，支持 45 个跨国网络，涉及约 720 个组织；数据统计总预算为 1900 万欧元，支持 46 个跨国网络，涉及约 500 个组织。

（3）社会融入和社会保护政策

2000 年 11 月，欧盟发布《关于建立就业平等待遇一般框架的欧盟第2000/78/E 号令》（EU Directive 2000/78/EC Establishing a General Framework for Equal Treatment in Employment and Occupation），制定了就业平等待遇的总

---

① Council of the European Union［SG］. Council Decision of 26 April 1999 Establishing the Second Phase of the Community Vocational Training Action Programme' Leonardo da Vinci'［EB/OL］. (1999－04－26)［2022－01－12］. http：//publications. europa. eu/resource/cellar/f4700abd-65fa-4140-827f-39e32fba05a1. 0004. 02/DOC_ 2.

体框架以确保欧盟劳动者无论在公共部门还是私营部门工作，无论宗教信仰、残疾、年龄或性取向，均能在工作场所获得平等待遇，不受歧视。工作场所的平等待遇主要包括：①无论自雇佣还是受雇，所有劳动者在雇佣标准、职业晋升、解雇和赔偿中人人平等；②平等接受职业培训的待遇（不包括基于国籍产生的待遇差异）。①

三、凝聚政策（2007—2013 年）：聚焦增长和就业

（一）2007—2013 年凝聚政策概略

随着成员国不断增加，欧盟内部各国之间的差距也逐渐增大：就人均收入而言，卢森堡比罗马尼亚富裕 7 倍；就地区差距而言，内伦敦的人均收入是欧盟 27 国的 290%，而最贫穷的罗马尼亚东北地区的人均收入仅为欧盟平均水平的 23%。为缩小欧盟内部不同国家和地区间差距、聚焦增长和就业，凝聚政策将优先目标调整为三个。（1）融入目标（Convergence）：旨在促进人均 GDP 低于欧盟平均水平 75% 的最不发达成员国和地区的融入；（2）区域竞争力与就业目标：覆盖融入目标之外的其他欧盟国家和地区，旨在提升地区竞争力、吸引力并促进就业；（3）欧洲领土合作目标：基于 2006 年的区域间倡议（Interreg Initiative），为跨国和跨区域的合作提供支持。②

（二）欧盟反贫困政策

2008 年金融危机后欧盟面临严重经济衰退：经济发展水平退回到 20 世纪 90 年代；失业率高达 10%；20—64 岁人口平均就业率仅为 69%，远低于世界平均水平；55—64 岁中老年就业率仅为 46%，远低于美国和日本的 62%，③

---

① Council of the European Union ［SG］. EU Directive 2000/78/EC of 27 November 2000 Establishing a General Framework for Equal Treatment in Employment and Occupation ［EB/OL］. (2000－11－27) ［2022－01－12］. https：//eur－lex. europa. eu/legal－content/EN/TXT/ PDF/? uri＝CELEX：32000L0078&qid＝1642730839286&from＝EN

② European Commission ［SG］. EU Cohesion Policy 1988—2008：Investing in Europe's Future ［EB/OL］. ［2021－12－15］. https://ec. europa. eu/regional_ policy/sources/docgener/panorama/pdf/mag26/mag26_ en. pdf.

③ 陆军. 欧洲 2020 战略：解读与启示 ［J］. 欧洲研究，2011（01）：72－88.

面临着人口老龄化下的就业人口减少危机。就业人口减少、退休人员增多、财政赤字叠加，欧洲福利体系面临前所未有的压力，亟待增加就业岗位以应对贫困和经济衰退。2008 年，欧盟委员会针对贫困问题提出了"社会政策三支柱"：充分的收入支持、包容性劳动力市场和获得优质服务的机会，鼓励各国据此制定"积极性融入"（Active Inclusion）政策以消除社会排斥和劳动力市场排斥。①

1.《欧洲 2020 战略》：增长与就业

为应对全球化、资源短缺、老龄化加剧的长期挑战，欧盟亟待向智慧型、可持续和包容性经济转型以实现高水平就业、生产力提升、形成社会凝聚力。2010 年，欧盟委员会发布《欧洲 2020：智慧型、可持续和包容性增长战略》（EUROPE 2020：A Strategy for Smart, Sustainable and Inclusive Growth，简称《欧洲 2020 战略》），列出了三个相互促进的优先事项：（1）智慧型增长，发展基于知识经济和技术创新的经济；（2）可持续增长，促进更有效利用资源、更绿色、更有竞争力的经济发展；（3）包容性增长，发展高就业经济，促进社会凝聚和区域一体化。《欧洲 2020 战略》提出了到 2020 年欧盟的主要发展目标：（1）20—64 岁人口就业率从 69% 提升至 75%，充分满足妇女、中老年、外来移民的劳动参与需求；（2）欧盟 GDP 的 3% 投资于研发；（3）实现"20/20/20"气候/能源目标，即可再生能源占总能源消耗的 20%，能源利用效率提高 20%，温室气体排放在 1990 年基础上削减 20%—30%；（4）辍学人数占比低于 10%，30—34 岁青年获得高等教育文凭的占比从 31% 提升至40%；（5）暴露于贫困风险的人数减少 25%，帮助 2000 万人脱贫。

为帮助各成员国制定自己的子战略，欧盟委员会提出了七项旗舰倡议（Flagship Initiatives）。（1）"创新型联盟"（Innovation Union），旨在改善研发和创新的框架条件与融资渠道以促进创新想法转化为促进增长和就业的产品与服务；（2）"青年就业流动"（Youth on the Move），旨在提升高等教育吸引力，改善教育与培训质量，促进教育公平，改善青年就业前景以阻断贫困的恶性循环；（3）"欧洲数字化议程"（A Digital Agenda for Europe），推出高速

①　European Commission, Eurostat［SG］. The Social Situation in the European Union 2008 New Insights into Social Inclusion［EB/OL］.［2021-12-15］. https：//ec. europa. eu/eurostat/ documents/3217494/5715792/KE-AG-09-001-EN. PDF. pdf/7997829a-3882-4a63-ae57- 07be88cd31a7？t=1414774820000.

互联网，建立全新的单一化数字市场，使家庭和企业从中获益；（4）"能效欧洲"（Resource Efficient Europe），倡导经济增长与资源使用脱钩，向低碳经济转型，提高能源效率，鼓励使用可再生能源，逐渐摆脱依赖能源和资源的传统发展模式；（5）"全球化产业政策"（An Industrial Policy for the Globalization Era），旨在改善商业环境，特别扶持中小企业发展，支持建立强大、可持续、具有全球竞争力的产业基础；（6）"新技能和就业议程"（An Agenda for New Skills and Jobs），提出13项行动旨在促进劳动力市场现代化（提高就业安全性和灵活性，确保体面工作条件，创造就业机会等），① 促进劳动力在整个生命周期中不断提升技能以提高劳动力参与率、促进劳动力供求均衡，到2020年，75%的20—64岁人口有工作，辍学人数减至10%，至少40%的青年能接受高等教育或同等职业教育；（7）"欧洲反贫困平台"（European Platform against Poverty），旨在促进社会凝聚和区域一体化，成员国分享经济增长和就业经验，促进贫困和面临社会排斥者实现有尊严的生活并积极参与社会活动。

在《欧洲2020战略》中，促进社会凝聚是关涉包容性增长这一优先事项的重要内容，其设定的主要发展目标中涉及弱势群体的就业、提升教育资历和反贫困，体现了欧盟对于以教育促就业和反贫困的关注和重视。在七项旗舰倡议中，倡议2"青年就业流动"、倡议6"新技能和就业议程"和倡议7"欧洲反贫困平台"彰显了通过教育改善就业前景，提高社会排斥者的社会参与以阻断贫困的恶性循环的工作理念。

2.《欧洲反贫困和社会排斥纲要》

消除贫困和社会排斥是欧盟及其成员国社会政策的主要目标之一。2008年8月，欧盟确定2010年为"消除贫困和社会排斥欧洲年"（European Year for Combating Poverty and Social Exclusion），具体关注四个目标。（1）承认（Recognition）：承认贫穷和被社会排斥的人有权过上有尊严的生活并参与社会活动；（2）所有权（Ownership）：所有社会成员均负有承担减少贫困和边缘化的社会责任；（3）凝聚（Cohesion）：贯彻社会凝聚符合每个人利益的理念；（4）

---

① European Commission [SG]. An Agenda for New Skills and Jobs: A European Contribution towards Full Employment, COM（2010）682 Final [EB/OL].（2010-11-23）[2021-12-15]. https://eur-lex.europe.eu/LexUriServ/LexUriServ.do? uri = COM：2010：0682：FIN：en：PDF.

承诺（Commitment）：强调欧盟将消除贫困和社会排斥作为优先事项的政治愿景。欧洲社会基金和欧洲社会投资基金为实施"积极性融入"提供战略资金支持。欧盟为"消除贫困和社会排斥欧洲年"预算1700万欧元，再加上成员国公共和私营机构提供的资金支持，总预算高达261.75亿欧元。[①] 2008年10月，欧盟发布《关于促进被劳动力市场排斥者积极性融入的建议2008》（2008 Recommendation on the Active Inclusion of People Excluded from the Labour Market），呼吁成员国建立基于三个社会政策支柱的综合战略，特别提出在融入性劳动力市场政策方面采取终身学习、在职激励等措施。[②]

2010年12月，欧盟基于《欧洲2020战略》发布《欧洲反贫困和社会排斥纲要：欧洲社会和领土凝聚力框架》，旨在促进成员国、欧盟机构和主要利益攸关方达成共同承诺：消除贫困和社会排斥，通过成员国间合作与政策协调达到挖掘社会经济潜力、促进持续社会创新、促进社会融入的目标。[③] 弱势群体最易暴露在贫穷危险中，比如，儿童、青年、单亲父母、有受抚养人的家庭、有移民背景者、少数民族（如罗姆人）、残疾人等。此外，女性通常比男性更易发生贫困，失业是贫困的主要致因，社会排斥也往往导致贫困。消除贫穷和社会排斥需要依靠经济增长和就业以及有效的社会保障制度，要促进社会保障措施与社会政策相结合，实施有针对性的教育、社会照顾、住房、保健、家庭政策等。

《欧洲反贫困和社会排斥纲要》的主要工作理念有如下两个。（1）消除贫困的政策要贯穿整个生命周期。数据显示，2010年，欧盟有2000多万儿童

---

① European Economic and Social Committee ［SG］. Opinion of the European Economic and Social Committee on the Proposal for a Decision of the European Parliament and of the Council on the European Year for Combating Poverty and Social Exclusion (2010) ［EB/OL］. (2008-08-30) ［2021-12-15］. https：//eur-lex. europa. eu/legal-content/EN/TXT/PDF/? uri = CELEX：52008AE0997&qid=1639102979296&from=EN.

② European Commission ［SG］. The European Semester Explained an Explanation of the EU's Economic Governance ［EB/OL］. ［2021-12-15］. https：//ec. europa. eu/info/business-economy-euro/economic-and-fiscal-policy-coordination/eu-economic-governance-monitoring-prevention-correction/european-semester/framework/european-semester-explained_ en.

③ European Commission ［SG］. The European Platform against Poverty and Social Exclusion：A European Framework for Social and Territorial Cohesion, COM (2010) 758 Final ［EB/OL］. (2010-12-16) ［2021-12-15］. https：//eur-lex. europa. eu/LexUriServ/LexUriServ. do? uri=COM%3A2010%3A0758%3AFIN%3AEN%3APDF.

面临贫困风险；1/5 的青年面临贫困风险；与总人口相比，老年人面临的贫困风险更高。因此，反贫困政策要基于全生命周期进行设计，针对不同年龄段的劳动者制定适切的政策。（2）消除社会排斥和其他不利因素以免产生新的贫困群体。除了失业，穷人陷入贫困还有很多其他社会排斥因素，比如，无家可归和住房排斥、燃料缺乏，因无法获得基本银行服务而面临金融排斥，因高负债而面临就业障碍，导致持续边缘化和贫困。数据显示，移民在失业率上升期间的失业风险最高，2010 年第一季度，欧盟非国民的失业率超过21%；少数民族中的罗姆人（欧洲约有 1000 万到 1200 万人口）正在遭受多重贫困；残疾人或患有严重慢性疾病者往往面临严重的经济和社会困难，约650 万面临贫穷或被排斥危险者有某种形式的残疾。

3. 青年就业促进政策

（1）就业一揽子计划

欧盟于 2012 年启动"就业一揽子计划"（Employment Package），旨在确定最大就业潜力领域、探索创造更多就业机会的有效途径，具体包括三方面工作。①创造就业机会。一是通过减少税收等措施激励企业增加就业机会，将非正规就业正规化，提高个人税后可支配收入，使工资与生产力发展同步增长；二是充分挖掘新兴产业部门的就业潜力，比如，信息和通信技术、绿色经济、医疗保健等领域；三是利用欧洲社会基金创造就业。②恢复劳动力市场活力。一是减少劳动力市场分割以实现体面就业，制定促进终身学习和积极的劳动力市场政策，制定面向青年就业的一揽子计划；二是通过"欧盟技能全景"（EU Skills Panorama）准确预测技能需求、激励技能投资以促进技能供需匹配，完善技能资格认证制度，促进教育和就业领域协同增效；三是促进欧洲劳动力市场一体化，消除劳动力跨国流动障碍，通过"欧洲就业服务"（EURES）[①] 促进跨国求职与就业岗位匹配。③完善欧盟治理。制定就业指标及监测标准，建立改革方案追踪机制等。[②]

---

① "欧洲就业服务"（EURES）是欧盟委员会运行的欧洲就业流动门户网站，它使用 26 种语言，旨在支持求职者在欧洲流动。该网站拥有庞大的空缺职位数据库，同时提供欧洲劳动力市场的信息。

② European Commission ［SG］. Employment Package ［EB/OL］. ［2021 - 12 - 15］. https：//ec. europa. eu/social/main. jsp? catId = 1039&langId = en.

（2）青年就业一揽子计划

经济危机对青年的打击格外沉重，近1/4的青年找不到工作，青年失业率是整体失业率的2倍多，超过30%的失业青年处于长期失业状态，有750万15—24岁青年既未就业也未接受教育与培训（NEET），青年从事临时和兼职工作的比例过高。2012年12月，欧盟委员会发布"青年就业一揽子计划"（Youth Employment Package），在2014—2016年间针对青年就业提出如下政策：①制定"青年保障计划"（Youth Guarantee），目标人群是辍学者、失业青年及长期内最有可能失业和被排斥的低技能青年，旨在促进就业；① ②将培训生制度视为劳动力市场进入工具，促进实施学徒制的国家迅速转型；③成立"欧洲学徒制联盟"促进青年工人技能提升与跨国流动，填补欧盟200万个岗位空缺；④成员国的青年就业建议。

2013年2月，欧盟启动"青年就业计划"（Youth Employment Initiative，YEI）为"青年就业一揽子计划"，特别是"青年保障计划"提供资金支持，重点关注青年失业率超过30%的8个会员国，预算100亿欧元帮扶65.8万青年和5.6万小企业。欧盟各成员国为提高青年技能均将教育与培训项目纳入国别计划：提供高质量职业教育与培训课程，约85%的国家实施了培训生制和学徒制；降低辍学率和提高学业完成率，因失业青年大部分缺乏技术和基本技能，缩小基本技能缺口可降低其脆弱程度。

2013年，欧盟15—24岁人群的失业率达到23.6%，有些国家甚至超过了50%，如希腊（58.3%）和西班牙（55.5%）；13%的青年既未就业也未接受教育与培训（not in education，employment or training，NEET），在保加利亚、希腊和意大利该比例高于20%。基于此，2013年4月，欧盟理事会发布《关于设立青年保障计划的建议》（Recommendation on the Establishment of the Youth Guarantee），包括政府、社会伙伴和民间组织在内的利益相关方均支持"青年保障计划"，以避免由青年高失业率导致的收入损失、技能退化、失意人员增加，通过促进青年就业减少福利支出、促进经济增长。"青年保障计

---

① International Labour Organization ［SG］. The European Youth Guarantee：A Systematic Review of its Implementation across Countries ［EB/OL］. ［2021-12-15］. https：// www.ilo.org/wcmsp5/groups/public/---dgreports/---inst/documents/publication/wcms_572465.pdf.

划"的措施有如下四类：①为促进就业提供针对性的教育与培训项目；②为辍学者提供弥补教育的措施；③提供劳动力市场中介服务；④旨在影响劳动力需求的"积极劳动力市场政策"（Active Labour Market Policies，ALMPs），比如，直接创造就业机会、提供雇佣补贴和实施创业激励。"青年保障计划"成功降低了青年的就业脆弱性。①

4. 教育与培训政策

《欧洲2020战略》提出的五个发展目标中有一项关涉辍学和高等教育发展，到2020年，辍学人数占比控制在10%以下，30—34岁青年获得高等教育文凭的占比从31%提升至40%。为此，欧盟的教育与培训系统必须实现现代化以提高效率、提升质量，使劳动者具备劳动力市场所需的技能和能力，提振面对当前和未来挑战的信心，促进经济增长和就业，进而提高欧洲竞争力。因青年是受经济危机影响最严重的群体之一，就业脆弱程度很高，应特别关注通过教育与培训提升其就业能力。

2009年5月，欧盟理事会发布《欧洲教育与培训合作2020战略框架》（Strategic Framework for European Cooperation in Education and Training，ET2020）作为促进教育与培训现代化的关键工具，并提出成人学习的重要性。② ET2020制定了到2020年欧盟教育与培训的四个战略方向。（1）建立终身教育制度，推动学生和学者跨国流动。建立并完善国家终身教育制度，关注非正规学习（社会培训）；设立欧洲资格框架，推动各成员国国家资格框架与之接轨，消除学习流动障碍，重点关注弱势群体。（2）提高职业教育与培训的质量和效率。促进学习第二外语，加强教师培训，建立公共和私营部门合作下可持续的教育资金投入机制，重点提高阅读、数学、理科方面的基本技能和适应新工作的技能。（3）促进公平和社会融入。推进普通教育与职业

①　Verónica Escudero. Are Active Labour Market Policies Effective in Activating and Integrating Low-skilled Individuals? An International Comparison ［J］. IZA Journal of Labor Policy，2018，7（04）：1-26.

②　European Commission ［SG］. Draft 2012 Joint Report of the Council and the Commission on the Implementation of the Strategic Framework for European Cooperation in Education and Training（ET2020）Education and Training in a Smart，Sustainable and Inclusive Europe ［EB/OL］.（2011-12-20）［2022-01-19］. https：//eur-lex. europa. eu/legal-content/EN/TXT/PDF/? uri=CELEX：52011DC0902&qid=1638951513580&from=EN.

教育合作，为辍学者复学扫清障碍，促进移民教育，推进全纳教育。（4）提高创新和创业能力。促进教育、研究、创新这一"知识三角"的良性互动。ET2020 提出了到 2020 年七个关键指标的达标要求：青少年辍学率低于 10%；30—34 岁接受高等教育的人口占比不低于 40%；4 岁至小学入学年龄的学前教育人口占比不低于 95%；15 岁青少年阅读、数学和科学能力较差的占比不高于 15%；25—64 岁人口参与终身学习的占比达到 15%；20—34 岁欧洲学生在毕业后 1—3 年的平均就业率至少增加 5%；高等教育的学习流动性目标是至少 20%的大学毕业生具有国外学习或培训经历，职业教育与培训的学习流动性目标是至少 10%的参与者有国外学习或培训经历，普通青年的流动性目标是15—34 岁青年中有国外学习或培训经历者占比翻一番，达到 25%—30%。①

2010 年 6 月，欧洲委员会发布《欧洲职业教育与培训现代化》（Modernizing Vocational Education and Training in Europe）以支持"欧洲 2020 战略"，阐述了 ET2020 中关涉的职业教育与培训优先事项，主要包括：（1）促进终身学习；（2）考虑到人们的转职需求获得培训的机会必须最大化；（3）在学习成果与认定、职业资格获取等方面制定更加灵活的政策；（4）雇主、培训机构和高等教育机构须在提升职业教育与培训服务方面发挥更大作用；（5）在正规教育与职业培训之外获得的技能可通过欧洲资历架构（EQF）和欧洲职业教育与培训学分体系（ECVET）进行认证。《欧洲职业教育与培训现代化》为提升职业教育与培训服务质量、效率及吸引力提出了如下措施：（1）建立基于欧洲职业教育与培训质量保证参考框架（European Quality Assurance Reference Framework for VET）的国家级质量保证体系；（2）培训师和教师的技能水平评估；（3）围绕以工作为基础的学习培养关键能力；（4）促进技能与工作相匹配，提高技能与劳动力市场的相关性。此外，《欧洲职业教育与培训现代化》围绕职业教育与培训提出了多个理念：（1）鼓励通过职业教育与培训促进劳动力跨国流动；（2）倡导以职业教育与培训消除社会排斥、促进包容性增长；（3）弱势群体通过教育与培训可以从与劳动力市场相关的非课堂工作

---

① 江洋. 欧盟 2010—2020 年教育发展战略及启示 [J]. 世界教育信息，2013（07）：12-16.

中受益更多；（4）呼吁培养创造力和企业家精神。①

2010 年 12 月 7 日，来自 33 个欧洲国家的教育部长、雇主和工会代表、欧盟委员会在布鲁日联合发布《关于加强 2011—2020 年欧洲职业教育与培训合作的公报》（简称《布鲁日公报》），它是《关于加强欧洲职业教育与培训合作的哥本哈根宣言》的最新修订版，旨在提高欧洲职业培训质量、增加可及性、更符合劳动力市场需求。2011—2020 年的战略目标共包括 5 个方面、11 个具体目标。（1）提高职业教育与培训的质量和效率，增强吸引力和相关性。①增强初始职业教育与培训作为学习选择的吸引力；②促进初始职业教育与培训和继续职业教育与培训的卓越、高质量和与劳动力市场及人们职业的相关性。（2）让终身学习和流动成为现实。①灵活获得培训和资格；②制定初始职业教育与培训和继续职业教育与培训国际化战略方针，促进国际流动。（3）培养创造力、创新和创业精神。促进信息和通信技术在初始职业教育与培训和继续职业教育与培训中应用。（4）促进公平、社会凝聚、形成积极的公民意识。实现全纳初始职业教育与培训和继续职业教育与培训。（5）跨部门合作目标。①激励职业教育与培训利益相关方积极参与；②促进资格的透明度、认证、质量保证和流动性领域的协调管理；③促进职业教育与培训政策与其他相关政策领域合作；④提高欧盟数据的质量和可比性；⑤充分利用欧盟支持，在成员国层面制定 22 个短期目标（2011—2014 年）匹配欧盟的政策支持。②

① European Commission［SG］. Communication from the Commission to the European Parliament, the Council, the European Economic and Social Committee and the Committee of the Regions-A New Impetus for European Cooperation in Vocational Education and Training to Support the Europe 2020 Strategy（COM（2010）296 Final of 9 June 2010［EB/OL］.（2010-06-09）［2022-01-19］. https://eur-lex. europa. eu/LexUriServ/LexUriServ. do? uri=COM：2010：0296：FIN：EN：PDF.

② European Commission［SG］. The Bruges Communiqué on Enhanced European Cooperation in Vocational Education and Training for the Period 2011—2020［EB/OL］.（2010-12-07）［2021-12-15］. https://www. cedefop. europa. eu/files/bruges_ en. pdf.

（三）教育与培训反贫困具体政策

1. 学徒制

2013 年 4 月，欧盟理事会在《关于设立青年保障计划的建议》中要求欧盟成员国承诺确保 25 岁以下的所有青年在结束正规教育或失业后的 4 个月内均能获得高质量的就业、继续教育、学徒或培训机会。高质量的学徒计划结合以工作为基础的学习和学校教育能帮助青年获得必要的技能、积累经验。数据显示，15—24 岁青年中接受学徒的人数越多，失业率越低，故增加学徒制供给、提升学徒制质量成为欧盟解决青年失业问题的重要方法，也是实施"青年保障计划"的重要支撑。实践表明，学徒制结合了学校和公司的职业教育与培训，技能和经验经认证可获得国家认可的资格，能有效助力青年从学校向工作过渡，奥地利、丹麦、德国和荷兰等国有很强的学徒制传统，其学徒制效果也很卓越。

欧盟提出了学徒制改革的几个关键点：经过国家资格认证的学徒培训更有价值；与社会合作伙伴设计、实施和管理学徒制以促进学徒制匹配于劳动力市场需求；将学徒制视为中长期青年失业的预防措施，建立监测和评价机制以确保学徒制计划有效且切合实际。① 学徒制改革的预算资金来源如下：国家预算优先考虑学徒制；欧洲社会基金（ESF）；"青年就业计划"的资金可用于支持 NEET 青年参与学徒制。事实上，有 64 亿欧元的资金用于支持 15—24 岁青年失业率在 25% 及以上地区，"Erasmus＋"为参与职业教育与培训的学生、学徒和培训师提供海外学习经验资助，同时也为教育与培训提供者和公司之间的战略伙伴关系提供资金。

2013 年 7 月，欧盟在德国莱比锡举行世界技能大赛期间成立了欧洲学徒制联盟（European Alliance for Apprenticeships，EAfA），旨在提高全欧洲学徒制质量、扩大供给、提升吸引力，促进人们认可学徒制。欧洲学徒制联盟是一个平台，将来自就业和教育部门的利益攸关方聚集在一起推动实施学徒制

---

① European Commission-Employment，Social Affairs and Inclusion［SG］. European Alliance for Apprenticeships［EB/OL］.［2021-12-15］. https：//www. todofp. es/dam/jcr：6399580b-919e-42b3-9a02-012928599a39/dgemplleafletapprenticeshipenaccessiblev1-0-pdf. pdf.

计划，主要有两个职能。（1）促进有针对性的知识转移、支持学徒制改革。2013 年 6 月出版欧洲初始职业教育与培训工作的政策指导；提供有针对性的咨询服务，比如，开办面向全欧洲或特定国家的讲习班；在"终身学习计划"（LLP）下建立在线工具箱供开发基于工作的学习（包括学徒制）的利益相关者使用；2014 年 3 月成立职业教育与培训工作组；组织国际论坛探讨高质量学徒制改革。（2）推广学徒制的优势。对企业而言，无论是在学徒期间还是在学徒结束后继续雇佣这个训练有素的工人，投资于学徒制都是有利可图的；对学徒而言，他们能在专业的环境中学习有价值的工作技能以提升未来就业能力。

2. 培训生制

2012 年，欧盟 25 岁以下未就业者超过 500 万人，有些成员国青年失业率甚至超过 50%。增加青年进入劳动力市场的机会、促进从教育到工作的过渡成为欧盟的首要任务。培训生制是刚刚结束学校教育的青年在正式就业之前为获得有价值的工作经验而在商业、公共机构或非营利机构获得短暂时间工作实践的制度，它是青年进入劳动力市场的重要起点，在从教育到工作的过渡中发挥着关键作用。培训生制不同于学徒制，它不受雇佣合同保护且缺乏有效监管。为促进培训生制提供高质量的学习内容、适当的工作条件，且不因低成本而替代正式工人，欧盟委员会于 2013 年发布《培训生制质量框架》（A Quality Framework for Traineeships），向成员国提出 21 条建议。其中主要建议包括：（1）提高公开市场培训质量，特别是学习内容和工作条件；（2）确保培训协议包括培训目标、工作条件、是否提供报酬或补偿、各方权利和义务，以及培训期限；（3）促进培训提供者在培训结束时提供证书或推荐信证明青年在培训期间获得的知识、技能和能力；（4）促进社会伙伴积极参与执行培训质量框架；（5）促进就业服务部门使用欧洲就业资源网上传培训信息；（6）2014 年底之前尽快落实培训生质量框架内容；（7）促进就业服务机构、教育机构和培训提供者积极参与实施培训质量框架。此外，欧盟委员会非常重视评估培训生制的实施效果，制定培训生制标准并终止不达标项目。

3. 成人学习

终身学习包括从学前到退休后的所有学习时段，成人学习是终身学习的重要组成部分，指成人离开初始教育与培训后的所有正式、非正式和非正规的学习活动，包括普通学习和职业学习。为应对经济危机带来的短期和长期失业挑战，成人有必要定期提高专业技能和基本技能，在劳动力市场不稳定及面临社会排斥风险时，成人学习更适合低技能和低资格者。终身学习系统是欧盟最薄弱的环节，成人学习参与率呈持续下降趋势，25—64 岁人口的成人学习参与率从 2005 年的 9.8% 下降到 2010 年的 9.1%。2008 年 1 月，欧洲议会发布《成人学习：永远不会太迟》，敦促欧盟成员国促进知识习得和发展终身学习文化，特别是通过实施性别平等政策增强成人教育的吸引力。

2008 年 5 月，欧盟发布《2008—2010 年行动计划》（2008—2010 Action Plan），旨在提高成人学习的质量和参与度，并促进成员国间就成人教育达成合作。该计划确定了成人学习的优先领域：（1）成人学习改革和教育与培训的发展实现联动，国家资格框架要和终身学习战略联动；（2）成人学习的质量关涉专业人员的培训与发展、成人学习提供者的资格认证、成人指导服务的改进等方面；（3）向资历最低者提供对外联络和学习机会以促进其更好地融入工作和社会；（4）非正规和非正式学习是成人学习的主要组成部分，要增加供给；（5）完善对成人教育部门的监管以保证成人学习的质量和有效运行。

2008 年 11 月，欧盟将终身指导（Lifelong Guidance）纳入终身学习战略，指出终身指导是一个持续的过程，它帮助公民在任何年龄、生命周期的任何阶段根据能力和兴趣做出教育、培训和职业决策，并在学习、工作和其他环境中进行人生规划。2009 年发布的 ET2020 提出，终身学习和流动性，教育与培训的质量和效率，公平，社会凝聚和积极的公民意识，以及创造力和创新对成人学习同样重要。2010 年发布的《欧洲 2020 战略》指出，成人学习提高了成人，尤其是低技能工人和老年工人适应劳动力市场和社会变化的能力，为那些受失业、重组和职业转型影响的人提供了提高技能或再培训的手段，对社会融入、积极的公民意识和个人发展作出了重要贡献，故终身学习和技能发展是应对经济危机、人口老龄化以及欧盟经济和社会发展战略的关键要素。欧盟针对《欧洲 2020 战略》提出的七项旗舰倡议中贯彻了促进成人学习的工作理念：在教育与培训的社会层面，扩大接受成人教育的机会可以促进积极性融入、提高社会参与、促进创新；在成员国的就业政策指南中倡导鼓励终身学习以促进就业，确保每位成年人都有接受培训或提升职业资格的机会；鼓励个人参与职业教育与培训，增加人力资源开发、公司内部培训和在职学习等方面的投资，促进培训机构和雇主开展广泛合作，特别是在培训低技能工人方面进行合作。

为巩固《2008—2010 年行动计划》的成果，补充学校教育、高等教育（博洛尼亚进程，Bologna Process）和职业教育与培训（哥本哈根进程，Copenhagen Process）领域的不足，欧盟理事会于 2011 年发布"新的欧洲成人学习议程"（Renewed European Agenda for Adult Learning），确定了 2012—2014年的优先领域：（1）使终身学习和流动成为现实；（2）提高教育与培训的质量和效率；（3）通过成人学习促进公平、社会凝聚和积极的公民意识；（4）提高成人及其学习环境的创造力和创新能力；（5）完善成人学习知识的基础，监测成人学习部门。该议程要求成员国在如下方面促进成人学习发展：（1）提高成人识字能力和计算技能，发展数字素养，特别是为成人提供机会发展现代社会所需的基本技能和识字技能（如经济和金融素养，公民、文化、政治和环境意识，为健康生活而学习，消费者和媒体意识）；（2）增加成人学习机会并鼓励个人参与成人学习以促进社会融入，增加移民、罗姆人和弱势群体获得成人学习的机会，并为难民和寻求庇护者提供学习机会（包括学习东道国语言）；（3）倡导积极老龄化理念，增加老年人学习机会，包括志愿服务和促进创新形式的代际学习以充分利用老年人的知识、技能和能力；（4）满足残疾人和特殊情况下无法学习者的学习需求，[①] 比如，医院、疗养院和监狱中的人，并为其提供充分的指导服务。[②] 该议程促进所有成人在一生中发展

---

① 欧盟及其所有成员国都是《联合国残疾人权利公约》（United Nations Convention on the Rights of Persons with Disabilities, UNCRPD）的缔约国，欧盟据此制定了《欧洲残疾人战略（2010—2020）》（Disability Strategy 2010—2020），旨在建立无障碍环境促进残疾人参与社会和经济活动。该战略在 8 个重点领域为残疾人消除障碍，包括无障碍、就业、全纳教育与培训、平等、参与（包括获得优质社区服务）、保健、社会保障和外部行动。

② The Council of the European Union [SG]. Council Resolution on a Renewed European Agenda for Adult Learning（2011/C 372/01）[EB/OL].（2011 - 12 - 20）[2021 - 12 - 15]. https：//eur - lex. europa. eu/legal - content/EN/TXT/PDF/? uri = CELEX：32011G1220 (01) &from = EN.

和提高技能与能力，到 2020 年确保至少 40% 的青年通过教育与培训完成高等教育或同等教育，将辍学率降低至 10% 以下，为大量低技能欧洲人提供第二次教育与培训机会以提高读写能力和计算能力，为提高工作和生活技能奠定基础。欧盟认为，获得基本技能是发展终身学习能力，解决辍学问题，解决移民、罗姆人（Roma）和弱势群体的教育和社会融入等问题的基础，故需要学校和成人教育实现衔接。

4.《2007—2013 终身学习整体行动计划》

2000 年发布的《里斯本战略 2010》旨在促进劳动力实现终身学习以解决持续失业问题（尤其是青年失业问题）。2006 年 11 月，欧洲议会和欧盟理事会发布《2007—2013 终身学习整体行动计划》（Lifelong Learning Programme 2007—2013)①，旨在建立欧盟终身学习领域的行动方案，促进各国交流、合作，发展知识型社会，经济能够可持续发展，就业机会增多，社会凝聚力增强，使欧盟的教育与培训体系成为世界标杆。该计划实际上是欧盟教育的中远期计划，其对教育与培训发展方向的指导并不局限于 2013 年。

《2007—2013 终身学习整体行动计划》确定了 10 个促进终身学习的具体目标：（1）发展高质量的终身学习，追求高绩效、创新和欧洲维度；（2）促进欧洲地区推进终身学习；（3）提升终身学习机会的质量、吸引力和可及性；加强终身学习对社会凝聚、积极的公民意识、文化交流、性别平等和个人成就的贡献；（4）通过终身学习提升创造力、竞争力、就业能力和创业意识；（5）促进所有年龄段的人，包括有特殊需要者和处境不利人群参与终生学习；（6）促进语言学习和语言多样性；（7）促进开发信息和通信技术资源；（8）促进终身学习在发展以尊重欧洲价值观、包容和尊重其他民族文化为基础的欧洲公民意识方面的作用；（9）促进教育与培训的利益攸关者就提升终身学习质量进行合作；（10）通过促进研究成果、创新实践的交流提高终身学习质量。《2007—2013 终身学习整体行动计划》与欧盟政策高度一致，它是

---

① The European Parliament and the Council of the European Union［SG］. Decision No 1720/2006/EC of the European Parliament and of the Council of 15 November 2006 Establishing an Action Programme in the Field of Lifelong Learning［EB/OL］.（2006-11-24）［2021-12-15］. https：//eur - lex. europa. eu/legal - content/EN/TXT/PDF/? uri = CELEX：32006D1720&from=EN.

促进实现欧盟发展的横向政策：面向有特殊需要的学习者制定专门终身学习计划以促进其融入主流教育与培训；促进男女平等；认同语言多样性和多元文化主义，打击种族主义、偏见和仇外心理。

《2007—2013 终身学习整体行动计划》与《教育与培训 2010 工作计划》、青年就业等其他领域的政策保持一致且相辅相成。此外，欧洲职业培训发展中心（Cedefop）、欧洲培训基金会（ETF）和职业培训咨询委员会也可据其各自职能特点参与终身学习计划。《2007—2013 终身学习整体行动计划》以 2000—2006 年间多个项目为政策基础，涵盖高中前教育、高等教育、职业教育、成人教育、促进欧洲一体化的教育和跨部门教育在内的终身学习领域的所有项目，并据此设置了六个分计划：夸美纽斯（Comenius）、伊拉斯谟（Erasmus）、莱奥纳多·达·芬奇计划（Leonardo da Vinci Programme）、格兰特威格（Grundtvig）、跨部门教育（The Transversal Programme）、让·莫内计划（The Jean Monnet Programme）。① 这些计划的课程架构大致相同，旨在满足学员和教育与培训提供者的需求，内容关涉流动、语言和创新技术等方面。

（1）高中前教育计划：夸美纽斯。夸美纽斯计划（Comenius）覆盖学前教育、小学教育和高中教育，旨在达到两个目标：一是培养青年和教育工作者对欧洲文化多样性的理解与包容；二是帮助青年获得个人发展、未来就业、成为欧洲公民所必需的基本技能和能力。该计划下设六个具体业务目标：①促进跨国流动（包括质量和数量），关涉师生交流、学校交流、教师培训课程等多个方面；②促进成员国学校建立伙伴关系实施区域间合作，为至少 300 万名学生提供跨国学习机会；③鼓励学习外语；④促进发展以信息和通信技术为基础的学习内容、服务、教学方法和教学实践；⑤提升教师培训质量、培养教师欧洲维度；⑥完善教学方法和学校管理。夸美纽斯计划（Comenius）总预算的 80% 用于促进流动和建立伙伴关系，欧盟至少 5% 的中小学生参与了该计划。

（2）高等教育计划：伊拉斯谟。伊拉斯谟计划（Erasmus）涵盖正规高等教育和高等职业教育（教育与培训），其中高等职业教育以前由达·芬奇计划

---

① 刘万亮. 欧盟 2007—2013 年终身教育整体行动计划 [J]. 成人教育与特殊教育，2005（12）：8-9.

负责。伊拉斯谟计划旨在达到两个目标：促进形成欧洲高等教育区；强化高等教育和高等职业教育对创新的贡献。该计划下设五个具体业务目标：①促进跨国流动（包括质量和数量），关涉研究、培训、就业等方面，涵盖学生、高等教育机构教学人员、从事培训或教学的企业人员，到2012年为300万欧盟大学生提供留学和进修机会；②促进高校间、高校与企业合作（包括质量和数量）；③提升职业资格的透明度、促进国家兼容；④促进成员国间分享交流创新及创新经验；⑤发展以信息和通信技术为基础的学习内容、服务、教学方法和教学实践。伊拉斯谟计划总预算的80%用于促进跨国流动。

（3）职业教育计划：莱奥纳多·达·芬奇计划。该计划涵盖高等职业教育以外的职业教育与培训，总目标有三个：支持劳动者参与培训获取知识、技能和资格，提升就业能力以参与并适应欧洲劳动力市场；提高职业教育与培训的质量并不断创新；提高职业教育与培训的吸引力，促进流动性。该计划下设六个具体业务目标：①促进职业教育与培训领域的流动性，鼓励持续性培训，力争每年为8万人提供包括企业实习在内的职业教育与培训机会；②促进建立伙伴合作（包括质量和数量）；③促进创新经验的国别分享；④国家间职业资格和职业能力认定的透明与互认，包括非正规和非正式学习获得的资格和能力；⑤促进语言学习；⑥发展以信息和通信技术为基础的学习内容、服务、教学方法和教学实践。达·芬奇计划总预算的60%用于促进流动性和建立伙伴关系。1995—2010年，达·芬奇计划已经实施15年，为欧洲数以千计的职业教育与培训课程提供了资金，帮助60多万青年到国外接受培训，通过交流项目资助了11万培训人员和3000多个旨在实现职业教育与培训现代化的项目，为大约50%的高中学生提供了接受职业教育与培训的机会。欧盟委员会每年为达·芬奇计划预算2.4亿欧元以支持培训生、学徒和培训师的跨国流动，促进成员国职业教育与培训现代化。此外，达·芬奇计划通过促进学校、企业和地方当局间的区域合作充实了资金，增强了小型培训机构的竞争力和创新能力；通过促进各国建立国家资格框架，使职业资格获取更加透明，且在各国间可以互相比较，有利于劳动力跨国流动；通过向人们提供培训机会以提升专业技能、建立自信，削弱社会排斥，支持弱势群体融入劳动力市场。

（4）成人教育计划：格兰特威格。格兰特威格计划（Grundtvig）涉及各种形式的成人教育，旨在应对欧洲人口老龄化带来的教育挑战，为成人提供获取知识和能力的其他途径。该计划下设六个具体业务目标：①提高人员流动的质量和便利程度，每年资助 7000 人；②促进伙伴合作（包括质量和数量）；③为弱势群体提供以成人学习获得知识和资格的途径，比如，老年人、辍学者和缺乏资格者；④支持创新实践及国家经验分享；⑤促进发展以信息和通信技术为基础的学习内容、服务、教学方法和教学实践；⑥改进教学方法和成人教育组织管理。格兰特威格计划总预算的 55% 用于促进流动和建立伙伴关系。

（5）跨教育部门计划（The Transversal Programme）。该计划负责协调超出本部门方案的活动，旨在促进欧洲各类教育计划方案的合作与协调，提升成员国教育与培训系统的质量和透明度。该计划涵盖终身学习范畴的四项主要活动：欧盟国家终身学习政策合作与创新；促进语言学习；促进发展以信息和通信技术为基础的学习内容、服务、教学方法和教学实践；创新型终身学习成果的国别交流。跨教育部门计划支持了很多关键活动，如"政策合作与创新"下的欧律狄刻网络（Eurydice Network），促进流动性质量的欧盟指导（Euroguidance）、国家学术认证信息中心（National Academic Recognition Information Centres，NARIC）、普罗捷尔斯（Ploteus）、欧盟畅通卡（Europass）倡议等。①

（6）促进欧洲一体化的教育计划：让·莫内计划（The Jean Monnet Programme），旨在促进欧洲一体化领域的教学、研究和反思活动。

---

① The European Parliament and the Council of the European Union［SG］. Decision No 1720/2006/EC of the European Parliament and of the Council of 15 November 2006 Establishing an Action Programme in the Field of Lifelong Learning［EB/OL］.（2006－11－24）［2021－12－15］. https：//eur－lex. europa. eu/legal－content/EN/TXT/PDF/? uri＝CELEX：32006 D1720&from＝EN.

第四节　欧盟教育反贫困政策：可持续发展
（2014 年至今）

一、2014 年至今的凝聚政策：智慧型、可持续和包容性增长

（一）2014—2020 年凝聚政策概略

2014—2020 年的凝聚政策旨在推动实现《欧洲 2020 战略》的经济增长和就业目标，即实现智慧型、可持续和包容性增长。为此，凝聚政策制定了 11 个主题目标，包括：（1）促进科学研究、技术开发和创新；（2）提高信息和通信技术的获取、使用和质量；（3）提升中小企业竞争力；（4）支持向低碳经济转型；（5）促进适应气候变化，实施气候变化的风险预防与管理；（6）保护环境，提高资源利用效率；（7）促进发展可持续交通，改善网络基础设施；（8）促进可持续和高质量就业，支持劳动力流动；（9）促进社会包容，消除贫困和歧视；（10）投资于教育与培训、终身学习；（11）提高公共管理效率。① 在 11 个主题目标的资金来源上，欧洲区域发展基金支持所有 11 个目标，目标（1）—（4）为优先事项；欧洲社会基金以目标（8）—（11）为优先事项，但同时也支持目标（1）—（4），强调促进社会包容和解决青年失业问题，② 预算 474.7 亿欧元用于教育与职业培训；③ 凝聚基金主要支持目标（4）—（7）和（11）。

---

① European Commission ［SG］. Priorities for 2014—2020 ［EB/OL］. ［2022 - 01 - 19］. https：//ec. europa. eu/regional＿ policy/en/policy/how/priorities/2014—2020/.

② European Commission ［SG］. History of the Policy ［EB/OL］. ［2022 - 01 - 19］. https：//ec. europa. eu/regional＿ policy/en/policy/what/history/.

③ European Commission ［SG］. 2014—2020 ESIF Overview ［EB/OL］. ［2022 - 01 - 19］. https：//cohesiondata. ec. europa. eu/overview.

（二）2021—2027 年凝聚政策概略

2021—2027 年欧盟凝聚政策聚焦 5 个目标：（1）提升欧洲竞争力，建立智慧型欧洲；（2）向实现净零碳目标的绿色低碳经济转型；（3）通过提高流动性加强欧洲各国的紧密联系；（4）建设更加包容的欧洲；（5）促进各国可持续发展，使欧洲更接近公民社会。欧洲区域发展基金（ERDF）为所有 5 个政策目标提供投资，将目标（1）和（2）列为优先事项；"欧洲社会基金+"（"European Social Fund+"）将目标（4）列为优先事项；凝聚基金支持政策目标（2）和（3）；公平转型基金（Just Transition Fund）视具体目标情况提供资金支持。

二、欧盟反贫困的全面政策

2015 年 9 月，联合国大会发布《2030 可持续发展议程》，它包含 17 项可持续发展目标，旨在消除贫困、保护地球、确保繁荣与和平，要求各国为实现这些目标建立国家框架。[①] 欧盟承诺落实可持续发展目标，并将其全面纳入欧洲政策框架，于 2016 年发布《欧洲未来可持续发展的下一步：欧洲可持续发展行动》，在社会投资、社会保障、青年就业及相关教育、教育与培训反贫困等方面都制定了可持续发展政策。[②]

（一）社会投资政策

1. "社会投资一揽子计划"

由于经济危机，欧洲的失业、贫困和社会排斥达到了历史最高水平，恰

---

① Eurostat［SG］. Sustainable Development in the European Union Monitoring Report on Progress towards the SDGs in an EU Context 2021 Edition［EB/OL］.（2021-06-15）［2022-01-19］. https：//ec. europa. eu/eurostat/documents/3217494/12878705/KS-03-21-096-EN-N. pdf/ 8f9812e6-1aaa-7823-928f-05d8dd74df4f.

② European Commission, Secretariat-General［SG］. Communication from the Commission to the European Parliament, the Council, the European Economic and Social Committee and the Committee of the Regions-Next Steps for a Sustainable European Future European Action for Sustainability［EB/OL］.（2016-11-22）［2022-01-19］. https：//eur-lex. europa. eu/ legal-content/EN/TXT/PDF/？uri = CELEX：52016DC0739&qid = 1643552068330&from = EN.

逢人口老龄化导致劳动年龄人口减少、老年人口比例日渐增大，欧洲亟待建立可持续的社会保障制度体系。2013 年 2 月，欧盟委员会发布"社会投资一揽子计划"（Social Investment Package，SIP），旨在帮助成员国实现福利制度现代化，发展对人的终生社会投资以应对贫困和社会排斥风险。① 社会投资是指对人的投资，旨在提升技能和能力、促进充分参与就业和社会生活，主要投资领域包括教育、职业培训、求职援助、优质托儿服务、保健和康复等。"社会投资一揽子计划"帮助成员国利用社会保障预算实现如下目标：（1）提供充分、可持续的社会保障；（2）提升劳动者当前以及未来的能力，改善参与社会活动和进入劳动力市场的机会；（3）制定一揽子综合福利制度以帮助人们在一生中取得可持续成就；（4）强调基于预防的理念治理贫困以减少国家福利支出压力；（5）呼吁投资于儿童和青年以增加更多就业机会。

"社会投资一揽子计划"惠及的人群范围：（1）儿童和青年，及早提供支持打破不利条件的代际传递、解决青年失业问题；（2）求职者，围绕技能发展提供综合服务以促进就业；（3）妇女，为其提供平等进入劳动力市场的机会；（4）老年人，为其提供积极参与社会和经济活动的机会；（5）残疾人，建设支持独立生活和工作的环境设施；（6）无家可归者，促进其重新融入社会和工作；（7）雇主，培养充足的身体健康且有技能的劳动力；（8）社会，促进形成高生产力水平、高就业率、包容性社会、经济繁荣、生活富裕的社会。②

2. "积极性融入战略"

2008 年，欧盟委员会在《关于被排除在劳动力市场之外者积极融入的建议》中提出"积极性融入战略"（Active inclusion），旨在使每个公民，尤其是

---

① European Commission ［SG］. Communication from the Commission to the European Parliament, the Council, the European Economic and Social Committee and the Committee of the Regions－Towards Social Investment for Growth and Cohesion－Including Implementing the European Social Fund 2014—2020 ［EB/OL］. （2013－02－20）［2021－12－15］. https：//eur－lex. europa. eu/legal－content/EN/TXT/PDF/？ uri＝CELEX：52013DC0083&qid＝1643290914502&from＝EN.

② European Commission Employment, Social Affairs and Inclusion ［SG］. Social Protection & Social Inclusion ［EB/OL］. ［2021－12－15］. https：//ec. europa. eu/social/main. jsp？langId＝en&catId＝750.

最弱势的公民充分参与社会活动，拥有体面工作，为其提供足够的收入支持和就业援助，以应对贫困、社会排斥、在职贫困、劳动力市场分割、长期失业和性别歧视等。①"积极性融入战略"的工作理念如下。（1）将解决失业与在职福利相联系，帮助人们通过就业获得福利。"社会投资一揽子计划"为"积极性融入"战略提供支持，聚焦于激活和帮扶性服务以促进人力资本提升，包括职业培训和求职援助、取得银行账户、能源融合、充足的收入支持。②（2）促进劳动力市场融入，消除就业障碍促进人们更容易进入劳动力市场以消除在职贫困。促进建立包容性劳动力市场：①各劳动年龄人口，特别是弱势群体均能参与有偿工作；②更容易加入（或重新加入）劳动大军；③消除妨碍工作的因素；④促进高质量就业和预防在职贫困，重点关注薪酬和福利、工作条件、健康和安全、终身学习、职业前景等，帮助人们留在工作岗位并在职业生涯中不断取得进步。（3）提供优质服务，帮助人们积极参与社会，特别是通过重返工作岗位融入劳动力市场。为公民，特别是弱势群体提供优质社会服务：儿童早期教育和护理、长期护理、社会救助、社会住房、以需求为基础的个性化服务等。

3. 投资于儿童

实践表明，贫困儿童可能在未来遭受社会排斥、面临健康问题，难以在未来发挥全部潜能。故欧盟社会投资政策通过实施预防性投资打破儿童因早年处于不利条件引发的恶性循环以减少贫困和社会排斥。2013 年 2 月，欧盟委员会发布《投资于儿童：打破不利循环》（Investing in Children：Breaking the Cycle of Disadvantage），强调早期干预和综合预防对消除儿童未来贫困的重要性，建议社会投资聚焦如下内容：（1）促进儿童父母进入劳动力市场获得有薪工作；（2）提供负担得起的幼儿教育和照料服务；（3）提供收入支持，如儿童和家庭福利；（4）促进儿童参与有益的课外活动。

---

① European Commission［SG］. Commission Recommendation of 3 October 2008 on the Active Inclusion of People Excluded from the Labour Market［EB/OL］.（2008－11－18）［2021－12－15］. https：//eur－lex. euopa. eu/legal－content/EN/TXT/PDF/? uri = CELEX：32008H0867&qid=1643292513094&from=EN.

② 收入支持指欧盟成员国通过福利计划为公民提供足够的收入，例如，失业福利、家庭和儿童福利、养老金、残疾福利、最低收入等，通过这些制度维持收入、减少不平等和消除贫困。

2017 年发布的《欧洲社会权利支柱行动计划》第 11 条"儿童保育和支持儿童"阐释了儿童权利：负担得起的幼儿教育和高质量护理，受到保护以远离贫困，机会均等。2018 年，欧盟发布《消除儿童贫困：一个基本权利问题》（Combating Child Poverty：An Issue of Fundamental Rights），指出贫困影响儿童实现基本权利，应促进所有儿童的社会融入，成员国减贫战略框架应涵盖非货币内容，包括平等获得保健服务、住房和教育等。① 2021 年 3 月，欧盟发布"欧盟儿童权利战略"（EU Strategy on the Rights of the Child），提出在不断变化的世界中保护、促进和实现儿童权利，主要覆盖如下领域。（1）参与政治和民主生活：促进儿童成为积极公民和民主社会成员；（2）社会经济融入、卫生和教育：应对儿童贫困、促进形成包容和儿童友好型社会、改进卫生和教育体系；（3）打击儿童暴力提供儿童保护：帮助儿童在无暴力环境下成长；（4）儿童友好型司法：司法系统维护儿童权利和需求；（5）数字和信息社会：儿童可以安全地驾驭数字环境并利用其机遇；（6）全球层面：支持、保护和增强全球儿童权利（包括在危机和冲突期间）。② 2021 年 6 月，欧盟设立"欧洲儿童保障制度"（European Child Guarantee），旨在打破不利循环，支持 18 岁以下有贫困或社会排斥风险者，确保每一个面临贫困或社会排斥风险的儿童都能获得基本权利：幼儿教育和照顾、教育（包括学校活动）、保健、营养和住房。③ "欧洲社会基金+"（"ESF+"）和"下一代欧盟"（Next

---

① European Union Agency for Fundamental Rights [SG]. Combating Child Poverty：An Issue of Fundamental Rights [EB/OL]. [2021-12-15]. https：//fra. europa. eu/sites/default/files/fra_ uploads/fra-2018-combating-child-poverty_ en. pdf.

② European Commission [SG]. Communication from the Commission to the European Parliament，the Council，the European Economic and Social Committee and the Committee of the Regions-EU Strategy on the Rights of the Child [EB/OL]. (2021-03-24) [2021-12-15]. https：//eur-lex. europa. eu/resource. html? uri=cellar：e769a102-8d88-11eb-b85c-01aa75ed71a1. 0002. 02/DOC_ 1&format=PDF.

③ European Commission，Directorate-General for Employment，Social Affairs and Inclusion [SG]. European Child Guarantee [EB/OL]. [2021-12-15]. https：//ec. europa. eu/social/main. jsp? catId=1428&langId=en.

Generation EU）为"欧洲儿童保障制度"提供资金支持。① "欧洲儿童保障制度"在《欧洲社会权利支柱行动计划》和"欧洲儿童权利战略"的政策框架内发挥作用，它补充了"欧洲儿童权利战略"的第二个领域，将《欧洲社会权利支柱行动计划》的第 11 条变成现实。

（二）社会保障政策

欧盟社会保障领域的主要政策框架是《欧洲 2020 战略》，根本目标是建立财政可持续的社会保障制度、制定社会融入政策以促进社会凝聚，其政策框架涉及贫困和社会排斥、卫生保健、长期护理、养老金、获得社会保障机会等。②

1. 非正规就业者和自雇佣者

2019 年，欧盟理事会发布《关于工人和自雇佣者获得社会保障的理事会建议》（Council Recommendation on Access to Social Protection for Workers and the Self-employed），作为欧洲社会权利支柱的一部分，将非正规就业者和自雇佣者纳入社会保障计划，以降低其面临的不确定性。该建议涵盖失业、疾病和保健、生育、工伤和职业病、残疾人和老年人的社会保障计划等。③

2. 《欧洲社会权利支柱行动计划》

2021 年 3 月，欧盟委员会发布《欧洲社会权利支柱行动计划》（European Pillar of Social Rights Action Plan）作为未来十年解决贫困和社会排斥问题的旗舰计划，旨在促进社会包容性发展，为人们在欧洲生活提供更好的生活和工作条件。该计划的工作理念是：每个人都有接受高质量的包容性教育、培训和终身学习的权利，以期获得技能、充分参与社会活动、实现劳动力市

---

① European Commission [SG]. The EU Strategy on the Rights of the Child and the European Child Guarantee [EB/OL]. [2021-12-15]. https：//ec. europa. eu/info/policies/justice-and-fundamental-rights/rights-child/eu-strategy-rights-child-and-european-child-guarantee_ en.

② European Commission Employment, Social Affairs and Inclusion [SG]. Social Protection [EB/OL]. [2021-12-15]. https：//ec. europa. eu/social/main. jsp? catId=1063&langId=en.

③ Council of the European Union [SG]. Council Recommendation of 8 November 2019 on Access to Social Protection for Workers and the Self-employed 2019/C 387/01 [EB/OL]. (2021-03-24) [2021-12-15]. https：//eur-lex. europa. eu/legal-content/EN/TXT/PDF/? uri=CELEX：32019H1115 (01) &qid=1643426513398&from=EN.

场转型。① 该计划提出了到 2030 年欧盟在就业、技能和社会保护领域的战略目标：将面临贫困或社会排斥风险的人数减少 1500 万人，其中包括至少 500 万儿童；0—64 岁人口就业率达 78%；每年培训至少 60% 的成年劳动者。② 该计划提出了 20 项关键权利，围绕促进公平和劳动力市场良性运行提出三方面工作内容：促进劳动力市场进入机会均等；提供公平的工作条件；提供社会保障，促进社会融入。《欧洲社会权利支柱行动计划》下的倡议包括《残疾人权利战略（2021—2030）》（Strategy on the Rights of Persons with Disabilities 2021—2030）和 "关于有效积极促进就业的建议"（Recommendation on Effective Active Support to Employment，EASE）等。③

"欧洲社会权利支柱行动计划" 的第 17 项原则专门阐述残疾人事宜。《欧洲残疾人战略（2010—2020）》（European Disability Strategy 2010—2020）旨在建立无障碍环境促进残疾人参与社会和经济活动，该战略重点关注 8 个领域的障碍消除，包括无障碍、就业、全纳教育与培训、平等、参与（包括获得优质社区服务）、保健、社会保障和外部行动。2021 年 3 月，欧洲委员会发布《残疾人权利战略（2021—2030）》，旨在实现无障碍欧洲的目标，确保所有残疾人，无论性别、种族、宗教信仰、年龄或性取向，均能享有如下权利以消除贫困和社会排斥：（1）人权；（2）平等参与社会和经济活动的机会；（3）自主决定居住地点、居住方式、居住同伴；（4）能在欧盟自由行动；（5）不遭受歧视。《残疾人权利战略（2021—2030）》充分考虑到了包括长期的身体、精神、智力或感官缺陷等在内的残疾多样性，列出如下优先事项。

---

① European Commission Employment, Social Affairs and Inclusion [SG]. European Skills Agenda [EB/OL]. [2021 - 12 - 15]. https：//ec. europa. eu/social/main. jsp? catId = 1223&langId = en.

② European Commission, Directorate - General for Employment, Social Affairs and Inclusion [SG]. Communication from the Commission to the European Parliament, the Council, the European Economic and Social Committee and the Committee of the Regions—The European Pillar of Social Rights Action Plan [EB/OL]. (2021 - 03 - 04) [2021 - 12 - 15]. https：//eur - lex. europa. eu/resource. html? uri = cellar：b7c08d86 - 7cd5 - 11eb - 9ac9 - 01aa75ed71a1. 0001. 02/DOC_ 1&format = PDF.

③ European Commission, Directorate - General for Employment, Social Affairs and Inclusion [SG]. Delivering on the European Pillar of Social Rights [EB/OL]. [2021 - 12 - 15]. https：//ec. europa. eu/social/main. jsp? catId = 1226.

（1）无障碍：能自由行动、独自居住，能参与民主进程；（2）拥有体面的生活质量；（3）平等参与的权力，包括不受任何形式的歧视和暴力，在司法、教育、文化、体育和旅游等方面的平等机会，平等获得所有保健服务的机会；等等。

2021 年 3 月，欧盟委员会发布《COVID-19 危机下有效的积极就业支持建议》（EASE），阐释了在 COVID-19 危机中为保护就业而采取的紧急措施与疫情后所需的新措施之间的过渡方法，包括为成员国提供积极劳动力市场政策指导，对各国利用欧盟资金支持 EASE 提出政策指导，要求成员国制定一揽子政策从而将临时和永久措施结合起来以应对危机引发的劳动力市场挑战，弥补在经济复苏期间阻碍经济增长的技能短缺，帮助个人成功实现绿色和数字转型。这些一揽子政策包括三个组成部分：（1）雇佣奖励和企业支持；（2）提高技能和重获技能的机会；（3）加强对就业服务的支持。[①]

（三）青年就业和教育支持政策

1. "青年保障计划"

欧盟于 2013 年启动"青年保障计划"（Youth Guarantee），旨在促进学习者规划未来职业路径，帮助教育者满足学生的学习需求。该计划通过提供更广泛的学习机会、更好地利用教育网络以及创建从学校到工作和学习的清晰路径，帮助实现从学校到工作和学习的过渡。青年保障计划网站为教育工作者、学习者和雇主提供一整套资源、工具及其他支持。数据显示，"青年保障计划"为青年创造了机遇，公共就业服务机构通过结构性改革与创新改善青年服务质量、增加青年服务机会，至今已为 2400 多万青年提供了就业、继续

---

① European Commission, Directorate – General for Employment, Social Affairs and Inclusion ［SG］. Commission Recommendation （EU） 2021/402 of 4 March 2021 on an Effective Active Support to Employment Following the COVID-19 Crisis （EASE）［EB/OL］. （2021-03-08）［2021-12-15］. https：//eur-lex. europa. eu/legal-content/EN/TXT/PDF/? uri = OJ：L：2021：080：FULL&from=EN.

教育、学徒和实习机会；① 至 2020 年 COVID-19 危机时，NEET 青年减少了约 170 万人，青年失业率降至 14.9% 的历史低点。

2. "青年就业计划"

2013 年 2 月，欧盟发布"青年就业计划"（Youth Employment Initiative，YEI），作为 2023 年之前"青年保障计划"的主要财政来源之一，资助为 NEET 青年（包括长期失业者或未登记求职者）提供学徒、培训、就业和后续教育以获得资格的行动。该计划在 2014—2020 年总预算为 89 亿欧元。2021—2027 年，欧盟将"青年就业计划"纳入"欧洲社会基金+"，部分预算资金用于支持青年就业、教育与培训的改革与创新。2021—2023 年，欧盟成员国可增加"青年就业计划"和欧洲社会基金的预算额度以帮助受 COVID-19 危机影响的青年。

3. "青年就业支持计划"

COVID-19 危机以来，青年在劳动力市场的就业状况恶化，欧盟本已下降的青年失业率在 2020 年 4 月升高至 15.4%，是平均失业率的 2 倍多。2020 年 7 月，欧盟委员会启动"青年就业支持计划"（Youth Employment Support），旨在为青年建构就业桥梁，将绿色和数字型发展基因植入教育与培训以促进欧洲转型。该计划围绕四方面为青年建构就业桥梁。（1）"加强青年保障计划"（The Reinforced Youth Guarantee）。2020 年 10 月，欧盟理事会发布"加强青年保障计划"，拓展了"青年保障计划"的服务承诺：将受益人群扩大到包括各种弱势群体在内的 15—29 岁的所有青年，面向更弱势群体提供服务，如少数族裔青年，残疾青年，农村、偏远地区或贫困城市地区青年，确保其在失业或结束教育后的 4 个月内均能获得良好的就业、继续教育、学徒、培训机会，充分贯彻包容性发展理念，反对一切形式的歧视，让所有青年从数

---

① European Commission, Directorate - General for Employment, Social Affairs and Inclusion [SG]. The Reinforced Youth Guarantee [EB/OL]. [2021 - 12 - 15]. https：//ec. europa. eu/social/main. jsp? catId = 1079&langId = en #：~：text = traineeship% 20within% 20a% 20period%20of% 20four% 20months% 20of, proposal% 2C% 20part% 20of% 20the% 20Youth% 20Employment%20Support%20package.

字和绿色转型中获利。①"加强青年保障计划"为青年量身定制帮扶计划，评估青年知识和技能水平，确需提高技能水平的，帮助其找到适合的速成班或新兵训练营，积极引导他们学习绿色和数字化转型所需的技能。（2）为青年第一份工作做好准备。《关于职业教育与培训建议的提案》（Commission's Proposal for a Council Recommendation on Vocational Education and Training）倡议使教育与培训系统更现代化、更具吸引力、更灵活、更适合数字和绿色经济需求，为青年第一份工作做好准备，为更多成人提供提升技能或改变职业生涯的机会。（3）促进学徒制发展为行业供给熟练劳动力。（4）支持青年就业的其他措施，包括短期就业和创业激励措施，中期能力建设、青年企业家网络和公司间培训中心等。"下一代欧盟"、欧盟未来预算（Future EU Budget）、"欧洲社会基金+"均为"青年就业支持计划"提供资金支持，重点支持如下领域：（1）为青年企业家提供创业补助金和贷款、指导计划和企业孵化器；（2）为雇佣学徒的中小企业提供奖金；（3）为青年提供培训课程以获得劳动力市场所需的新技能；（4）公共就业服务能力建设；（5）正规教育中的职业生涯管理培训；（6）投资数字学习基础设施和技术。②

（四）教育与培训反贫困政策理念

欧盟的教育与培训反贫困政策旨在应对老龄化、技能短缺、技术进步和全球竞争。欧盟认为，包容和高质量的教育与培训以及欧洲层面的教学合作与交流对创造和维持有凝聚力的欧洲社会至关重要。2009 年发布的 ET2020 是欧盟在教育与培训领域的合作框架，为"经济发展计划 2020"培养匹配的人才，欧盟重点支持如下领域：幼儿教育和照料，学校政策，职业教育与培训，成人学习，高等教育，国际合作和政策对话，多种语言学习，教育和移民。

---

① The Council of the European Union [SG]. Council Recommendation of 30 October 2020 on a Bridge to Jobs-Reinforcing the Youth Guarantee and Replacing the Council Recommendation of 22 April 2013 on Establishing a Youth Guarantee [EB/OL]. (2020-11-04) [2021-12-15]. https：//eur - lex. europa. eu/legal - content/EN/TXT/PDF/? uri = CELEX：32020H1104 (01) &from=EN.

② European Commission [SG]. Commission Launches Youth Employment Support：A Bridge to Jobs for the Next Generation [EB/OL]. (2020-07-01) [2021-12-15]. https：//ec. europa. eu/commission/presscorner/detail/en/ip_ 20_ 1193.

2017 年，欧盟启动创建"欧洲教育区"（European Education Area），旨在促进成员国合作以提升教育与培训体系的质量和包容性，制定教育与培训行动整体框架以创建欧洲学习空间，进而实现欧洲经济区目标。"欧洲教育区"的愿景涉及六个方面：质量、包容与性别平等、绿色和数字化转型、教师和培训师、高等教育、地缘政治。

2018 年，欧盟委员会提出"共同价值观、全纳教育和教学的欧洲维度"的相关建议（Council Recommendation on Common Values, Inclusive Education, and the European Dimension of Teaching），主要目标包括：（1）促进归属感即传达共同价值观，实施全纳教育，教授有关欧洲及其成员国的知识，增加对学校、地方、国家以及欧洲家庭的归属感；（2）增强社会凝聚力，打击仇外心理、激进主义、分裂民族主义。实现上述目标的主要措施包括：（1）在各教育阶段促进养成共同价值观；（2）促进实施全纳教育；（3）鼓励欧洲层面的教学合作与交流；（4）为教师和教育机构提供多元化援助。[①]

2021 年 2 月，欧盟发布《欧洲教育与培训合作战略框架（2021—2030年）》，成员国均承诺加强青年保障以阻断弱势群体陷入恶性循环，欧盟承诺建立欧洲儿童保障以确保欧洲每一个有需要的儿童都能平等获得高质量的幼儿教育和照料，其他各阶段的教育、保健、住房和营养。

三、欧盟教育与培训反贫困政策

（一）幼儿教育和照料

幼儿教育和照料面向从出生到义务教育阶段的小学学龄儿童，具体服务形式包括日托中心和家庭日托，私人和公立学前教育，幼儿园前、小学前教育。优质的幼儿教育和照料可为儿童在未来的教育、福利、就业能力和社会融入等方面取得成功奠定基础，且对弱势儿童尤其重要，故提升幼儿教育和照料质量是一项有效的教育与培训投资。2019 年 5 月，欧盟发布《关于高质

[①] Council of the European Union ［SG］. Council Recommendation of 22 May 2018 on Promoting Common Values, Inclusive Education, and the European Dimension of Teaching ［EB/OL］. （2018-06-07）［2021-12-15］. https：//eur-lex. europa. eu/legal-content/EN/TXT/PDF/？ uri=CELEX：32018H0607（01）&qid=1643554564464&from=EN.

量幼儿教育和照料系统的建议》（Recommendation on High-quality Early Child-hood Education and Care Systems），提出了高质量幼儿教育和照料体系的质量框架：（1）能获得幼儿教育和照料服务；（2）幼儿教育和保育人员培训和工作条件；（3）适当的课程；（4）管理和融资；（5）监控和评估系统。《欧洲教育与培训合作战略框架（2021—2030 年）》要求 3 岁至小学义务教育前儿童受教育占比达到 96%。

（二）中小学教育

欧盟面向中小学教育的优先领域如下：（1）面向所有学生培养终身学习能力；（2）每个学生都有权享有高质量的学习经历，应广泛提供幼儿教育和照料；（3）支持包括欧盟移民在内的有特殊教育需求的学习者，降低辍学率；（4）为教师、学校管理者和教师教育者提供更多发展机会和有吸引力的职业选择；（5）进一步完善质量保证体系以确保学校教育管理更有效、更公平、更有效率，并为教育与培训从业者提供流动便利。欧盟中小学教育反贫困政策主要关注提高学生关键能力、降低辍学率、建立强有力的教育质量保障体系。

1. 提高关键能力和基本技能

关键能力（key competences）和基本技能是每个人提升就业能力、实现社会融入、培养积极公民意识所必需的，故每个人都有权接受高质量的全纳教育、职业培训和终生学习以培养关键能力和基本技能。2018 年，国际学生评估项目（Programme for International Student Assessment，PISA）结果显示，欧盟超过 1/5 的学生在阅读、数学或科学方面能力不足，阅读低等率为 21.7%，数学低等率为 22.4%，科学低等率为 21.6%。基于此，欧盟在《关于终身学习关键能力的提案》中提出了提高关键能力和基本技能的措施：（1）为所有人提供高质量的教育、培训和终身学习；（2）促进教育人员实施以能力为本位的教与学；（3）围绕终身学习推广多种学习方法和情境；（4）探索评价和认定关键能力的方法。欧盟提出，到 2020 年，15 岁青少年基本技能"低水平"的占比降至 15% 以下。

2. 降低辍学率

实践表明，早辍学者①未来发生贫穷、失业或被社会排斥的风险较高。2020 年，欧盟的辍学率为 10.1%，青年男性辍学率（12.0%）高于青年女性（8.1%）。② 青年辍学的原因比较复杂，涵盖个人或家庭问题、学习困难、社会经济状况脆弱、教育体制、学校氛围和师生关系等，故降低辍学率的措施必须与教育和社会政策、青年工作和健康等方面的政策联动。欧盟提出，到2020 年，早辍学者占比降至 10% 以下。欧盟委员会在"欧洲教育区"建设中提出"学校成功之路"，旨在帮助所有学生达到基本技能熟练的最低标准：（1）所有青年都有机会使基本技能达到一定水平；（2）减少早辍学人数，促进完成中学及以上学校教育；（3）确保学生在学校的健康状况。③ 2015 年 12月，欧盟首次推出欧洲学校工具包以促进学校教育成功和防止早辍学，④ 该工具包关涉五个领域：学校治理、教师、对学习者的支持、父母参与、利益相关者参与等。

3. 建立强有力的教育质量保证体系

建立教育质量保证体系是指通过系统性反思以维持和改善教育质量、公平和效率，包括学校自我评价、外部评价、教师和学校管理者评价、学生评价等方面，旨在为所有人提供高质量教育、促进学习者在整个欧洲流动。欧盟通过 ET2020 工作组开展教育质量保证体系相关活动，工作组由成员国政府和利益相关组织派出的专家组成。2018 年 7 月，欧盟委员会发布专家报告《为欧洲青年更好地学习：为学校教育制定连贯的质量保证战略》（Better

---

① 早辍学者是只接受过较低中等教育，没有参加过进一步教育或培训者。

② Eurostat ［SG］. Key Figures on Europe 2021 Edition ［EB/OL］. （2021-09-13）［2021-12-15］. https：//ec. europa. eu/eurostat/documents/3217494/13394938/KS-EI-21-001-EN-N. pdf/ad9053c2-debd-68c0-2167-f2646efeaec1.

③ European Commission ［SG］. Communication from the Commission to the European Parliament, the Council, the European Economic and Social Committee and the Committee of the Regions on Achieving the European Education Area by 2025 ［EB/OL］. （2020-09-30）［2021-12-15］. https：//eur-lex. europa. eu/legal-content/EN/TXT/PDF/? uri＝CELEX：52020DC0625&from＝EN.

④ Erasmus+ School Education Gateway ［SG］. European Toolkit for Schools：Supporting Schools to Tackle Early School Leaving ［EB/OL］. （2016-12-07）［2021-12-15］. https：//www. schooleducationgateway. eu/en/pub/latest/news/european-toolkit-for-schools-. htm.

Learning for Europe's Young People: Developing Coherent Quality Assurance Strategies for School Education)①，提出了优质教育愿景：营造提高教育质量的氛围；面向青年未来发展的能力观培养，促进青年获得为实现个人发展、就业、社会融入和积极公民身份所需要的能力；确定了保障学校质量的有效政策：学校自我评价，外部评价，教师和学校领导评价，高中教育中引入国家资格和考试，在早期阶段评估学生的进步，利益相关者参与。

（三）高等教育

高等教育能够提供高技能人力资本、促进公民社会参与、创造就业、促进经济增长。《欧洲 2020 战略》提出到 2020 年时 40%的欧洲青年应获得高等教育资格。欧盟委员会依据 ET2020 支持成员国制定高等教育政策。2017 年 5 月，《新的欧盟高等教育议程》②（Communication on a Renewed EU Agenda for Higher Education）确定了高等教育合作的四个关键目标：（1）解决未来技能不匹配问题，促进技能卓越发展；（2）建立全纳和互联的高等教育体系；（3）促进高等教育机构创新；（4）促进高等教育体系高效运转。欧盟通过"Erasmus+"和"Horizon 2020"支持学生和研究人员进行国际交流、促进国家间高等教育机构和公共机构合作，旨在为高等教育领域的学生和教师创造跨国学习、项目合作、合作研究与创新的机会，具体包括如下四方面工作：（1）通过 ET2020 高等教育工作组制定跨国交流政策；（2）实施博洛尼亚进程（Bologna Process）促进欧洲高等教育国际化；（3）提高人员流动性、促进资格认证、建立质量保证机制；（4）开发流动性识别工具，如 ECTS 系统和文凭补充，增加欧洲透明度。为实现在 2025 年建成"欧洲教育区"，欧盟委

---

① European Commission, Directorate-General for Education, Youth, Sport and Culture [SG]. Better Learning for Europe's Young People: Developing Coherent Quality Assurance Strategies for School Education [EB/OL]. (2018-07-05) [2021-12-15]. https://op. europa. eu/en/publication-detail/-/publication/1361c84b-80c8-11e8-ac6a-01aa75ed71a1.

② European Commission, Directorate-General for Education, Youth, Sport and Culture [SG]. Communication from the Commission to the European Parliament, the Council, the European Economic and Social Committee and the Committee of the Regions on A Renewed EU Agenda for Higher Education [EB/OL]. (2017-05-30) [2021-12-15]. https://eur-lex. europa. eu/legal-content/EN/TXT/PDF/? uri = CELEX: 52017DC0247&qid = 1645081882932&from=EN.

员会针对高等教育列出了三个优先事项：（1）建立欧洲大学网络，通过整合课程和促进跨国学习提升质量、促进创新；（2）实施学历互认，消除学生在欧洲境内流动的障碍；（3）使用欧洲学生卡，促进学生信息的安全交流，减轻高等教育机构行政负担。欧盟通过"伊拉斯谟+"计划以及促进移民和难民获得高等教育推动欧洲高等教育发展，旨在鼓励跨国流动，促进社会融入。

1. "伊拉斯谟+"计划

2013 年 12 月，欧盟发布"伊拉斯谟+"计划（"Erasmus+"，也称 Erasmus Plus），提出欧盟教育发展的全面框架，分 2014—2020 年和 2021—2027 两个阶段实施。（1）"伊拉斯谟+"计划（2014—2020）涵盖教育、培训、青年和体育领域，① 分为正式教育和非正式教育两部分，针对学生跨国就业、教师和其他教育工作者参加培训课程提供广泛资助。② 该计划在哈萨克斯坦资助了 61 个项目，关涉 52 大学，资助金额超过 5200 万欧元。③ "伊拉斯谟+"计划的女性参与度很高，2014—2020 年间女性学员占比达 58%；高等教育领域女性占比达 36%（欧洲为 32%）④。（2）"伊拉斯谟+"计划（2021—2027）重点关注社会融入、向绿色和数字经济转型、促进青年参与民主生活。

2. 移民和难民高等教育

欧盟委员会为针对移民和难民的教育项目提供资金支持，已为 10 万名难民和新移民提供了在线语言支持（Online Linguistic Support），通过提供学习当地语言的机会帮助其融入当地社会。欧盟根据《欧洲高等教育机构认证手册》（European Recognition Manual for HEIs）开展资格认证工作，通过承认难民的

① European Commission [SG]. Green Light for Erasmus+：More than 4 Million to Get EU Grants for Skills and Employability [EB/OL]. (2013 - 11 - 19) [2021 - 12 - 15]. https：//ec. europa. eu/commission/presscorner/detail/en/IP_ 13_ 1110.

② European Commission [SG]. Erasmus + Programme Guide Version 3 (2014) [EB/OL]. (2014 - 04 - 09) [2021 - 12 - 15]. http：//sepie. es/doc/convocatoria/2014/erasmus - plus - programme-guideen. pdf.

③ National Erasmus+ Office in Kazakhstan [SG]. Capacity Building in Higher Education (CB-HE) Projects in Kazakhstan [EB/OL]. [2021 - 12 - 15]. https：//erasmusplus. kz/index. php/en/erasmus/erasmus-in-kazakhstan/cbhe.

④ European Commission [SG]. Erasmus + Annual Report 2020 [EB/OL]. (2021 - 12 - 16) [2021 - 12 - 15]. https：//op. europa. eu/en/publication - detail/-/publication/7bda9285 - 5cc4 - 11ec - 91ac - 01aa75ed71a1/language-en.

外国资格以促进融入当地社会。"Erasmus+"计划为高等教育机构和世界各地的伙伴国家（包括欧洲主要移民来源国）提供支持，主要涉及如下三方面：教育、培训和青年领域的战略伙伴关系；伙伴国家高等教育领域的能力建设；对学生的支持。

（四）职业教育与培训

职业教育与培训是对经济需求的回应，它促进公民掌握特定职业和劳动力市场所需的知识、技能和能力，也促进个人发展、培养积极的公民意识，还可促进企业绩效、提升竞争力、鼓励研究和创新。职业教育与培训包括初始职业教育与培训（initial VET）和继续职业教育与培训（continuing VET）。初始职业教育与培训发生在学生开始工作之前，在以学校为基础的环境（主要是在教室）或以工作为基础的环境中进行，比如培训中心和公司。欧盟15—19岁的青年中有50%参加了初始职业教育与培训高中课程。继续职业教育与培训发生在初始职业教育与培训之后或开始工作之后，旨在丰富、提升技能以促进个人和专业发展，它以工作为基础，大部分学习在工作场所进行。2015年，欧洲职业培训发展中心（Cedefop）发布《更强的职业教育与培训让生活更美好》（Stronger VET for Better Lives），提出在终身学习、流动性、非正式学习的有效性等领域推进改革。同年，欧盟在《里加结论》（Riga Conclusions）中提出了职业教育与培训的中期优先事项：促进以工作为基础的学习，扩大职业教育与培训准入，促进职业教育与培训课程提升关键能力。[1] 欧盟的职业教育与培训工作得到两个机构的支持：一是欧洲职业培训发展中心（Cedefop），负责制定欧洲职业教育与培训政策；二是欧洲培训基金会（ETF），旨在促进欧盟劳动力和学习者提升专业技能和能力以实现跨国流动。

---

[1] European Center for the Development of Vocational Training ［SG］. Stronger VET for Better Lives 2015 ［EB/OL］. ［2021 - 12 - 15］. https：//www. cedefop. europa. eu/files/3067 _ en. pdf.

1. "欧洲新技能议程"

2016 年，欧盟委员会发布"欧洲新技能议程"（New Skills Agenda for Europe）旨在应对低技能劳动者众多、技能不匹配、数字技能短缺、人才流失等问题，它围绕技能促进就业、经济增长和提升竞争力提出三个关键工作环节：（1）提高技能形成的质量和针对性；（2）使技能和资格更加透明且具有可比性；（3）改善技能情报和信息以提供更好的职业选择。①

"欧洲新技能议程"是一个综合性技能计划，下设十个行动方案，分别为：（1）制定"技能保证"（Skills Guarantee）帮助低技能劳动者掌握基本读写、计算和数字技能。"技能保证"覆盖未接受过高中教育的成人（25 岁以上），面向"青年保障计划"未覆盖的在业和失业人员实施技能评估、提供培训机会、资格认证，资金来源有欧盟社会基金、"伊拉斯谟+"计划、企业和中小企业竞争力方案（Competitiveness of Enterprises and Small and Medium-sized Enterprises，COSME）。（2）审视欧洲资格框架②，面向欧盟成员国提高资格的透明度和可比性，旨在促进学习者、就业者和雇主更好地理解与工作岗位对应的知识和技能。（3）建立"数字技能和工作联盟"（Digital Skills and Jobs Coalition），使欧洲公民掌握足够的数字技能。数据显示，2014 年欧盟国家约 40% 的人口不具备数字技能或数字技能低下，到 2020 年，信息和通信技术（ICT）领域约有 75.6 万个空缺岗位，有 39% 的企业招聘不到熟练的 ICT 专业人才。鉴于数字技能对创新、经济增长、就业和竞争力提升的重要作用，该行动方案面向欧洲所有公民发展数字技能，在解决青年失业问题的"数字工作大联盟"（Grand Coalition for Digital Jobs）的基础上，促进欧盟成员国实施数字技能战略，并与教育机构、就业部门和企业等利益相关者建立伙伴关系。（4）制定"部门合作技能蓝图"（Blueprint for Sectoral Cooperation on

① European Commission [SG]. Communication from the Commission to the European Parliament, the Council, the European Economic and Social Committee and the Committee of the Regions-A New Skills Agenda for Europe Working together to Strengthen Human Capital, Employability and Competitiveness [EB/OL]. (2016-06-10) [2021-12-15]. https://eur-lex. europa. eu/legal-content/EN/TXT/PDF/? uri=CELEX: 52016DC0381&from=EN.

② 欧洲资格框架是欧洲层面统一的职业资格框架，以"学习结果"为核心，根据知识、技能和能力等要素将职业资格分为 8 个等级。为提升欧盟成员国间职业资格的透明度和国别互认，欧盟各成员国都建有自己的国家资格体系（NQF）。

Skills），制定行业发展技能战略。该蓝图关涉商业、贸易联盟、科研和教育培训机构、政府部门等，通过企业—教育机构合作促进技能供需匹配，通过"三步走"战略设计技能解决方案：收集技术差距及其对经济增长、创新和竞争力提升的潜在影响；将部门战略转化为技能预测和行动；在国家和区域层面建立欧盟部门伙伴关系。该蓝图首先在汽车、航海技术、旅游等六个部门开展试点，随后拓展至建筑、钢铁、保健、绿色技术和可再生能源领域。（5）开发"第三国公民技能分析工具"（Skills Profile Tool Kit for Third Country Nationals）。申请居留欧盟的移民或是技能和资格水平偏低，或是工作在失业风险很高的低技能岗位，促进其融入劳动力市场必须提早鉴定技能和资格，促进其运用现有技能和资格融入欧盟劳动力市场。[①] "伊拉斯谟+" 计划为新移民和难民提供在线语言学习机会。（6）修订"欧洲通行证"（Europass），为人们的职业决策和学习决策提供支持，通过个人简历、欧洲技能护照、语言护照、通行移动证、补充文凭、补充证书六个标准化文件为欧洲公民的技能、资格和经历认证提供服务。（7）促进技能供需匹配，通过教育与培训帮助人们了解工作实践。数据显示，欧盟约 1/4 人口在学业完成前拥有创业经历，为促进青年掌握广泛技能、找到发挥潜能的工作，欧盟发起"青年公约"（Pact for Youth），提供 10 万个学徒、实习和入门级工作机会，创建 1 万个企业—教育机构合作伙伴关系。同时，欧盟在 2016 年 12 月举办"欧盟职业教育与培训技能周"活动（European VET Skills Week），在学校层面建立质量保障体系以改进职业教育与培训效果。（8）厘清 21 世纪所需的核心技能，并融入教育与培训课程以及国家技能战略框架，帮助成员国更好地描述、培养、评估、确认人们通过正规、非正规和非正式学习形成的核心技能与相关能力（特别强调培养创业技能），帮助青年在走出校门之前获得创业经历，促进人

---

① 欧盟有 2160 万非欧盟移民（又称第三国公民），占欧盟总人口的 4.2%，他们中的大多数最终会留在欧盟。但非欧盟移民往往面临着诸多问题。从就业看，2017 年，处于工作年龄的非欧盟移民的平均就业率仅为 55%，而东道国国民的平均就业率为 68%；从贫困看，教育、技能和社会融入方面的不利处境使 39% 的非欧盟移民（约 570 万人）生活在相对贫困中，是欧盟国民（17%）的 2 倍多。故移民融入东道国社会通常需东道国提供包括住房、医疗保健、儿童援助等社会支持。非欧盟移民在东道国社会融入困难的原因如下：受教育程度低，语言障碍，歧视，获得就业、体面住房和社会服务的机会不均等，高学历移民人职不匹配。

们对数字技能（DigComp）和创业技能（EntreComp）的理解与认识。（9）关注学习结果，跟踪调查毕业生以了解提高等职业教育与培训中技能形成的质量。主要调查内容包括毕业生工作类型、工作难易程度及适应性、如何运用技能和知识等。（10）加强分析与经验分享，提出有效解决人才流失问题的最佳方式，关注人才跨国迁移、ICT 行业人才短缺等问题。

2. 数字技能行动计划

2017 年 10 月，欧洲理事会提出成功建立数字欧洲需要劳动力市场、教育与培训体系适应数字时代需求，所有欧洲人都要投资于数字技术。① 2018 年，欧盟委员会发布《数字教育行动计划（2018—2020 年）》，旨在促进使用数字技术和发展创新教育的实践，鼓励商业、研究、非政府组织以及相关的非正规教育参与其中。该计划列出了三个优先事项：（1）更好地利用数字技术进行教学和学习；（2）发展数字能力和数字转型技能；（3）通过数据分析和预测改善教育②。后期发布的《数字教育行动计划（2021—2027）》针对支持成员国的教育与培训系统能够可持续、有效地适应数字时代发展需求提出了四个目标：（1）制定高质量、包容和普及的欧洲数字教育战略愿景；（2）应对 COVID-19 危机中的机遇和挑战，将技术用于教育与培训；（3）促进在欧盟层面加强数字教育合作，强调跨部门合作将教育带入数字时代的重要性；（4）提供更多教育与培训机会，包括提高与数字技术有关的教学质量和数量、支持教学方法数字化、提供包容和有弹性的远程学习所需的基础设施。《数字教育行动计划（2021—2027）》列出了两个优先领域。（1）发展高效数字教育生态系统。该领域的行动包括：①与成员国讨论数字化教育的优势；②建议采用混合学习方法实现高质量和全纳中小学教育的建议；③建

---

① European Parliament, Council of the European Union [SG]. Regulation (EU) 2021/694 of the European Parliament and of the Council of 29 April 2021 Establishing the Digital Europe Programme and Repealing Decision (EU) 2015/2240 (Text with EEA relevance) [EB/OL]. (2021-04-29) [2021-12-15]. https://eur-lex.europa.eu/legal-content/EN/TXT/PDF/? uri=CELEX: 32021R0694&qid=1645087825291&from=EN.

② European Commission [SG]. Communication from the Commission to the European Parliament, the Council, the European Economic and Social Committee and the Committee of the Regions on the Digital Education Action Plan [EB/OL]. (2018-01-17) [2021-12-15]. https://eur-lex.europa.eu/legal-content/EN/TXT/PDF/? uri = CELEX: 52018 DC0022&from=EN.

立欧洲数字教育内容框架；④实施全纳教育、使用数字设备；⑤制定教育与培训机构数字化转型计划；⑥促进人工智能和数据在教育与培训中的应用。（2）提高数字化技能和能力，实现数字化转型。该领域的行动包括：①制定教师和教育工作者的共同指导方针，通过教育与培训培养数字素养和消除虚假信息；②更新欧洲数字能力框架，包括人工智能和数据相关技能；③设置欧洲数字技能证书（EDSC）；④提出改善教育与培训领域数字技能供给的建议；⑤跨国收集学生数字技能数据，引入欧盟学生数字能力目标；⑥制定数字机会培训生制；⑦促进妇女参与 STEM 教育；⑧建立数字教育中心。①

2021 年 3 月，欧洲委员会提出了到 2030 年欧洲数字化转型的愿景和途径，为政府、技能、商业和基础设施四个基点提供数字化发展指南，其中在技能方面的目标包括：（1）培养 2000 万名以上的信息和通信技术（ICT）专家（男女均可）；（2）至少 80% 的人口掌握基本数字技能。②

3. "关于可持续竞争力、社会公平和韧性的欧洲技能议程"

2020 年 7 月，欧盟委员会在沟通 "关于可持续竞争力、社会公平和韧性的欧洲技能议程"（Commission Communication on a European Skills Agenda for Sustainable Competitiveness, Social Fairness and Resilience）中提出了 12 项欧盟行动，促进技能提升、建立终身学习伙伴关系，通过指导就业和社会政策开展 COVID-19 恢复工作，重点是技能和职业教育与培训。③ 本次沟通的主要内容如下：（1）在 2020 年 11 月欧洲职业技能周④期间推出《技能公约》（Pact for Skills），建立促进欧洲技能发展的共同参与模式，激励利益相关者建立合

① European Commission［SG］. Digital Education Action Plan（2021—2027）［EB/OL］.［2021-12-15］. https：//education. ec. europa. eu/focus-topics/digital/education-action-plan.

② European Commission［SG］. 2030 Digital Compass：the European Way for the Digital Decade［EB/OL］.（2021-03-09）［2021-12-15］. https：//eur-lex. europa. eu/resource. html? uri=cellar：9cb0bc91-8b1e-11eb-b85c-01aa75ed71a1. 0001. 02/DOC_ 1&format=PDF.

③ European Commission［SG］. European Skills Agenda for Sustainable Competitiveness, Social Fairness and Resilience［EB/OL］.（2020-07-01）［2021-12-15］. https：//eur-lex. europa. eu/legal-content/EN/TXT/PDF/? uri=CELEX：52020DC0274&qid=1644312347176&from=EN.

④ 欧洲职业技能周（European Vocational Skills Week）是欧盟于 2016 年发起的面向全欧洲范围的年度活动，旨在改善职业教育与培训的形象、提升吸引力。

作伙伴关系以提高劳动适龄人口的技能水平；（2）评估 2012 年理事会"关于确认非正式和非正规学习的建议"的实施进展；（3）通过职业教育与培训为青年和老年劳动力装备必要技能，以社会公平的方式支持 COVID-19 危机后的经济复苏以及向绿色和数字型经济转型。本次沟通明确了至 2025 年的量化目标：面向成人开展 5.4 亿人次培训，其中 6000 万人次专门面向低素质成人、4000 万人次面向求职者；2.3 亿成人拥有基本数字技能。

"关于可持续竞争力、社会公平和韧性的欧洲技能议程"的主要工作理念包括：（1）与《欧洲绿色协议》（European Green Deal）保持一致，通过教育与培训促进劳动力获得新技能以实现向绿色和数字型经济转型，提升可持续竞争力；（2）实现社会公平，落实欧洲社会权利支柱第一原则，实现人人均能接受教育与培训和终身学习；（3）基于 COVID-19 危机的经验教训，通过获得技能增强人们应对危机的韧性。为配合上述改革，欧盟委员会帮助建立了多个卓越职业中心（Centres of Vocational Excellence，CoVEs），联合当地多个战略合作伙伴建构技能生态系统以促进区域经济和社会发展，实施创新和智慧型专业化发展战略。

"关于可持续竞争力、社会公平和韧性的欧洲技能议程"规划了 12 项就业技能提升行动，分为 4 个模块。模块一，通过集体行动推动技能提升，对应行动 1 "技能约定"，通过《技能公约》实施。模块二，确保人们获得合适的工作技能，对应行动 2 "提升技能智力"、行动 3 "欧盟支持国家战略技能提升行动"、行动 4 "建议立法会就职业教育与培训提出建议"、行动 5 "推出欧洲大学倡议，促进形成科学家技能"、行动 6 "发展向绿色和数字型经济转型的技能"、行动 7 "增加科学、技术、工程、数学（STEM）领域毕业生，培养创业和跨部门技能"、行动 8 "培养生活技能"。模块三，支持终身学习的工具和举措，对应行动 9 "建立个人学习账户"、行动 10 "以欧洲方式①支

---

① 与所有利益相关者（公共或私人教育与培训提供者、社会合作伙伴、商会、雇主）一起制定解决质量和透明度最低要求的欧洲标准，建立对微证书的信任，促进在欧盟的可转换性与认证。

持微证书①的质量、透明度和认证"、行动 11 "推出新的 Europass 平台"。模块四，启动技能投资框架，对应行动 12 "改进扶持框架，激活成员国和私人技能投资"。

2020 年 11 月，欧盟委员会针对"关于可持续竞争力、社会公平和韧性的欧洲技能议程"，在欧盟层面提出了支持职业教育与培训改革的行动，利用职业教育与培训的灵活性迅速适应劳动力市场需求，并为青年和成人提供优质学习机会，倡导提供以工作为基础的学习机会、学徒制机会，提出新的职业教育与培训质量保证框架（EQAVET）。②

4. 《奥斯纳布吕克宣言》

2020 年 11 月，欧洲委员会批准了《奥斯纳布吕克宣言》（Osnabrück Declaration 2020 on Vocational Education and Training as an Enabler of Recovery and Just Transitions to Digital and Green Economies），制定了 2021—2025 年间职业教育与培训的行动方向，通过发展职业教育与培训促进欧盟经济复苏、实现向绿色和数字型经济转型，它是对"关于可持续竞争力、社会公平和韧性的欧洲技能议程"的补充。《奥斯纳布吕克宣言》针对欧盟职业教育与培训发展提出了如下建议：（1）通过高质量、全纳和灵活的职业教育与培训提高韧性和促进卓越发展；（2）促进形成终身学习文化，强调继续职业教育与培训和数字化紧密结合；（3）促进职业教育与培训的可持续发展；（4）建设欧洲教育培训区和国际职业教育与培训区。

5. 《欧洲教育与培训合作战略框架（2021—2030 年）》

2021 年 2 月，欧盟理事会发布《欧洲教育与培训合作战略框架（2021—2030 年）》（A Strategic Framework for European Cooperation in Education and

---

① 微证书承认短期课程（通常是在数字领域）的学习成果，促进不同教育系统融合与衔接。微证书使学习更适应个人需要，促进教学方法创新与包容，促进个人实现跨机构、部门、国界以在线学习方式积累学习成果，通过累积多个证书促进进入劳动力市场和实现工作转型。

② Council of the European Union ［SG］. Council Recommendation of 24 November 2020 on Vocational Education and Training（VET）for Sustainable Competitiveness, Social Fairness and Resilience 2020/C 417/01 ［EB/OL］.（2020 – 11 – 24）［2021 – 12 – 15］. https：//eur – lex. europa. eu/legal – content/EN/TXT/PDF/？ uri = CELEX：32020H1202（01）&qid = 1644312347176&from = EN.

Training towards the European Education Area and Beyond（2021—2030））。该框架确定了 5 个战略优先事项（及行动方案）：（1）提高全民教育与培训质量，促进公平、包容，促进成功；（2）促进所有人实现终身学习和流动；（3）提升教育行业的能力和动力；（4）促进欧洲高等教育发展；（5）通过教育与培训支持向绿色和数字型经济转型。该框架面向实现"欧洲教育区"提出了 7 个量化目标，分 2025 和 2030 两阶段完成。到 2025 年的目标为：（1）职业教育与培训的毕业生受益于"基于工作的学习"的比例提高到 60% 及以上；（2）25—64 岁成人在过去一年内参与过学习的比例提高到 47% 及以上。到 2030 年的目标为：（1）15 岁儿童阅读、数学和科学成绩较差的比例降至 15% 以下；（2）8 年级学生在计算机和信息素养方面表现不佳的比例降至 15% 以下；（3）3 岁至义务初等教育起始年龄的儿童参加幼儿教育与护理的比例达到 96% 及以上；（4）未完成教育与培训的学生降至 9% 以下；（5）25—34 岁青年具有高等教育资格的比例提高到 45% 及以上。[①]

（五）成人学习

成人学习指成人离开最初的教育与培训后进行的一系列正式和非正式的学习活动，包括一般培训和专业性培训。欧盟理事会于 2016 年 12 月发布《技能提升路径：成人的新机会的建议》（Council Recommendation on Upskilling Pathways：New Opportunities for Adults），旨在帮助成人获得最低水平的读写、计算和数字技能或特定的中高水平资格（欧洲资格框架 EQF 的 3 或 4 级）。[②] 如前所述，欧盟委员会设立了促进成人学习的 ET2020 工作组，该工作组在欧洲成人学习电子平台（Electronic Platform for Adult Learning in Europe，EPALE）发布工作信息，提供多语种在线空间用于交流、展示和推

---

① Council of the European Union［SG］. Council Resolution on a Strategic Framework for European Cooperation in Education and Training towards the European Education Area and Beyond（2021—2030）［EB/OL］.（2021-02-19）［2022-01-30］. https：//www. consilium. europa. eu/media/48584/st06289-re01-en21. pdf.

② Council of the European Union［SG］. Council Recommendation of 19 December 2016 on Upskilling Pathways：New Opportunities for Adults［EB/OL］.（2016-12-24）［2022-01-19］. https：//eur - lex. europa. eu/legal - content/EN/TXT/PDF/? uri = CELEX：32016H122-（01）&qid=1643521446929&from=EN.

广成人学习的最佳实践。

〔六〕学徒制

欧盟通过欧洲学徒联盟和学徒支持服务促进学徒制发展。2013 年，欧盟成立欧洲学徒联盟（European Alliance for Apprenticeships，EAfA），它包括政府、社会合作伙伴、企业、商会、地区、青年组织、职业教育与培训提供者和智库等伙伴在内的 230 多个利益相关方，致力于增加学徒供给、提升学徒制质量和形象、促进学徒跨国流动。2018 年，欧盟在《欧洲质量和有效学徒制框架理事会建议》（Council Recommendation on a European Framework for Quality and Effective Apprenticeships）中确定了提高学徒制质量和效率的 14 项关键标准。① 2020 年 7 月，欧盟委员会推出新版欧洲学徒联盟作为"青年就业一揽子计划"的一部分，呼吁发展数字和绿色学徒制，且参与解决诸如性别、社会融入和职业教育与培训国际化等跨部门问题。至 2020 年，欧洲学徒联盟收到了 100 万个以上的学徒机会承诺，来自 15 个国家的 24 个组织加入了欧洲学徒联盟。② 欧洲学徒联盟在 2020—2021 年推出六个优先事项：（1）促进成员国组建国家学徒联盟，鼓励政府和公司对高质量和有效的学徒制做出承诺；（2）支持中小企业提供稳定、优质、有效的学徒培训；（3）促进地方政府当局扮演区域学徒培养的催化剂；（4）建立国家和社会伙伴并促成积极对话；（5）促进欧洲部门社会对话委员会就联合部门承诺（joint sectoral pledges）达成协议；（6）重新启动欧洲学徒网络（European Apprentices Network，EAN）以维护成员国学徒权益。此外，有关性别、社会融入、健康和安全以及职业教育与培训国际化等重要跨部门问题也一并纳入上述六个优先事项的相关活动中。学徒支持服务旨在提高欧盟的学徒质量，它提供在线资源和社

---

① Council of the European Union［SG］. Council Recommendation of 15 March 2018 on a European Framework for Quality and Effective Apprenticeships［EB/OL］.（2018-05-02）［2022-01-19］. https://eur-lex.europa.eu/legal-content/EN/TXT/PDF/? uri = CELEX: 32018H0502（01）&from=EN.

② European Alliance for Apprenticeship［SG］. European Alliance for Apprenticeship（EAfA）has Achieved One Million Pledged Apprenticeships［EB/OL］.（2021-01-19）［2022-01-19］. http://cities4appren.eu/en/news/european-alliance-apprenticeship-eafa-has-achieved-one-million-pledged-apprenticeships.

交机会，促进形成伙伴关系，欧洲学徒联盟成员可以从学徒支持服务中受益。

（七）培训生制

培训生职位为受训者提供了一段有限时间的工作实践，通常包括学习部分和/或培训部分，工作期间可能有报酬也可能没有报酬。培训生制为青年在正式工作之前提供必要的工作经验、提升就业能力，帮助其顺利从学校教育过渡到就业岗位。2013 年欧洲晴雨表（Eurobarometer）对培训生的调查结果显示，几乎每一个欧洲青年都至少有过一次培训生经历，70%的学员认为培训生期间获得实习经历对获得一份稳定工作大有裨益。对雇主而言，培训生制可以省掉复杂的招聘过程就能雇佣到匹配的员工，节省了培训成本，也减少了人职错配，同时还能树立良好的企业形象。

2014 年 3 月，欧盟发布《培训生质量框架建议》（Recommendation on a Quality Framework for Traineeships）（QFT），提出了培训生制质量框架，共涵盖 21 条原则，旨在促进培训生制提供高质量的学习内容和公平的工作条件。培训生制被广泛用作"加强青年保障计划"的一部分，向 15—29 岁青年在失业或结束教育 4 个月内提供就业、继续教育、学徒或培训生机会。欧盟很多机构、组织和政策均为培训生制提供支持：EURES 门户网站列出了欧盟国家、列支敦士登、挪威和冰岛的青年培训项目，青年可以通过访问该门户网站获得海外培训信息、规章制度及移居他国的信息支持；"伊拉斯谟+"计划支持高等教育机构在读学生、毕业生出国实习；"伊拉斯谟+"计划同时为高等教育机构在读学生、毕业生提供数字培训机会（2018 年），这是"Horizon 2020"的 2 个试点项目，2 年内在 34 个国家支持了近 1.7 万名培训生。①

---

① European Commission ［SG］. Traineeships ［EB/OL］. ［2022 - 01 - 30］. https：//ec. europa. eu/social/main. jsp？catId＝1045&langId＝en.

第五节　欧盟教育反贫困的特征

从欧共体到1993年欧盟成立，该组织致力于促进各成员国协调发展、促进贫困国家和地区的经济增长与融入，旨在消除国家间差距以建立强大、和谐、高质量的欧洲。它先后实施了区域政策（1957—1987年）和凝聚政策（1988—2027年），其中凝聚政策每7年为一个计划阶段，至2027年共规划实施了6个阶段。欧盟的教育反贫困政策、计划、项目均嵌入在区域政策和凝聚政策中，旨在消除贫困和社会排斥，促进就业，发展职业教育与培训推动成人学习和终身学习，为建立可持续的欧洲培养劳动力应对变迁的可持续发展能力。

欧盟通常用三个概念描述贫困：绝对贫困、相对贫困、面临贫困或社会排斥风险，相应地，在反贫困的实践中，除了直接对绝对贫困人口进行救助，更多从全生命周期的教育与培训促进体面就业，帮助劳动者摆脱贫困和社会排斥风险。因此，欧盟教育反贫困聚焦于促进教育公平、塑造公平的就业环境、促进弱势群体实现积极的劳动力市场融入和社会融入以阻断贫困的不利循环。

一、促进融入：消除贫困和社会排斥

2000年，欧盟理事会制定了反对社会排斥和贫困的共同目标："促进所有人实现就业以及获得资源、权利、商品和服务；预防社会排斥风险；为最脆弱的人提供支持……"强调支持最易于暴露在社会排斥和贫困风险的人群，尤其在就业方面，加强培训以促进弱势群体融入劳动力市场。同年11月，欧盟发布《关于建立就业平等待遇一般框架的欧盟第2000/78/E号令》，制定了就业平等待遇总体框架，将雇佣标准、职业晋升、解雇和赔偿、职业培训列为工作场所平等待遇的主要内容。2002年发布的《建立欧共体条约统一版》第136条将"反对排斥"列为欧洲社会政策的六个目标之一，帮助成员国促进被排斥在劳动力市场之外的人融入社会。2008年，欧盟委员为解决贫困问题提出了"社会政策三支柱"：充分的收入支持、包容性劳动力市场和获得优

质服务的机会，鼓励各国政府在此基础上制定"积极性融入"政策，以消除社会排斥和劳动力市场排斥。同年，欧盟发布《关于促进被劳动力市场排斥者积极性融入的建议2008》，呼吁成员国采取终身学习、在职激励等措施促进贫困和被社会排斥者融入劳动力市场。2009年，欧盟理事会发布《欧洲教育与培训合作2020战略框架》，提出推进普通教育与职业教育合作，为辍学者复学扫清障碍，促进移民教育，实施全纳教育以促进公平和社会融入。欧盟确定2010年为"消除贫困和社会排斥欧洲年"，指出贫困和被社会排斥者有权过上有尊严的生活、参与社会活动，承诺将消除贫困和社会排斥作为优先事项，并联合合作伙伴提供261.75亿欧元的资金支持。2010年，欧盟发布《欧洲反贫困和社会排斥纲要：欧洲社会和领土凝聚力框架》，指出消除贫困的政策要贯穿劳动者整个生命周期，特别要消除社会排斥和其他不利因素以免产生新的贫困群体。该纲要特别强调关注消除社会边缘群体和弱势群体的社会排斥和贫困，包括移民、少数民族中的罗姆人、残疾人或患有严重慢性疾病者等，指出根据这些群体的特点提供适切的教育与培训以提高其就业技能，通过促进就业促进社会融入。2010年，欧盟委员会发布《欧洲2020：智慧型、可持续和包容性增长战略》，聚焦就业和包容性增长，提出为妇女、中老年、外来移民等弱势群体提供适合的工作岗位。2012—2013年先后启动"青年就业一揽子计划""青年就业计划""青年保障计划"，通过教育与培训、积极的劳动力市场政策降低青年就业脆弱性。2011年，欧盟理事会通过了"新的欧洲成人学习议程"，要求各成员国发展成人学习，特别为移民、罗姆人、残疾人、老年人和其他弱势群体以及难民和寻求庇护者提供有针对性的成人学习机会（包括东道国语言学习）以获得现代社会所需的基本技能，提高就业率，从而促进公平和社会凝聚。2013年，欧盟委员会发布《社会投资一揽子计划：通过社会投资促进增长和凝聚力》，惠及人群范围拓展至包括儿童和青年、妇女、老年人、残疾人、无家可归者等弱势群体，通过为其提供教育、职业培训、服务投资提升技能和能力，促进其充分参与就业和社会生活，从而形成高就业率、包容性社会。欧盟督促成员国全面实施"积极融入战略"，通过职业培训和求职援助促进人力资本发展，使每个劳动适龄人口，特别是弱势群体都能参与有偿工作，促进劳动力市场融入。2021年3月，欧盟委员会发布《欧洲社会权利支柱行动计划》作为未来 10 年欧盟解决贫困和社会排斥问题的旗舰计划，提出如下工作理念：促进社会包容性发展，每个人都有接受高质量包容性教育、培训和终身学习的权利，以期获得技能、充分参与社会活动、实现劳动力市场转型。2021 年，欧盟委员会发布《残疾人权利战略（2021—2030）》，将"为新工作培养新技能、促进获得高质量和可持续就业"作为战略目标之一。

二、阻断不利循环：儿童和青年反贫困

（一）儿童反贫困

欧盟社会投资政策认为向儿童实施预防性投资以打破早年处于不利条件引发的恶性循环可以减少贫困和社会排斥风险。1995—2006 年，欧盟推出了为期 12 年的综合教育计划——苏格拉底计划，涵盖从幼儿教育到成人教育各层级教育的全部内容，旨在促进发展优质教育与培训，建立开放的欧洲教育合作区，从而促进教育机会均等以打破教育和贫困的不利循环，从根本上消除贫困。2013 年发布的"社会投资一揽子计划"针对儿童和青年群体，提出及早提供支持以打破不利条件的代际传递、解决青年失业问题。《投资于儿童：打破不利循环》（2013）和《欧洲社会权利支柱行动计划》（2017）第 11 条均阐释了儿童享有负担得起的幼儿教育和高质量护理、受到保护以远离贫困、机会均等的权利。2019 年，欧盟设立"欧洲儿童保障制度"，确保每个面临贫困或社会排斥风险的儿童都能获得医疗保健和教育等最基本的权利；同年欧盟发布《关于高质量幼儿教育和照料系统的建议》，提出了促进成员国改善幼儿教育和照料体系的质量框架。2021 年，欧盟发布"欧盟儿童权利战略"，其中"社会经济融入、卫生和教育"领域的目标是应对儿童贫困、促进形成包容和儿童友好型社会、改进卫生和教育体系。2021 年发布的《欧洲教育与培训合作战略框架（2021—2030 年）》要求欧盟成员国 3 岁至小学义务教育前儿童受教育占比达到 96% 以促进幼儿未来就业和社会融入，再次强调所有成员国均须承诺加强青年保障以阻断弱势群体陷入恶性循环，欧盟承诺建立欧洲儿童保障以确保欧洲每一个有需要的儿童都能平等获得高质量的幼

儿教育和照料，其他各阶段的教育、保健、住房和营养。

（二）青年反贫困

欧盟青年反贫困的指导思想是通过教育与培训提升技能促进实现体面就业，政策重点关注失业青年扶持、弱势青年扶持，旨在促进劳动力市场融入以消除贫困和社会排斥。1988—1993年的凝聚政策设置了5个优先目标，其中目标3为消除长期失业，目标4为促进青年融入职业，针对目标群体实施积极劳动力市场政策，通过教育与培训促进劳动力特别是青年劳动力职业能力提升以实现更好就业。2010年，欧盟在《欧洲2020战略》下提出了7项旗舰计划，其中"青年就业流动"旨在提升高等教育吸引力，改善教育与培训质量，促进教育公平，改善青年就业前景以阻断贫困的恶性循环。2012年，欧盟启动"就业一揽子计划"，在促进增加就业机会的同时致力于恢复劳动力市场活力，提出减少劳动力市场分割以实现体面就业、制定终身学习和积极的劳动力市场政策。同年，欧盟启动"青年就业一揽子计划"，在2014—2016年间引入培训生制度促进青年进入劳动力市场，旨在解决青年长期失业问题。欧盟"青年保障计划"的目标人群是辍学者、失业青年以及长期内最有可能失业和被排斥的低技能青年，通过提供针对性的教育与培训项目、为辍学者提供弥补教育的措施、提供劳动力市场促进服务等促进就业。2013年，欧盟启动"青年就业计划"为"青年就业一揽子计划"特别是"青年保障计划"提供资金支持，专门支持既未就业也未接受教育与培训的青年，包括长期失业者或未登记求职者，资助提供学徒、培训、就业和进一步教育以获得资格的行动。"青年就业计划"对"青年保障计划"的资金支持延续至2023年，后来"青年就业计划"纳入"欧洲社会基金+"，但青年就业、教育与培训仍然是其重要的资助领域。据此，欧盟各成员国为提高青年技能均将教育与培训项目纳入国别计划，具体实施路径有两个：教育与培训项目通过高质量职业教育与培训课程、培训生制和学徒制实施，约85%的国家实施了培训生制和学徒制；降低辍学率和提高学业完成率，为青年后期技能提升奠定基础，旨在缩小技能缺口降低青年就业脆弱性。2020年7月，为应对COVID-19危机以来的青年失业问题，欧盟启动"青年就业支持计划"，旨在为青年建构就业桥梁，将绿色和数字型发展基因植入教育与培训，促进欧洲转型。该计划围绕如下几方面为青年建构就业桥梁：①"青年保障计划"覆盖人群拓展至15—29岁所有人员，特别强调扶持弱势青年，签署青年保障协议者可在4个月内获得就业、教育、学徒或培训机会；②为青年第一份工作做好准备，使教育与培训系统更现代化、更具吸引力、更灵活、更适合数字和绿色经济需求；③促进学徒制发展为行业供给熟练劳动力，促进学徒成长为高技能工人等。

三、培养可持续发展能力：终身学习反贫困

（一）终身学习理念与实践

企业缺乏向低技能和年长劳动力提供培训的积极性，故欧盟多次提出发展终身学习以促进平等、促进就业、促进社会融入、提升就业质量、提高生产力水平。《建立欧共体条约合并版》第150条第2款指出："共同体行动应旨在……提高初始和继续职业培训以促进职业融入和再融入；促进人们可便利地获得职业培训……"《就业指南》（2001）、《使欧洲地区的终身学习成为现实》（2001）、《关于加强欧洲职业教育与培训合作的哥本哈根宣言》（2002）等文本均不同程度地阐释了终身学习在提高工作质量和生产力中的关键作用，要求成员国实施"全面而连贯的终身学习国家战略"以提升劳动力就业能力、适应能力，并融入知识型社会。

达·芬奇计划第二阶段（2000—2006年）旨在欧盟建立促进终身学习的职业培训共同体，涵盖了向初级技术人员尤其是青年实施职业培训和学徒制、增加持续职业培训机会、提升职业培训水平和质量，提供劳动力可终生获取职业资格和技能的机会等内容，以终身学习培养劳动力对经济发展和技术变迁的适应能力。2000年，欧盟发布《里斯本战略2010》，旨在通过促进劳动力实现终身学习以获得知识并能够持续更新知识以解决持续失业问题（尤其是青年失业问题），促进欧盟各国在教育与培训领域合作。此后欧盟制定了一系列关涉终身学习的目标：至2006年各成员国须制定终身学习战略；至2010年至少12.5%的成人应参与终身学习。2002年，欧盟发布《教育与培训2010

工作计划》落实《里斯本战略 2010》的相关教育目标，致力于提高教育与培训体系的质量和效率，建构面向所有人、对全世界开放的教育与培训体系，促进欧洲公民在各年龄段均有参与终身学习的机会。2008 年，欧盟发布《关于将终身指导纳入终身学习战略的决议》，强调终身指导是一个持续的过程，要通过它促进劳动力做好一生中的教育、培训和职业决策，做好学习、工作和其他环境中的人生规划。2014—2020 年凝聚政策第 10 个主题目标即投资于教育与培训和终身学习。2018 年，欧洲理事会通过了《关于终身学习关键能力的提案》，提出了提高关键能力和基本技能的措施。2020 年发布的"关于可持续竞争力、社会公平和韧性的欧洲技能议程"将在欧盟各地人人均能接受教育与培训和实现终身学习作为主要工作理念之一，提出了支持终身学习的工具和举措，比如，建立个人学习账户，以欧洲方式支持微证书的质量、透明度和认可等。2020 年发布的《奥斯纳布吕克宣言》制定了 2021—2025 年间欧盟职业教育与培训的行动方向，提出促进形成终身学习文化、加强继续职业教育与培训和数字化的联系，促进职业教育与培训可持续发展。2021 年发布的《欧洲社会权利支柱行动计划》将终身学习界定为每个人均应享有的权利。

（二）以成人学习促进终身学习

欧盟认为，获得基本技能是发展终身学习能力，解决辍学问题，解决移民、罗姆人（Roma）和弱势群体教育和社会融入等问题的基础，成员国需要在学校和成人教育方面采取协调一致的行动。2009 年发布的《欧洲教育与培训合作 2020 战略框架》（ET2020）提出了成人学习的重要性，并制定了教育与培训发展的四个战略方向，其中第一个方向即推动各成员国建立终身教育制度，强调关注非正规学习（社会培训）、设立欧洲资格框架消除学习流动障碍、重点关注弱势群体。在该框架内，职业教育与培训的优先事项之一即促进终身学习。2011 年，欧盟发布"新的欧洲成人学习议程"确定了 2012—2014 年促进终身学习和成人学习的优先领域：使终身学习和流动成为现实；提高教育与培训的质量和效率；通过成人学习促进公平、社会凝聚和积极的公民意识；提高成人及其学习环境的创造力和创新能力；完善成人学习知识的基础，监测成人学习部门。2006 年发布的《2007—2013 终身学习整体行动计划》旨在建立欧盟终身学习领域的行动方案，设置了终身学习的 10 个发展目标，包括发展高质量的终身学习，促进所有年龄段的人（包括有特殊需要者和处境不利群体）参与终身学习，促进教育与培训的利益攸关者就提升终身学习质量进行合作等。该计划强调了面向有特殊需要的学习者制定个性化终身学习计划以促进其融入主流教育与培训、促进男女平等的理念。2016 年，欧盟发布《技能提升路径：成人的新机会的建议》，旨在帮助成人获得最低水平的读写、计算和数字技能或特定的中高水平资格（欧洲资格框架 EQF 的 3 或 4 级）。欧盟委员会设立了 ET2020 成人学习工作组，建立了欧洲成人学习电子平台，指导、交流、展示和推广成人学习的最佳实践。

（三）全口径教育反贫困

1988—1993 年的凝聚政策在消除长期失业、促进青年融入职业的目标驱动下，聚焦于通过教育与培训促进青年提升职业能力以实现更好就业。此间，欧洲共同体支持全口径教育发展以应对贫困，启动了涵盖职业教育、高等教育、语言教育、跨国流动项目等在内的一系列教育与培训计划：①科米特计划（Comett，1986），聚焦职业教育与培训行动；②伊拉斯谟计划（Erasmus，1987），促进大学生跨国流动；③佩特拉计划（Petra，1988），聚焦于初始职业教育与培训；④聆果计划（Lingua，1989），推广学习 9 种官方语言和 2 种非官方国家语言；⑤福斯计划（Force，1991），聚焦继续职业教育与培训；⑥田普斯计划（Tempus，1990），促进跨国流动以推动大学发展。这些计划旨在打破各国教育的国界壁垒，促进教育流动性为相对贫困地区的学生提供跨国流动学习和就业机会，为大学教职员工提供流动学习和交流机会。

1994—1999 年凝聚政策期间，欧盟启动实施了苏格拉底计划（Socrates Programme），分两个阶段实施：第一阶段（1995—1999 年），第二阶段（2000—2006 年）。苏格拉底计划是欧盟第一个综合教育计划，也是欧盟在教育领域的行动纲领，它纳入了 Erasmus 计划和 Lingua 计划的大部分内容，涵盖从幼儿教育到成人教育各层级教育的全部内容，通过促进发展优质教育与培训，建立开放的欧洲教育合作区。在苏格拉底计划第一阶段实施的 7 个分计划基础上，第二阶段通过 8 个分计划促进教育与培训的完善与发展。①高等教育：伊拉斯谟计划（Erasmus）；②学校教育：夸美纽斯计划（Comenius），覆盖幼儿、小学、中学阶段教育和中等职业技术教育，其中特别关注移民和少数民族子女跨文化教育，旨在促进社会融入；③语言学习：聆果计划（Lingua）；④开放和远程教育、新技术教育：密涅瓦计划（Minerva）；⑤成人教育及其他教育：格兰特威格计划（Grundtvig）；⑥观察教育：体制、政策和创新计划；⑦认知欧洲：联合行动计划（Joint Actions）；⑧共同体力量：追踪测量计划（Accompanying Measures）。苏格拉底计划的教育内容涉及基本技能在内的教育与培训、跨文化学习、家庭教育/代际学习，面向吉卜赛人和游民、少数民族、流动职业者、种族主义和仇外心理者等社会边缘化群体提供学习与培训机会，推广终身学习，通过教育与培训促进建立稳定生计以摆脱贫困和社会排斥。

《2007—2013终身学习整体行动计划》在苏格拉底计划的基础上将综合教育政策优化为涵盖高中前教育、高等教育、职业教育、成人教育、促进欧洲一体化的教育和跨部门教育在内的终身学习领域的所有项目，分别为：①高中前教育计划：夸美纽斯（Comenius）；②高等教育计划：伊拉斯谟（Erasmus）；③职业教育计划：莱奥纳多·达·芬奇计划（Leonardo da Vinci Programme）；④成人教育计划：格兰特威格（Grundtvig）；⑤跨部门教育计划（The Transversal Programme）；⑥促进欧洲一体化的教育计划：让·莫内计划（The Jean Monnet Programme）。

（四）培养可持续能力适应转型

欧盟注重向人们提供培训机会以提升专业技能、建立自信，适应现代化和经济转型，从而消除贫困和社会排斥。21世纪以来，欧盟的教育与培训政策致力于促进劳动力实现技能转型，特别是普及数字化技能，解决低技能劳动者众多、技能不匹配、数字技能短缺、人才流失等问题，以促进欧洲实现经济转型。2010年发布的《欧洲2020：智慧型、可持续和包容性增长战略》将"新技能和就业议程"作为旗舰计划之一，提出了13项行动旨在促进劳动力市场现代化，赋予劳动力数字技能，促进其在整个生命周期中不断提升技能以提高劳动力参与率、改善就业前景，并促进劳动力供求均衡以实现经济转型发展。2011年发布的"新的欧洲成人学习议程"，要求各成员国聚焦成人学习，提升基本技能和数字素养，将数字技能作为就业和再就业的基本技能基础。2016 年，欧盟发布"欧洲新技能议程"，"技能保证"被列为十大行动方案之一，聚焦 25 岁以上未接受过高中教育的低技能劳动力的数字技能形成，旨在帮助其掌握基本读写、计算和数字技能，通过技能评估、提供培训机会、资格认证促进就业、应对贫困。2018 年欧盟发布《数字教育行动计划（2018—2020 年）》鼓励使用数字和创新教育的实践，将数字能力和数字转型技能列为优先事项之一。《数字教育行动计划（2021—2027）》旨在支持成员国的教育与培训系统可持续和有效地适应数字时代需求，将发展高效数字教育生态系统和提升数字化技能、实现数字化转型列为优先事项。2020 年 7 月，欧盟委员会将新版欧洲学徒联盟作为"青年就业一揽子计划"的一部分，呼吁发展绿色和数字学徒制以适应和促进经济转型。同年，欧盟委员会在"关于可持续竞争力、社会公平和韧性的欧洲技能议程"中强调通过职业教育与培训使青年和老年劳动力获得新技能以实现向绿色和数字型经济转型，提升可持续竞争力。伊拉斯谟+计划（2021—2027）重点关注社会融入、向绿色和数字经济转型。2020 年 10 月，欧盟理事会发布《关于"通往就业之桥"：加强青年保障计划的建议》，倡导包容性发展理念，促进包括弱势群体在内的所有 15—29 岁青年从绿色和数字转型中获利，指出结合企业需求提供技能，尤其是绿色和数字化转型所需技能，为青年量身定制技能提升计划并提供短期预备课程。2020 年 11 月，欧盟发布《奥斯纳布吕克宣言》，旨在加强职业教育与培训和数字化的联系，形成终身学习文化，促进欧盟向绿色和数字型经济转型。2021 年，欧盟提出了 2030 年欧洲数字化转型的愿景和途径，要让至少 80% 的人口获得基本数字技能。

四、促进就业：职业教育与培训反贫困

在欧洲共同体推出的区域政策（1957—1987 年）下，共同体基于"工作因素"设立欧洲社会基金，通过提供专业培训和就业支持增加就业机会，孕育了教育反贫困的思想。1975 年，欧盟成立欧洲职业培训发展中心（Cedefop），促进成员国在职业培训领域的合作以促进流动和就业。欧共体在凝聚政策（1988—1993 年）下配套实施科米特计划（Comett，1986），制定技术教育与培训行动方案，实施佩特拉计划（Petra，1988）促进青年参加初始

职业培训为就业做准备，实施福斯计划（Force，1991）聚焦继续职业教育，旨在为相对贫困地区的学生提供就业机会。《马斯特里赫特条约》（1993）高度关注就业问题，并在第 127 条专门阐释了职业培训的行动目标：促进人们适应工业变化、促进职业融入和重新融入劳动力市场、提高职业培训可及性以促进劳动力流动（特别是青年流动）等。1995 年，欧盟启动达·芬奇计划，这是其第一个综合职业培训计划，计划第一阶段（1995—1999 年）的目标重点关注职业教育与培训参与者的教学和培训需求，强调人力资本投资、终身学习、消除社会排斥，旨在帮助欧洲公民获得新的技能、知识和资格、得到跨国认可以提高在欧洲劳动力市场上的竞争力。达·芬奇计划第二阶段（2000—2006 年）的目标是在欧盟建立促进终身学习的职业培训共同体，面向初级技术人员尤其是青年实施职业培训和学徒制以提升能力和技能；提供劳动力可终生获得资格和技能的机会从而培养其对经济发展和技术变迁的适应能力等。达·芬奇计划特别关注劳动力市场上包括残疾人在内的弱势群体，旨在为其获得职业培训提供平等机会以反对歧视、培养适应经济发展和技术变迁的适应能力以应对贫困。2002 年 5 月，教育/青年理事会通过了一项关于教育和终身学习的决议，提出将欧洲终身学习的发展目标和教育与培训的发展目标相结合，实施全面、连贯的教育与培训战略，并据此于 11 月发布《关于加强欧洲职业教育与培训合作的哥本哈根宣言》。2002 年发布的《教育与培训 2010 工作计划》提出让劳动力在每个年龄段都有机会参与终身学习，促进成员国间资格互认，为劳动力在欧洲范围内实施职业生涯规划、制定终身学习规划和实现跨国就业提供条件和机会。2009 年制定的《欧洲教育与培训合作 2020 战略框架》（ET2020）旨在促进教育与培训现代化，将提高职业教育与培训的质量和效率作为四个战略方向之一，并在 2010 年发布的《欧洲职业教育与培训现代化》进行专门阐述，聚焦于促进终身学习，满足转职需求，促进学习成果认定，并通过欧洲资历架构（EQF）和欧洲职业教育与培训学分体系（ECVET）认证正规教育与培训之外的学习成果。《欧洲职业教育与培训现代化》旨在建立国家级职业教育与培训质量保证体系，围绕以工作为基础的学习培养关键能力，促进弱势群体通过教育与培训习得与劳动力市场相关的知识。2010 年，欧盟发布《布鲁日公报》，旨在提高欧洲职业培训质量、增加可及性、更符合劳动力市场需求。2014 年发布的《培训生质量框架建议》（QFT）提出了培训生制质量框架的 21 条原则，培训生制广泛用于"加强青年保障计划"，面向 15—29 岁的失业青年或结束教育后 4 个月的青年，针对培训生制提供高质量的学习内容和公平的工作条件。2015 年，欧盟起草的《里加结论》将加强以工作为基础的学习、扩大职业教育与培训准入、促进职业教育与培训课程提升关键能力列为职业教育与培训的中期优先事项。2018 年发布的《欧洲质量和有效学徒制框架理事会建议》确定了学徒制 14 项关键标准以提高学徒制的质量和效率。2020 年发布的《奥斯纳布吕克宣言》制定了 2021—2025 年间欧盟职业教育与培训的行动方向，要在欧洲建设国际职业教育与培训区。2021 年 2 月，欧盟理事会发布《欧洲教育与培训合作战略框架（2021—2030 年）》，为全面实现欧洲教育区提出 7 个量化目标，设定职业教育与培训目标为：到 2025 年，职业教育与培训毕业生受益于"基于工作的学习"的占比提高到 60% 及以上；25—64 岁成人过去一年参与学习的占比提高到 47% 及以上。

参考文献

［1］联合国教科文组织和国际劳工组织. 联合声明［Z］. 汉城会议，1999.

［2］和震. 联合国教科文组织的职业教育政策研究［J］. 中国职业技术教育，2012，（06）：23-29.

［3］顾明远. 教育大辞典［M］. 上海：上海教育出版社，1999.

［4］黄尧，刘京辉. 国际职业教育发展趋势：第二届国际技术与职业教育大会综述［J］. 中国职业技术教育，1999，（07）：4.

［5］欧阳忠明，尹桐桐，李书涵，侯晨晓，闫学良. 成人学习与教育：离《贝伦行动框架》目标有多远？——基于 2000—2019 年的全球实践与发展［J］. 远程教育杂志，2020，38（05）：61-69.

［6］联合国教科文组织. 变革我们的世界：2030 可持续发展议程［Z］. 联合国可持续发展峰会，2015.

［7］李玉静. UNESCO 政策框架下我国职业教育发展研究［J］. 职业技术教育，2016，（21）：11-17.

［8］联合国教科文组织. 关于成人学习与教育的建议书［J］. 职业技术教育，2016，（15）：76-80.

［9］联合国教科文组织. 2020 年全球教育监测报告：包容与教育概念说明［Z］. 巴黎：联合国教科文组织，2020.

［10］董建红. 联合国教科文组织和扫盲［J］. 外国教育资料，1999（03）：79-80.

［11］联合国教科文组织国际教育发展委员会. 学会生存——教育世界的今天和明天［M］. 北京：教育科学出版社，1996.

［12］贾学谦. 联合国教科文组织关于扫盲问题的思考与行动［J］. 成人教育，1988，（12）：28-29.

［13］姚远峰. 国际扫盲教育的演进与问题诉求——以联合国教科文组织的参与为例［J］. 2007，（06）：93-94.

［14］联合国教科文组织国际教育发展委员会. 学会生存——教育世界的今天和明天［M］. 北京：教育科学出版社，1996.

［15］社会发展世界各国统计数据：13-14 15 岁及以上成人识字率（2000—2018）［EB/OL］. （2020-07-20）［2022-02-06］. https：//wenku. baidu. com/view/207375a8e55c3b3567ec102de2bd960590c6d9ae. html.

［16］武学超. 联合国教科文组织 2005—2015 年全民教育战略目标与实施计划［J］. 世界教育信，2005，（08）：5-6.

［17］李玉静，刘海. 绿色技能开发：国际组织的理念、政策和行动［J］. 职业技术教育，2017，（09）：14.

［18］张桂春，张丽莉. 联合国教科文组织"包容性"职业教育的理念诉求与实践路径［J］. 职业技术教育，2021，（13）：8.

［19］唐智彬，谭素美. 联合国教科文组织推动职业教育扶贫的理念演进与实践逻辑［J］. 教育与经济，2020，（02）：19-28.

［20］联合国. 联合国千年目标行动［EB/OL］. ［2021-02-09］. https：//www. un. org/chinese/millenniumgoals/unsystem/goal1. htm.

［21］世界银行 2020 年教育战略概念说明［EB/OL］. （2019-07-04）［2022-01-31］. https：//max. book118. com/html/2019/0616/6023040155002040. shtm.

［22］丁瑞常，康云菲. 世界银行对推动实现可持续发展教育目标的承诺与行动［J］. 比较教育研究，2021，（11）：12-21.

［23］闫温乐. "全民学习"愿景下的教育资助——《世界银行 2020 教育战略》述评［J］. 比较教育研究，2011，33（10）：34-38.

［24］赵芳. 世界银行高等教育援助活动研究［D］. 上海师范大学，2017.

［25］蒋凯. 从"奢侈品"到"生存的必需"——世界银行关于发展中国家高等教育的新观点［J］. 全球教育展望，2002，31（6）：65-69.

［26］李倩. 世界银行：建立弹性高等教育系统［EB/OL］. （2021-10-

25）［2022-01-31］. https：//www. sohu. com/a/497170435_ 121123998.

　　［27］唐智彬，王池名. 全球贫困治理视域下世界银行推动职业教育发展路径与逻辑［J］. 比较教育研究，2021，（06）：11-18.

　　［28］李玉静. 世界银行发布技能框架：《提升技能：实现更多就业机会和更高生产力》［J］. 职业技术教育，2014，35（09）：15.

　　［29］世界教育信息. 全球教育面临的"学习危机"与主要战略——基于《2018年世界发展报告：学习以实现教育的承诺》［EB/OL］.［2018-08-09］. https：//www. sohu. com/a/246110032_ 670057.

　　［30］刘颖. 世界银行教育性别平等政策的文本分析［D］. 金华：浙江师范大学，2019.

　　［31］孔令帅，洪硕. 世界银行教师教育政策的演变、现状及偏差［J］. 比较教育研究，2015，37（05）：74-79.

　　［32］江夏，张世义. 世界银行教师政策框架结构、特点及启示［J］. 外国中小学教育，2017，（04）：47-53.

　　［33］教育资讯. 世界银行关注在职教师专业发展［EB/OL］.（2022-01-26）［2022-02-24］. https：//www. sohu. com/a/519248089_ 121123998.

　　［34］欧盟终身学习计划［EB/OL］.［2022-01-12］. http：//www. doczj. com/doc/51ca8b5a43323968011c92a2. html.

　　［35］Council of the European Communities［SG］. Council Decision of 7 May 1990 Establishing a Trans-European Mobility Scheme for University Studies（Tempus）［EB/OL］.（1990-05-07）［2021-12-15］. https：//eur-lex. europa. eu/legal - content/EN/TXT/PDF/? uri = CELEX：31990D0233&qid = 1642491995382&from=EN.

　　［36］陆军. 欧洲2020战略：解读与启示［J］. 欧洲研究，2011，（01）：72-88.

　　［37］江洋. 欧盟2010—2020年教育发展战略及启示［J］. 世界教育信息，2013，（07）：12-16.

　　［38］刘万亮. 欧盟2007—2013年终身教育整体行动计划［J］. 成人教育与特殊教育，2005，（12）：8-9.